DAS REISELESEBUCH DEUTSCHLAND

Herausgegeben von Theodor Geus

Societäts-Verlag

CIP-Kurztitelaufnahme der Deutschen Bibliothek

Das Reiselesebuch Deutschland/Hrsg. von Theodor Geus. – 3. Auflage –
Frankfurt am Main: Societäts-Verlag 1985
ISBN 3-7973-0404-8
NE: Geus, Theodor (Hrsg.)

Dritte Auflage

Umschlaggestaltung: Heinrich Müller unter Verwendung eines Bildes von C. D. Friedrich
Satz: Bauer & Bökeler Filmsatz GmbH, Denkendorf
Druck: Frankfurter Societäts-Druckerei GmbH
Buchbinderische Verarbeitung: Hollmann, Darmstadt
Printed in Germany 1985
ISBN 3-7973-0404-8

Inhalt

Theodor Geus

Vorwort

Sehen, sagt man, sei eines der einfachsten Dinge auf der Welt. Wahr ist, daß das Auge aus purer Gewohnheit tagtäglich eine Fülle von Eindrücken aufnimmt, die in die Erinnerung eingehen als schöne Abbilder der Wirklichkeit oder als flüchtige Berührungen der Netzhaut wieder vergessen werden. Es ist das Glück des Reisenden, daß er, unterwegs in einer ihm fremden Umgebung, mit Ansichten verwöhnt wird, die bunter sind als ihm vom Alltag her vertraut, und daß neue Orte und Landschaften einen neuen erregenden optischen Reiz erzeugen. Freilich zeigt sich dann auch, daß der Fähigkeit zur Wahrnehmung Grenzen gesetzt sind. Ähnlich wie der Kurz- oder Weitsichtige aus seinem Blickfeld Teile des Erkennbaren ausklammert, ist es zum Zeichen einer von Bildern übersättigten und bedrängten Zeit geworden, sich mit der scheinbaren Objektivität des Sichtbaren zu begnügen und für wahr zu halten, was das Auge an Formen und Farben registriert. Doch um die Welt zu begreifen, wie sie wirklich ist, reicht das einfache Schauen nicht. Nur wer vermag, auch mit der Seele zu sehen, wird hinter einer oft reizlos-nüchternen Realität Merkwürdiges entdecken. Aber mit der Seele sehen ist schwer geworden, denn niemals genügt dafür der erste Blick, sondern es bedarf der Muße und der Wachsamkeit aller Sinne, um das Besondere für sich festzuhalten und Erklärungen zu finden für das Fremde, das einem in der Ferne ebenso begegnen kann wie in der vertrauten Nähe. Sehen ist schwer geworden, seit das Reisen immer schneller und zu einer großen Bewegung – manchmal gar zu einer Fluchtbewegung – geworden ist, neue Verkehrsmittel das geruhsame Erfahren von Stadt und Land verdrängt haben und das Erlebnis des Reisens an der Menge der zurückgelegten Kilometer und nach der Attraktion des Ziels gemessen wird. Die leicht dahingesprochene Redensart »im großen und ganzen« kennzeichnet ein verändertes Verhältnis zur Umwelt und sie bezeichnet auch den Verlust der Empfindsamkeit für das Detail.

In dieser Anthologie von Reisen durch Deutschland, die nicht den Anspruch erhebt, ein vollkommenes Bild dieses Landes zu geben, sind Skizzen und Szenen gesammelt, die dazu anregen sollen, die Lust am Sehen wiederzufinden. Weniger praktische Reisehilfen als Interpretationen von Orten und Landschaften, mögen sie vor allem neugierig machen auf das, was dem eiligen Gast oft entgeht. Es sind – geschrieben von Autoren des Reiseblatts der Frankfurter Allgemeinen Zeitung – subjektive Erinnerungen an Kreuz- und Querfahrten durch Deutschland, die eines zeigen: Unsere Welt ist, richtig betrachtet, manchmal seltsam und voller Widerspruch, aber immer aufregend schön.

Vilma Sturm

Mit den Füßen im Schlick

Das nordfriesische Watt

»Ick ga barfout!« sagte der Junge, der uns führen wollte. Wir könnten aber auch, meinte er, ein Paar alte Turnschuhe anziehen, wenn wir Angst vor den Muschelschalen hätten, oder schließlich auch Gummistiefel; mit denen kämen wir allerdings nicht so leicht vom Fleck.

Wir guckten in den grauen, kühlen Morgen und wählten, etwas fröstelnd, die heroische Lösung: bloße Füße. Dann trabten wir über die vom Löwenzahn goldgesprenkelte Warftböschung auf die Weide, durchs Gatter, auf den Deich, und hier, vorsichtig Fuß fassend auf der steilen Wand aus Granitblöcken, hinunter aufs Watt, das fahl und stumpf unter einem trüben Himmel sich bis an den Horizont dehnte.

Sofort versanken die Füße im Schlick, der schwarzgrau zwischen den Zehen durchquatschte. Aber nach ein paar hundert Metern wurde der Grund fester, man konnte den Blick heben und sich umsehen. Am auffälligsten war die unruhige Beschaffenheit der Sandfläche. Von Tausenden und Abertausenden von knäuelartigen Gebilden war sie bedeckt, ein unregelmäßig und grob gehäkeltes Netz mit dicken Knoten: das sind die Ausscheidungen der Pierwürmer, der unterirdischen Pflüger, die den Sand durchwühlen, sich kopfunter von seinen organischen Stoffen nähren und ihn in lauter spaghettidicken Schnüren wieder abgeben. Es geht die Rede, daß das gesamte Watt schon durch ihre Mägen gewandert sei. In dem Fischernetz aus Sand hingen die Muscheln, weitläufig verteilt: die hellen flachen Schalen der Klaffmuschel, die violetten Tüten der Miesmuschel, feingerillte Herzmuscheln und das rosa, weiße und gelbe Kleinzeug, Strahlenkörbchen, rote Bohnen und die Milliarden winziger Schnecken, wie schwarze Jet-Perlen wahllos hingestreut.

Immer wieder war die Sandfläche unterbrochen durch Wasser: klare, warme Lachen, Teiche und Gräben; auch einige knietiefe Priele waren zu durchwaten. Aber wir kamen schnell voran, stießen uns vor gegen den heftigen Wind, auf den schmalen, hellen Streifen zu, der in der Ferne blinkte: Japsand. Zur Rechten erschien Amrum, ein Lichtgebilde, täuschend nah: doch war der Wasserrand der Fährlinie zu sehen, die uns von der Insel trennte. Und rückwärts die Hallig Hooge. Von der Luftspiegelung ihres Fundamentes beraubt, schwebte sie perlmutterfarben über dem Watt.

Je mehr wir uns der Sandbank näherten, desto fester wurde der Boden; hier hatte der Wind statt des Pierwurms das Werk der Musterung übernommen und die verschiedenartigsten Ornamente gezeichnet. Er hatte die Oberfläche zerfurcht und zerstrählt, gerippt, gerillt, geriffelt, gekämmt und gegen den Strich gebürstet, wellenförmige Streifen, Rauten und hirnförmige Figuren waren unter seinem Zugriff entstanden. Und dann hob sich, fast unmerklich, der Rücken der weißen Bank aus dem grauen Watt. Wie heller Rauch, in zartesten Bahnen und Fahnen, in battistenen Schleiern wehte und wallte von dorther Sand uns entgegen zum Willkommen. Immer weißer wurde der Boden, weiß, wie mit Mehl überstäubt, breitete sich der Rücken aus, ein flacher Schild, von der Flut nur bei Sturmwetter zu überrollen – heute schlug die Brandung mit sachten Wellen an den westlichen Rand. Auf der Höhe des Rückens war der Boden hart wie Beton, unsere nackten Füße dröhnten geradezu darüber hin. Porzellanglatte Flächen wechselten mit tief profilierten, die den Sohlen weh taten; ohnehin brannten sie von der ungewohnten Massage.

Seehunde sollten von Japsand aus ganz nah zu beobachten sein. Wir ärgerten uns nicht, daß wir keine sahen. Auch ohne Seehunde war die Szenerie atemberaubend: dieser total leere weiße Teller, einerseits scharf begrenzt von dunklen Streifen der Brandung, auf der anderen Seite, zum Watt hin, mit undeutlicher Kontur bis dorthin, wo die Hallig trieb. Wir besprachen miteinander die Hoffnung, daß es nicht gelingen möchte, in dieser einzigartigen Leere, die eben als Leere von so unerhörter Wirkung ist, einen Badebetrieb einzurichten oder auch nur gar eine Schutzhütte aufzustellen!

Ebenso vergeblich wie nach Seehunden schauten wir nach irgendwelchen Fundstücken aus: einem Brocken Bernstein, einer Tonscherbe von einer vorgeschichtlichen Urne oder nach Seesternen, Krebsen, Donnerkeilen, raren Schnecken. Die erstaunliche Sammlung des Pellwormer Postboten bedenkend, der ein kleines Museum aus dem Watt zusammentrug, hatten wir in dieser Hinsicht einige bescheidene Hoffnungen gehegt. Aber was waren noch so sensationelle Funde angesichts der einen großen Sensation, die das Wattenmeer selbst mit seinem Wechsel von Ebbe und Flut veranstaltet? Als wir die Sandbank kaum verlassen hatten, sagte der Junge: »Die Flut kommt.« Er stellte sich in eines der Rinnsale, die sich am südlichen Rand des Sandes zu bilden begannen, und ließ uns beobachten, wie sich das Wasser über seine Füße hinweg zentimeterweise voranschob. Es war kein Grund zur Besorgnis. Wir hatten noch viel Zeit, die Flut würde uns nicht einholen. Aber sie kam, sie war im Kommen begriffen. Die alte Kinderfrage: Wo kam sie her, wo war sie gewesen? Und dann das alte urmenschliche Staunen darüber, daß dies Kommen und Gehen, dies Zurückweichen und Vordringen gelenkt wird von einem fremden Gestirn.

An einem anderen Tag gingen wir durch das Watt zur Vogelinsel Norderoog. Der Junge und sein Vater hatten bedenkliche Blicke zum Himmel geschickt, ehe wir loswanderten; der Vater hatte den Jungen mit Kompaß und Sprechfunkgerät ausgerüstet und ihm befohlen, sich viertelstündlich zu melden – er befürchtete Nebel. Vielleicht, es war dem stets augenzwinkernden Mann zuzutrauen, wollte er uns aber auch nur ein bißchen Angst machen und das Unternehmen bedeutender erscheinen lassen, als es war. Indes kam, kaum daß wir das Watt betreten hatten, die Sonne zum Vorschein – denn ein Wetter als Zustand gibt es hier nicht, nur als Prozeß und Veränderung. Die Sonne schickte Licht und Schatten über Sand, Wasser und Muschelbänke. Sie rollte vor uns her über die nassen Spiegel, die einer am anderen in den Sand eingelassen waren, ein glitzernder Ball, der nicht zu fangen war.

Wieder sanken wir sofort bis zu den Knöcheln ein, gelegentlich gar bis zu den Knien, wobei es dann nicht ganz einfach und nur mit fremder Hilfe zu schaffen war, das versunkene Bein wieder herauszuziehen. Auch später blieb der Grund feucht und nachgiebig, schwarzer Schlamm. Im Gegensatz zum Sandwatt hatten wir uns nach Norderoog durch ein Schlickwatt zu bewegen. Die Arbeit der Würmer erschien hier noch intensiver als auf dem ersten Weg; als pockennarbige Fläche dehnte sich das Watt in allen Richtungen, nur durch die rosa und violett schimmernden Bahnen der Priele unterbrochen. Einer von ihnen war tief: auf dem Rückweg reichte uns das Wasser bis an die Hüften, was jenen Herren, die sich in langen Unterhosen auf den Weg gemacht hatten, einige Schwierigkeiten bereitete.

Der Junge erzählte von einem Friedhof, der vor Jahren hier entdeckt wurde. Die Skelettfunde hatten viel Aufsehen erregt, Funk und Fernsehen in die Wattwüste gelockt. An anderen Stellen hat man im Wattsand ebenfalls Spuren menschlicher Besiedlung gefunden: Gräben, Warftreste, Fundamentpfähle und die Umrisse von Brunnenrändern geben Kunde von ehemaligen Bewohnern.

Die beiden Schutzbaken, davon hundertjährig die eine, welche die Vogelinsel schon von Hooge aus kenntlich machen, waren inzwischen nahegerückt, prall wurde die Luft von Vogelgeschrei, und der Boden zeigte das Dreiecksmuster unzähliger Vogeltritte. An der Uferkante empfing uns einer der Vogelwarte, die hier ehrenamtlich einen wochenlangen Dienst versehen. Der junge Mann, von Beruf Dreher aus Sennestadt, führte uns rund um die Hallig. Ihren Boden durften wir nicht betreten, um die brütenden Vögel nicht zu stören. Auf dem Weg erfuhren wir von den Sorgen des Vogelschutzes. Diese betreffen vor allem die Hallig selbst, die von Jahr zu Jahr kleiner wird; von den ehemals 140 Hektar Bodenfläche sind nur noch acht Hektar übrig. Auch diese werden verschwinden, wenn man nicht zur Befestigung der Ufer entscheidende Maßnahmen trifft. Deren Kosten würden 750000 Mark betragen – eine Summe, die wohl keine Stelle für einen solchen Zweck aufzuwenden in der Lage ist. Norderoog ist seit sechzig Jahren Eigentum des »Vereins Jordsand e. V.«, des ältesten Seevogelschutzvereins der Welt. Erster Vogelwart war der legendäre Jens Sörensen Wand, der hier dreißig Jahre lang in einer auf Pfählen errichteten Hütte lebte, bis er, 75jährig, im Watt ertrank. Die Hallig gehört ausschließlich den Vögeln, die hier ihre Eier in das dichte, harte Quekkengras legen und brüten.

Die kostbarsten Bewohner des Eilandes sind die Brandseeschwalben. Sie und andere Schwalbenarten, Regenpfeifer-, Enten- und Möwenarten, Rotschenkel, Austernfischer und Feldlerchen bewegen sich in Wolken und Schwärmen über ihren Brutplätzen, schwingenschlagend, schwebend, schwirrend, schaukelnd, flatternd, rudernd und segelnd, mit feindseligem und hoffärtigem Geschrei die Eindringlinge verfolgend.

Abends wird das Watt noch einmal leibhaftig, wenn wir vor dem Seewasseraquarium hocken und sehen, wie lebendig das ist, was uns bei Tage als stumme Wüste erschien. Wir sehen die räuberischen Krabben in ihrem sandfarbenen Mimikri den Boden aufwühlen und tückisch hervorschießen, sehen die unablässig Nahrung sich zufächelnden Seerosen, die vorsichtig aus ihren Wohnungen lugenden Schnecken, die wehenden Kräuselsäume der Miesmuscheln, sehen selbst die starren Kalkgebilde der Seepocken mit züngelnden, auf- und zuschnappenden Mäulern auf Futtersuche. Wäre nicht das Geräusch der Pumpe, wir müßten es hören können, wie das schmatzt und schnalzt und schlürft. Selbst die Zeitungsleser lassen hier das Blatt sinken und starren in diese Wildnis aus Algen und Sand und Getier, hinter Glas zwar, doch keineswegs gezähmt, ein getreues Abbild jener letzten Elementarlandschaft des Kontinents, die wir betreten hatten.

Hans Scherer

Strandlaufen bis ans Ende der Zivilisation

Sylt zu jeder Jahreszeit

Über Sylt weiß sowieso jeder Bescheid. Und jeder weiß es besser. Das macht die Sache so verzwickt. Denn Sylt ist anders. Das steht fest. Das sagen alle. Das ist bestimmt der Grund, warum so viele Leute schon über Sylt geschrieben haben. In einer Westerländer Buchhandlung werden zur Zeit dreiundvierzig verschiedene Bücher über Sylt angeboten. Ganz abgesehen von den hehren Dichterworten über Sylt, die reihenweise im Archiv von Westerland gesammelt sind: kaum hat ein halbwegs prominenter Schriftsteller die Insel betreten, schon fühlt er sich zu anderthalb Seiten erlesener Prosa angeregt. Da hält es keinen mehr zurück: auch ich bin dagewesen. Denn Sylt ist anders. Und ein jeder trägt sein Sylt im Herzen oder anderswo.

Um elf Uhr beim Kurkonzert auf der Westerländer Strandpromenade eröffneten die fünfundzwanzig Musikanten des Prager Operettenorchesters die Saison mit »Heinzelmännchens Wachtparade«. An dem Tag schien die Sonne. Vor der Konzertmuschel saßen die lauschenden Kurgäste, dicht gedrängt, in je zwei Reihen einander gegenüber wie in alten Straßenbahnen. Der Promenadenfotograf witterte ein großes Geschäft. Die Kurgäste sahen sinnend über das Meer hinaus. Die Jüngeren standen meist abseits, etwas spöttisch, und guckten zu oder wußten nicht recht, was sie machen sollten. Ein paar Kinder spielten Kästchenspringen.

Die große Schar der Westerländer Gäste aber, alte und junge

bunt gemischt, Familien mit Kindern, Paare, Grüppchen, Einzelne, zogen wie an jedem sonnigen Morgen am Strand entlang nach Süden. Allzu sommerlich darf die Kleidung nicht sein. Der Wind weht meistens, wie er will. (Luft 14, Wasser 16 Grad.) Fast alle tragen schwere Taschen bei sich, das Strandgepäck, und immer weiter zieht der Zug nach Süden.

Rechts also das Meer, links die »Milchkurhalle«, ein konsequentes Milchrestaurant, eine sympathische Einrichtung, die man fast nur noch auf den Nordseeinseln findet. Aber bald schon endet die Steinpromenade; der Weg geht nun über die Holzstege, die zuweilen vibrieren unter den eiligen, zielbewußten Schritten der Tausende von Gästen. Wo marschieren sie nur alle hin?

Am Textilstrand füllen sich die Strandkörbe. Der Gymnastikkurs ist im Gange: und streckt, und wieder locker. Tatsächlich wagt sich einer, ein Alter, ins Meer. Dem Kenner fällt auf, daß das Burgenbauen längst nicht mehr das ist, was es einmal war. Der Burgenbau wird nur noch mit der linken Hand betrieben; ein paar kümmerliche, halb eingerissene Sandwälle höhnen einer stolzen Geschichte. Die meisten Strandkörbe stehen frei und offen da, trutz blanker Hans. Am FKK-Strand wird wie immer Ball gespielt; darauf kann man sich verlassen.

Die Holzstege sind weit zurückgeblieben. Unbeirrt zieht der Strom der Strandläufer am Ufer entlang. Zwar werden es immer weniger, doch die Karawane zieht weiter. Die nackten Ballspieler haben noch keinen aus dem Tritt gebracht. Dennoch ist dieser faszinierende Kontrast zwischen den Angezogenen, zum Teil dick Vermummten und den Nackten in seiner überraschenden Selbstverständlichkeit ein kaum zu beschreibendes Phänomen, ein Sylter Elementarerlebnis, dem die meist blasiert herablassenden Berichte über das Treiben der Nackten nicht gerecht werden. Das Thema ist lange aus den Schlagzeilen. Keiner regt sich mehr auf, keiner dreht sich mehr um. Nacktbaden als angewandte Sozialtherapie: weder Alter noch Schönheit berechtigen zur Teilnahme, lediglich die Zahlung der Kurtaxe. Auf Sylt, rundherum, ist das Nacktbaden so selbstverständlich geworden, daß man sich manchmal fragt, wer eigentlich an den Textilstränden noch badet?

Aber Sylt ist in jeder Beziehung tolerant. Sogar Badehosen sind an allen Stränden erlaubt.

In den Dünen, vor allem südlich der »Oase zur Sonne« – damit sind wir fast schon an der Grenze von Rantum –, kann es dem Wanderer eher passieren, sich als Voyeur zu genieren. Allein die Vorstellung, daß auch die Nacktesten der Nackten einmal angezogen hergekommen sind, hilft darüber hinweg. Die Dünen sind sowieso ein heikles Thema: »Die Dünen sind Küstenschutz, Betreten untersagt«, heißt es auf Hunderten von Schildern. Kein Feriengast stört sich daran, die Dünen, Dünenmulden, Dünenberge, Dünentäler sind das Schönste an einer Nordseeinsel. »Wenn man mir ernstlich verbieten würde, die Dünen zu betreten«, erklärt ein regelmäßiger Syltbesucher, »ich wüßte nicht mehr, warum ich dann noch an die Nordsee fahren sollte. Aber es hat mir noch nie einer verboten.« – Es will ihm auch niemand verbieten, sagt man von Amts wegen auf Sylt. Nur soll man in den Dünen keinen »Raubbau« treiben, keine Burgen bauen, nicht über die Dünenkämme gehen, die Dünensträucher schützen, nicht durch die Dünen wandern, sondern über die festen Wege, keine Halme abreißen ... und so weiter. Es gibt Verbote genug, und die Kosten der jährlichen Dünenbepflanzung sind hoch. In den Kurverwaltungen drückt man während der Saison beide Augen zu. »Wir sollen doch nicht in die Dünen, wir dürfen doch nicht in die Dünen!« schrie ein kleiner Junge, schüchtern, zögernd, rannte dann aber doch hechelnd hinter seinen Freunden her und schreckte die nackten Sonnenbader aus ihrem Dösen.

Früher sollen in den Dünen allerlei seltene Vögel gehaust haben. Das ist schon lange her. Die Vögel haben sich in ihre Schutzgebiete verzogen. In den Dünen trifft man heute vorwiegend die Gattung der Dünenphilosophen. Einerseits suchen sie die Einsamkeit, andererseits zählen sie fest darauf, daß dann und wann einer vorbeikommt. Nach solchen Kriterien ist die Auswahl der richtigen Dünenmulde eine Kunst, die nur erfahrene Syltbesucher beherrschen, Anfänger irren ratlos umher – oder sie machen sich einfach auf den Weg: immer weiter, bis ans Ende der Zivilisation.

Das ist ein langer Weg. Richtung Süden führt er an kein

Ziel; wohl wird das Strandleben dünn und spärlich, dann wieder lebhafter, aber von Westerland bis Hörnum zieht sich Kilometer um Kilometer der Badebetrieb. Nach Norden hin verspricht der Weg mehr Erfolg. Nördlich vom Roten Kliff, schon hinter Wenningstedt und Kampen werden die Menschen seltener. Noch drei, vier Wanderer am Strand, in List noch einmal Strandkörbe und Kurbetrieb, am Lister Ellenbogen endlich hat der Wanderer die Welt für sich. Manche Kurgäste halten die Stille und Einsamkeit für das eigentliche Element der Insel. Prompt findet jeder das Sylt, das er sucht. Und die meisten Gäste von Sylt suchen alles auf einmal. Das ist das Geheimnis der Insel.

Doch vor die Entdeckung des kleinen Universums haben die Götter die Kurtaxe gesetzt. Wer etwa in Braderup wohnt, hat noch lange nicht das Recht, am Strand von Kampen zu baden. Umgekehrt haben die Kampener nichts auf dem Wattenmeer von Braderup verloren. Die Insel, deren Ferienreiz aus ihrer vielgestaltigen Ganzheit besteht, wird durch die Kurtaxen der einzelnen Gemeinden mehr oder minder willkürlich zerteilt. Die immerwährende Diskussion um die Berechtigung oder Nichtberechtigung der Kurtaxe soll an dieser Stelle nicht fortgesetzt werden: an das Übel hat man sich inzwischen gewöhnt. Nur dieser knarrende Bürokratismus (wie die klirrenden Ketten vor den Strandzugängen) kann dem Feriengast die Laune gründlich verderben.

In Wirklichkeit, darüber sind sich Besucher und Bewohner einig, ist Westerland längst nicht so großstädtisch, wie seine Fassaden vorgeben, und Kampen längst nicht so mondän, wie die Legende es will. Das sind nur aufgesetzte Äußerlichkeiten. Im Kern ist Sylt immer Sylt geblieben. Die Insel spielt nur mit in diesem absurden Ferientheater, das ist alles. Und alle Beteiligten halten sich vor Lachen die Bäuche.

Nein, nein, die Westerländer Friedrichstraße ist nicht die Croisette. Selbst im ersten Hotel der Insel nimmt man noch keine Kreditkarten in Zahlung. Das Publikum ist deutsch, deutsch und nochmals deutsch. Von weit über 300 000 Inselgästen (einschließlich Kinderheimen, Jugendherberge und Campingplätzen), betrug der Anteil der Ausländer lediglich ein Prozent. Das waren meist Dänen, die zu einem Tagesausflug, zum Roulettespielen oder Schnapstrinken auf die Insel gekommen waren. Sonst hat Sylt keine internationalen Ambitionen. Sylt hat sich ausschließlich aus deutschen Urlaubsvorstellungen entwickelt.

Unter den treuen Kurgästen findet man sogar Spezialisten für List und Hörnum, zwei farblose Dörfer vom spröden Charme einer Vorstadtsiedlung. Rantum und Wenningstedt sind Familienbäder mit alter Tradition. Keitum und Kampen gelten nicht zufällig als die besten Adressen. Diese still-erbitterte Konkurrenz der beiden Feriendörfer, wo es nun wirklich am feinsten sei, wird von den Gästen seit Jahren andächtig verfolgt. Der Hautgout von Kampen, der Illustrierten-Glamour, dieser Ruf Ich-weiß-nicht-Wie, diese aufdringliche Bescheidenheit, wo man doch weiß, daß der und der und der dort wohnt. Da zieht sich Keitum nobel zurück unter seine alten Bäume und schweigt und schweigt. Im Augenblick sieht es so aus, als habe Keitum Kampen den Rang abgelaufen.

Ernsthafte Kritiker würden jetzt bestimmt über die Bausünden von Westerland sprechen. Oder über den mörderischen Autoverkehr auf der Insel. Oder über die »atmende Unendlichkeit des Meeres«. Wie sich die Welt verändert, läßt sich auch an der Nordseescholle demonstrieren. Vor zwanzig Jahren – das Inselbähnchen zockelte noch über die Heide – kostete eine Scholle mit Kartoffelsalat 2,50 Mark. Heute kostet die Scholle in einem Selbstbedienungsrestaurant von Westerland 14 Mark, in einem bürgerlichen Restaurant 14,50 Mark, in einem hochgepriesenen Luxusrestaurant, mit Sternen und Kochmützen, 15 Mark. – Zur blauen Stunde trifft man sich in Kampen nach wie vor im »Gogärtchen«. In diesem Jahr geht man übrigens ganz in Weiß. Das Highlife beginnt nicht vor 23 Uhr.

Die Einzelheiten sind der Fachpresse zu entnehmen. Fast alle sind schön in den Diskotheken von Kampen, nicht alle sind reich. Doch zwischen denen, die am Morgen schwere Strandtaschen schleppen, gar Burgen bauen oder Kurkonzert hören, und denen, die sich in der Nacht in den »In«-Diskotheken tummeln, ist die Kommunikation erheblich gestört. Dazwischen liegen Welten, Abgründe bis in die tiefsten Tiefen und höchsten Höhen der Seele. – Wenn es hochkommt, dauert der Karneval auf Sylt von April bis September. Dann, endlich, ist wieder Ruhe im Dorf. Im Winter ist es still.

Einmal hat es in der Nacht geschneit. Drei vermummte Gestalten ziehen auf der Kurpromenade trunkene Spuren. In den Händen trägt jeder, klingkling, ein Whisky-Glas, und einer ruft zum Gaudium der anderen: »Trutz, blanker Hans!« In Wirklichkeit rauscht das Meer ruhig und friedlich vor sich hin, malt schöne Muster mit dunklen Prielen in den weißen Strand. Beim Schrei der Möven, um Mitternacht, sind die drei verschwunden wie ein Spuk. Die Stille knistert. – So stapft auch der letzte verspätete Kurgast zurück in sein wohlbeheiztes Hotel. Am nächsten Morgen werden alle Westerländer Stein und Bein schwören, sie hätten in diesem Jahr noch keinen Schnee auf der Insel gesehen. Im Winter gehen die Sylter nämlich früh zu Bett – und Schnee gibt es eben nur um Mitternacht.

Bei der Ankunft auf der Insel ergreift den Wintergast ein Gefühl kalter Ernüchterung: Worauf hat man sich da eingelassen? – Die Idee, einmal im Winter nach Sylt zu fahren, ist so alt wie die Bekanntschaft mit der Nordsee. Denn im Winter, so hört man sagen, findet die Insel wieder zu sich selbst. Ein extravagantes Abenteuer, mag man denken und genießt mit Stolz die bewundernden Blicke der Kollegen, denen man von seinem Plan erzählt.

»Alle Sinne sind im Augenblick des Betretens der Insel vollauf in Anspruch genommen und ausgefüllt, und das Gemüt ist entweder verschüchtert oder betäubt oder beseligt«, hat Peter Suhrkamp einst geschrieben. Nun steht man da mit mehr verschüchtertem Gemüt und macht sich selber Mut: die klare Luft und das Reizklima sollen gesund sein, sagt man sich niesend.

»Sie brauchen unbedingt eine Pudelmütze«, meint der Hotelportier am ersten Morgen. Leicht gesagt. Das Geschäft mit den schönsten Pudelmützen weit und breit hat bis April geschlossen, in einem anderen Laden gibt es nur noch braune, rote und gelbe. Wer auf eine blaue Pudelmütze besteht, und diese schließlich in einer sündhaft teuren Boutique ersteht – »Sehen Sie nur diese feine Qualität«, sagt die hübsche Verkäuferin –, der kommt bestimmt zu spät ins Aerosol-Inhalatorium. Er wird weiter niesen. Denn das Kurmittelhaus ist nur von acht bis dreizehn Uhr geöffnet, »nachmittags nach Vereinbarung«.

Erste Erfahrung für den unerfahrenen Kurgast: Wer sich am Kurbetrieb beteiligen will, steht unter Zeitdruck. Er muß Termine festlegen. Heute Inhalationen, morgen Massage, übermorgen Schlickbäder, immer früh aufstehen – das hatte man sich zu Hause geruhsamer gedacht. Doch die Badefrau befindet streng: »Wenn Ihnen das nicht paßt, müssen Sie sich an den Bademeister wenden.« Was soll man tun? – Man läßt es bei den Terminen.

Und das ist die zweite Erfahrung: Man ist nicht allein als Gast auf der Insel, auch im Winter nicht. An Wochenenden herrscht sogar manchmal Hochbetrieb; über Weihnachten und Silvester waren die Hotels in Westerland nahezu ausverkauft. Unter die »echten« Kurgäste, denen der Arzt Kur und Inselaufenthalt empfohlen hat und die von Katarrh und Bronchitis genesen wollen, mischen sich die Zweiturlauber, die Kurzurlauber, die Wochenendurlauber, für die »das Klima im Vordergrund steht«, das Wind-und-Wetter-Erlebnis, die Landschaft, die ihre herbe Schönheit nur dem Kenner offenbart. Und Kenner und Liebhaber sind alle, die man winters auf der Insel trifft.

Spätestens nach zwei Tagen ist es soweit. Stößt man sich in den ersten Tagen noch an den vielen Schildern »Geschlossen« oder regt sich auf über die kargen Öffnungszeiten dieser oder jener Kureinrichtung oder über die Höhe dieses oder jenes Preises, vermißt Betrieb und sucht Abwechslung – das legt sich bald. Erstens, stellt man von selber fest, so schlimm ist es im Grunde gar nicht: war doch die Ruhe das, was man wollte. Und zweitens, so wird man durch indignierte Blicke belehrt, gilt es als unfein bei Sylter Wintergästen, sich solcherart zu beklagen. Gefragt ist dagegen der Naturburschen-Appeal.

»Was die Wintergäste tagsüber treiben? Ich weiß es nicht«, erklärt uns ein Pensionswirt. »Den ganzen Tag sind sie unterwegs, meistens zu Fuß. Abends sage ich, da läuft ein schöner Film im Fernsehen, sagen sie: ›Wir sind zu müde, wir sind am Strand entlang nach List gelaufen‹, am nächsten Tag wandern sie nach Rantum oder sogar nach Hörnum, und dabei sind es noch ganz junge Leute.« – Tatsächlich ist das Publikum gemischt, ältere, jüngere, »alles Individualisten«, meint der Kellner im Hotel Stadt Hamburg. So etwas schmeichelt dem Selbstbewußtsein. Wer wollte da zurückstehen?

Für den Nachmittag stand die Inselrundfahrt auf dem Programm. Am Möbelhaus neben der Post hängt ein großes Plakat »Um 14 Uhr Abfahrt hier«. Gegen 13.55 Uhr schließt man Bekanntschaft mit Mutter und Tochter, die beim Frühstück im Hotel immer so freundlich grüßen. Sie sind auf »Testurlaub« in Westerland, sie wollen erkunden, welcher Inselort sich am besten für ihren Sommerurlaub eignet. Mutter und Tochter sind sehr charmant – darüber sind zwanzig Minuten vergangen, von der Inselrundfahrt ist noch nichts zu sehen. Da kommt der Bus, der Fahrer hält: »Erstens«, sagt er, »stehen Sie falsch, die Abfahrt ist an der Apotheke gegenüber dem Bahnhof. Zweitens findet heute keine Inselrundfahrt statt. Mit Ihnen wären es nur fünf Teilnehmer gewesen, das lohnt nicht.«

Und im übrigen scheint die Sonne, ein Spaziergang nach Keitum wäre sowieso bald fällig gewesen.

Um es vorweg zu sagen, das Keitumer Heimatmuseum, das laut Prospekt »Aufschluß über Sylts Geschichte und Kultur« geben soll, ist bis April geschlossen. Auch die St.-Severin-Kirche tut sich dem Besucher erst nach einigem Klopfen und Rufen auf. Drinnen waltet die Frau Küster, Marie Korsinke, die, auch im Winter, gegen ein bescheidenes »Opfer« für die Erhaltung des achthundertjährigen Kirchleins mehr Geschichten und Anekdoten erzählt, als in allen Reiseführern stehen.

Marie Korsinke führt den Besucher auch an das Grab Peter Suhrkamps auf dem Keitumer Friedhof, der die Kirchenwarft umgibt. Der schmale Pfad zwischen den Gräbern, die verwitterten Steine, sanfte Dämmerung, Nebel steigt auf vom Watt und verwischt die Konturen, hingehauchte Bilder aus Tag und Traum. Es bleibt dem Besucher nichts anderes übrig, als sich auszusöhnen mit der Insel im Winter – auch wenn das Keitumer Café Kliffsruh die im Prospekt angekündigten Spezialitäten, »Friesentorte und Muschelbrot«, wieder einmal gerade nicht vorrätig hat. Dafür gibt es Johannisbeertorte.

Im Meerwasser-Wellenbad ist immer Betrieb. Dafür sorgen schon die Bundeswehr-Soldaten aus List, die in Kompaniestärke in Westerland zum Schwimmen antreten. Samstags kann man auch nackt baden – doch ohne Badekappe nie: die wiederum kostet 50 Pfennig Leihgebühr extra. Beim Nacktbaden erhöht sich der Eintritt fast ums Doppelte. – »Warum ist es zur FFK-Zeit eigentlich teurer?« – »Weil wir für 20000 Mark Vorhänge anbringen mußten«, erklärt der Kassierer.

Am Abend bieten die Kinos »Dein Wille geschehe, Amigo« und »Schulmädchen-Report, 6. Teil«. Ein paar Diskotheken sind bis in die Nacht geöffnet, ebenso zwei private Saunabäder, eines davon mit Bar, Schwimmbad und Gegenstromanlage. Und in der »Seekiste« an der Käpt'n-Christiansen-Straße steht Labskaus auf der Speisekarte. Aber den Gast drängt es in die Spielbank, er fand im »Sylt-Paß« einen Bon für freien Eintritt.

In der Spielbank übrigens ist kaum ein Unterschied zwischen Sommer und Winter festzustellen, vielleicht spielt man im Winter mit höheren Einsätzen. Dänen gehören hier zu den Stammkunden. Ein Busunternehmen organisiert die Fahrten nach Westerland; von Rømø aus setzen sie mit der Fähre über nach List. Um 23 Uhr startet ihr Bus vor der Spielbank für die Heimfahrt.

Umgekehrt sind von Westerland aus die Ausflugsfahrten nach Dänemark beliebt. Man besichtigt den Fischereihafen von Esbjerg, wo Tausende von Fischkuttern vor Anker liegen. Und man kann in den Fabrikhallen zusehen, wie Fischfilet gemacht wird. Die Arbeiter, die alle aussehen wie einem Märchen Hans Christian Andersens entsprungen, lassen geduldig jeden Touristen-Vorwitz über sich ergehen. Es riecht nur ein bißchen nach Fisch. – Zurück geht es dann über Ribe, der ältesten Stadt Dänemarks, wo es auch wieder aussieht wie im Märchen. Und wer will, kann am Abend auf der Fähre für 2,35 Mark ein »uspecificeret smørrebrød« essen, übersetzt steht es auch auf der Karte: »Unspezifiziertes Butterbrot«, belegt mit Delikatessen, es reicht für ein Abendessen.

Der Dänemark-Ausflug findet statt, wenn sechs Personen mitmachen, obwohl, wie Busunternehmer Hans Tölke meint, »ein großes Geschäft ist das nicht.« Tölke steht dem Inselwinter sowieso skeptisch gegenüber: »Wer zwischen Mai und Oktober hier sein Geld nicht verdient, der schafft es auch mit dem Winter nicht.« – Die Kurverwaltung ist bestimmt anderer Ansicht; für die Wintersaison soll weiter geworben werden.

In Kampen jedoch betrachtet man solche Überlegungen, wie sollte es anders sein, mit nobler Gelassenheit: wer kommt, kommt; wer nicht kommt, bleibt eben weg; Kampen ist noch keinem nachgelaufen; im Winter schon gar nicht. »Was doch die Leute für ein Getue mit Kampen haben«, begann Ernst Penzoldt seine Liebeserklärung an das legendenumwobene Dorf. Und es ist richtig, man kann natürlich auch am Kampener Strand vor einer Welle weglaufen müssen, einen Stein aufheben und ins Wasser schmeißen und gucken, ob er springt; nach Muscheln oder Bernstein suchen – das kann man in Wenningstedt und Rantum, in List und Hörnum. Aber in Kampen erschiene so ein harmloses Vergnügen ein bißchen lächerlich, unangebracht. Hier hat man es im Winter mit anderen Dingen zu tun, mit Himmel und flachem Land, mit Meer und Watt, mit Wind und peitschendem Regen. Gilt Kampen im Sommer als Weltanschauung, im Winter ist es eine Philosophie, die zur Entscheidung zwingt.

Nichts ist hier lieblich, ganz fern liegt die Idylle von Keitum. Wer nicht vertraut ist mit dem Ort und seiner spröden Eigenwilligkeit, kommt sich leicht ausgeschlossen vor. Die menschenleeren Straßen, die alle weit, wohin, ins Leere führen, die Häuser rundherum, so sehr sie sich einen gemütlichen Anstrich geben, erscheinen auf einmal abweisend, feindlich. Man schleicht daran vorbei wie auf Zehenspitzen und denkt, hinter den Mauern sitzen Zauberer und Dichter, die an dikken Büchern schreiben. Da trollen in den Dünen Kobolde – oder waren es Kinder in ihrem gelben Ölzeug?

Heinz G. Schmidt

Hanke J. Hanken ist für die Freiheit gestorben

An der Küste Ostfrieslands

Die Aussichten, diese Insel wieder verlassen zu können, wurden von Stunde zu Stunde geringer. Immer noch flanierten Familien die Zedelinsstraße zum Café hoch und dann wieder hinunter bis zum alten Leuchtturm oder sogar bis zum Inselbahnhof, obwohl da gar keine Geschäfte mehr waren. »Moin!« grüßte der alte Mann, dem die Pension an der Ecke gehört, und »Moin!« antwortete der Besitzer der Inselbuchhandlung. Es war 21.30 Uhr, und auf der Hotelterrasse gähnte man. Noch immer keine Nachricht von Dieter Gebhards, der das Boot von Hankens Sohn gekauft hat. Über den Rand des Glases mit »Ostfriesischem Eiergrog« hinweg beobachte ich zwei Mädchen, die mit dem Inselfotografen flirten. Eine Familie ist zum dritten Mal zum Café hinaufgegangen, hat mit tiefen Atemzügen den obligaten Gang drumherum gemacht und kommt wieder die Zedelinsstraße herunter. Es ist jetzt 22.00 Uhr.

In Gedanken gehe ich noch einmal die inzwischen drei Möglichkeiten durch, wie man hier wegkommen kann: Wenn Dieter Gebhards sich rechtzeitig meldet, könnte man morgen früh noch mit der letzten Flut los. Wenn nicht, heißt es, auf das Ausflugsschiff warten, das aber erst übermorgen fährt. Oder aber ich nehme das Angebot an, gegen Abend, wenn wieder die Flut kommt, mit einem Katamaran wegzusegeln. Unausweichliche Folge: klatschnaß ankommen. Fröstelnd bemerke ich, wie jetzt auch noch Wind aufkommt. Dieter Gebhards hat sich nicht gemeldet.

»Ziemlich verrückte Idee«, hatte der blonde, schnauzbärtige Pilot gesagt, als er die kleine zweimotorige Maschine in einer steilen Linkskurve auf die Landebahn von Wangerooge hinunterdrückte, genau in die untergehende Sonne hinein. »Das wird auf jeden Fall schwierig«, hatte auch ein mitreisender Geschäftsmann gemeint, der auf der Insel ein Haus hat und zum Wochenende immer mal wieder von Wilhelmshaven aus nach Wangerooge fliegt, weil die Fahrt mit der Fähre von Harlesiel zum Westanlieger der Insel und von dort mit der Inselbahn in »die Stadt« fast zwei Stunden dauert. Zwischen dem Start in Harle und der Landung in die untergehende Sonne hinein waren genau sieben Minuten vergangen. »Hoffentlich sind keine Kühe auf der Landebahn«, sagte der schnauzbärtige Pilot noch, dann setzte die Maschine auf. Nun war es endgültig: Dies war also die erste Insel. Die verrückte Idee: durch Ostfriesland reisen – von Insel zu Insel, von Ost nach West. Der Pilot hatte jedenfalls Glück gewünscht.

Auf der Landkarte hatte das alles sehr einfach ausgesehen: Entlang der ostfriesischen Küste gibt es sieben Inseln, die »richtig« bewohnt sind (auf der Vogelschutzinsel Memmert lebt nur das Ehepaar Clärchen und Gerhard Pundt), von Ost nach West: Wangerooge, Spiekeroog, Langeoog, Baltrum, Norderney, Juist und Borkum. Die zwei westlichen hatte ich gleich gestrichen, weil man nicht übertreiben soll. Aber die restlichen fünf wollte ich nacheinander besuchen, sozusagen eine Inselreise machen statt eines Inselurlaubs. Und weil das mit einem Segelboot viel zu einfach gewesen wäre, hatte ich mir vorgenommen, in zehn Tagen fünf Inseln mit den jeweils zur Verfügung stehenden Verkehrsmitteln zu besuchen.

Hankens Sohn hatte ein bißchen mitleidig gelächelt, obwohl man nicht sagen konnte, ob es nicht vielleicht dies »friesische, so seltene Lächeln« war, das Hans Leip beschreibt, »das sich mischt aus Gischtgeglitzer, Torfkuhle und Kluntjetee«. Jedenfalls hatte er gelächelt, und dann hatte er von seinem Onkel erzählt, dem Dr. Siemens, der auf Wangerooge Bürgermeister war, und der eine Gedenktafel in der Inselkirche hatte befestigen lassen, auf der steht, daß am 24. Juli 1813 die »Freiheitsmärtyrer« Tjark Tannen und Hanke J. Hanken in Groningen gefallen seien. Hankens Sohn ist Gemeinderatsmitglied und hat natürlich eine Menge Kritik am heutigen Bürgermeister von Wangerooge. Allerdings geht es dabei weniger um Freiheit – erst recht nicht von den Franzosen, die zwischen 1810 und 1815 Ostfriesland besetzt hielten, und auch nicht um einen Seekrieg, der zu jener Zeit zwischen Holland und England tobte. Heute geht es um Fremdenverkehr.

»Wangerooge – was sonst?« lautet der rhetorische Werbespruch der Insel, und damit ist die ökonomische und politische Fragestellung ziemlich genau beschrieben. Denn es gibt über Wangerooge hinaus tatsächlich noch ein paar mehr Inseln, die um die Gunst von Kurbedürftigen und kinderreichen Familien buhlen. Unmittelbare Folge aus diesem Konkurrenzkampf für den Inselreisenden: Es gibt keine regulären Verbindungen von Insel zu Insel. Und obwohl immer wieder Ausflugsschiffe von einer zur anderen Insel fahren, lebt der Fremdenverkehr auf allen Inseln vor allem von den Stammkunden, die mit fast ideologischer Strenge von »ihren Inseln« sprechen und Ausflüge, so scheint es, eigentlich nur deshalb mitmachen, um anschließend sagen zu können: »Wangerooge – was sonst?«

Spiekeroog, zum Beispiel (»Die grüne Insel der Ruhe und Stille«). Ich habe mich für das Ausflugsschiff entscheiden müssen, froh, überhaupt weiterzukommen. Das Wattenmeer ist ganz ruhig, zum ersten Mal scheint die Sonne, die Sommergäste von Wangerooge blinzeln skeptisch nach Spiekeroog hinüber. Der Duft von Sonnenmilch und Bräunungscreme breitet sich intensiv aus, verfliegt dann mit der leichten Brise, die vom Festland herüberweht. Erst zwischen den Strandkörben am weiten weißen Sandstrand von Spiekeroog werden die Wolken aus Chemiegestank wieder dichter werden. Mit Recht wird man vermuten können, daß die Gäste von Wangerooge nicht deshalb, sondern wegen des Dufts der Wäldchen gekommen sind, für die Spiekeroog bekannt ist. Als die Inselbahn mit den Tagesausflüglern abgefahren ist, erscheint das Schildchen zwischen den Fahrkartenschaltern: »Höchster Stand der Sturmflut am 16. Februar 1962.«

Auf dem Friedhof neben der alten Inselkirche und im Schatten der Sturmglocke, die von einem Schiff der Armada stammen soll, ein Grab: Johano Remers hat hier 1787 acht Menschen beerdigt. »O warum zittert meine Seele, was schreckt sie ihres Leibes Grab. Mich selbst umfließt nicht solche Hölle, nur meine Hütte sinkt hinab.« Gleich daneben: »Dem Retter von 56 Schiffbrüchigen, gewidmet von den Badegästen 1899, Ollmanns Janssen, gestorben 1895«. In der Chronik der »Deutschen Gesellschaft zur Rettung Schiffbrüchiger« kann man nachlesen, daß der Untergang des Segelschiffes »Johanna« mit zweihundert Auswanderern an Bord in der Mitte des vergangenen Jahrhunderts hier vor Spiekeroog zur Gründung der Seenotrettungsgesellschaft geführt hat.

Von Johano Remers, der in seinem achtfachen Grab zuerst seine Kinder Anna Dorotea und Addina Remers beerdigt hatte, berichtet die Chronik: Er war viele Jahre Kirchen- und Armenvorsteher und heiratete 1759 die Spiekeroogerin Ette Onken Eiben, mit der er acht Kinder hatte. Das erste Kind, sein Sohn Remmer Janssen, wurde am 5. Oktober 1763 geboren, heiratete am 29. Januar 1793 die Spiekeroogerin Margarethe Onken und blieb, wie die Chronik sagt, 1817 »auf einer Fahrt von England nach Bremen zur See«. Seine Witwe wohnte danach allein im elterlichen Haus im Süderloog. Heute ist das »Alte Inselhaus« beinah Mittelpunkt des märchenhaften Dorfes, und mit seinem Treibdach, das sich bei Hochwasser vom Hause abhebt (»Nur meine Hütte sinkt hinab«, hatte Johano Remers auf den Grabstein schreiben lassen), noch dazu eine geschichtliche Besonderheit.

Heute wohnt Olga Glardon im Alten Inselhaus, verkauft Antiquitäten aus England und Töpferwaren aus der näheren Umgebung, und hin und wieder darf ein Besucher mit in den Garten gehen, wo nicht nur Rosen bis zum Schwimmdach hinauf blühen, sondern auch ein Feigenbäumchen wächst. Olga Glardon gehört zu den wenigen »Buitenländers«, die nicht wieder abgereist sind. Auch ihr Sohn ist auf der Insel geblieben.

»Im Winter? Da werde ich endlich Zeit für mich selbst haben«, sagt Olga Glardon, und im Ernst sagt sie dann noch: »Man muß sich was einfallen lassen, wenn man hier lebt. Sonst geht es nicht.«

Ich versuche, von Spiekeroog nach Langeoog zu kommen.

Die Kurverwaltung von Spiekeroog, die so hilfreich beigestanden hat, als es um die Pension ging, ist machtlos. »Vorläufig gibt es keine Fahrt zur Nachbarinsel«, sagt auch der Mann am Inselbahnhof, und der Blick fällt wieder auf die Hochwassermarke. Wie ist das, wenn man auf einer Insel sozusagen gefangen ist, und das Hochwasser kommt, die Flutwelle die Promenaden, die Dorfstraße, die Blumenbeete vor dem Bahnhof überspült, in die Häuser schwappt, mit dem orgelnden Wind um die Wette rauscht?

Wenn ich zwei Tage eher gekommen wäre, hätte ich im Inselhaus von Langeoog eine Show mit Roberto Blanco sehen können. Und wenn ich noch länger bliebe, könnte ich mir das Lustspiel »Dat Inserat« ansehen, dessen Titel man es zumindest nicht ansieht, daß es in der Heimatsprache der Ostfriesen aufgeführt wird.

Bis Ende Juli muß man sein Geld reinhaben, heißt es auf den Inseln, danach fängt der Gewinn an. Und so bezahlt der Gast in der Hauptsaison überall ein bißchen mehr als üblich (Schild in einer Buchhandlung: »Wie gut, daß Bücher Festpreise haben!«) Auch Langeoog lebt vom Fremdenverkehr, und angesichts der Preise wird man neugierig, wie es sich auf solch einer Insel im Herbst und Winter lebt – also in der Nachsaison.

Die Reise von Spiekeroog nach Langeoog war dann doch nicht so aufregend gewesen, nur eben umständlich: mit der Fähre bis Neuharlingersiel, dann mit dem Bus nach Bensersiel, schließlich wieder eine Fähre nach Langeoog, dann das Inselbähnchen, das zwar mit gotischen Buchstaben beschriftet ist, ansonsten aber eher einer Vorstadtbahn gleicht.

»Vergessen Sie mit wachsender Entfernung zum Festland den Trott des Alltags«, hatte der Lautsprecher auf der Fähre nach Langeoog verkündet, im Hintergrund spielte ein Akkordeon das Lied von der Seefahrt, die so lustig sein soll. Und wenn Sie noch keine Fahrkarte haben, können Sie auf dem Oberdeck nachlösen.« Trott des Alltags, wie hast du dich verändert! »Jetzt beginnt Ihr Urlaub richtig!« sagt der Lautsprecher dann noch, dann wird die Musik abgeschaltet, und die Überfahrt beginnt. Erst bei der Abreise ertönt das Akkordeon wieder.

Auf dem Friedhof der evangelischen Kirche hatte ich einen Stein entziffert: »Hier ruhen Onkel Lük und Hettant«. Und später auf dem Dünenfriedhof den großen Stein gefunden, auf dem nur zwei Worte stehen, die das Herz zum Singen bringen: »Lale Andersen«. Erst beim abendlichen Lichtbildervortrag, mit dem die Inseln gesegnet sind wie mit Pensionen, gehen die Melodien wieder aus dem Kopf, die dieser Grabstein zum Klingen gebracht hatte. »Seemann, laß das Träumen ...« war das letzte gewesen, was ich hörte, bevor der Vortrag begann. Titel: »Südseeinseln – mit Dias von Bali, Moorea und Westsamoa.«

Während der Überfahrt nach Baltrum, wieder einmal mit einem Ausflugsschiff, versuchte ich mir Suntke und Enno Mintke und Eime, Lübbo und Gerke auf einer Südseeinsel vorzustellen. Dann sah ich Frau Kwiatkowski mit ihren drei Kindern aus Gelsenkirchen, und Herrn Kwiatkowski, wie er gerade den Eingang zur Sandburg neu aufschichtete. Dann stand ich auf der breiten Zufahrt zum Hafen von Baltrum, und ich kam mir vor wie auf dem Weg ins Gelsenkirchener Parkstadion. Man ergoß sich.

Vom Hotel kann man auf den Hafen gucken. Cassen Eilts, der Besitzer, hat in der Hauptsaison wenig Zeit dazu. Außerdem hat er es nicht nötig. Es gibt Fernsehen, aber keine Veranstaltungen. Die Gäste auf Baltrum suchen die Ruhe.

Dabei ist Baltrum eine richtige Insel, verglichen mit den anderen, die sich anstrengen, »Seebad«, »Heilkurort«, »Nordseeheilbad«, »Familienparadies« oder sonstwie attraktiv zu sein. Baltrum gehört, obwohl sich die Bevölkerung im Sommer verzehnfacht, noch immer den Leuten von Baltrum – auch wenn der offizielle Gästeführer über zweihundert Pensionen Hotels und Appartementhäuser zählt (Preisfrage: Gibt es ein Haus, in dem man nicht wohnen kann? Antwort: Ja. Das Kurhaus.) Und Baltrum ist eine Kinderinsel.

Mit der regulären Fähre von Baltrum nach Norddeich kommt man ganz nah an Norderney vorbei. Eine Frau aus Bochum sagt zu ihren Kindern: »Da ist unsere Insel aber schöner, nich?« Und sie meint Baltrum. Die Kinder sehen entgeistert Hochhäuser, Hafen und Hotels, später sehe ich drei Essener Mädchen vor dem Städtedenkmal für Wilhelm I.

auf Norderney: »Wenn ich hier Bürgermeister wäre, würde ich erst mal aufräumen und das Denkmal saubermachen lassen. Vor allem erst mal die blöden Plakate weg!« Und die Kinder drehen verächtlich die Plakate von »Käpt'n Willy« und »Hermännche« rum, die zu Wattwanderungen und Inselrundfahrten auffordern.

Gegenüber dem Café sitzt ein kleiner Junge im Nieselregen und verkauft Seesterne, das Stück – je nach Größe – für zehn bis fünfzig Pfennig. Blickt man auf das Kurhaus von Deutschlands erstem Heilbad, erscheint Norderney wie die Stadt unter den Dörfern – wo man hingeht, wenn man eigentlich nicht richtig auf eine Insel will. Gestern abend, gleich nach der Ankunft mit der schnellen, modernen Fähre von Norddeich, auf die auch Autos aufgeladen wurden, habe ich im ältesten Fischhaus der Insel gegessen – bei blakendem Petroleumlicht, das immer wieder heruntergeschraubt wurde, weil sonst die schallschluckenden Kunststofftafeln an der Decke schwarz werden. Der Tee im Café hat nichts mehr mit der berühmten »Kopke mit'n Kluntje un Room drin« zu tun. Gegenüber, in einem Andenkenladen, kann man ein Fläschchen Brombeergeist in Gestalt eines Seehundes kaufen, mit Seehundfell überzogen, nur das Köpfchen ist frei, aus Glas. Es nieselt in den Tee.

Die Aussichten, diese Insel verlassen zu können, sind groß. Am Flughafen parken über dreißig Privatmaschinen, als das Lufttaxi vor dem Flughafencafé ausrollt. In wenigen Minuten haben wir alle fünf Inseln überflogen, Norderney liegt am schnellsten hinter uns.

Hans Scherer

Über den Deich gehen

Zwischen Emden, Norden und Dornum

Keiner kommt zufällig nach Ostfriesland. Ich mag die Ebene, die Wolken, die sich darüber türmen oder die darüber hinwegstürmen. So gesehen hat die Reise ein Ziel. Aber die Eisenbahnfahrt ist lang. Von Frankfurt nach Emden, in der Zeit könnte man von Frankfurt nach Anchorage oder nach Abu Dhabi fliegen. Dabei sucht sich der Zug mit bedächtiger Pfiffigkeit eine Strecke aus, die das geographische Gelüst jedes Studienrats befriedigt. Daß der D-Zug zum Beispiel von Hüttental-Weidenau nach Kreuztal nur fünf Minuten braucht, habe ich vorher nicht gewußt. Dann geht es weiter über Altenhundem nach Finnentrop, rechts der Naturpark Homert, links das Ebbegebirge, und weiter entlang der Lenne nach Altena und Letmathe, da sind wir schon in Westfalen. Das Streckendurcheinander des Ruhrgebiets versucht unser Zug weiträumig zu umfahren. Hagen, Schwerte, Unna, nun gut, aber Hamm, Münster, Rheine, da gefällt es ihm wieder. Das platte Land wird immer platter.

Vom Zugfenster aus sieht man Bauernhäuser mit Saugehegen drumherum, viel Auslauf für Schweine; an der Leine im Gemüsegarten flattert weiße Wäsche; sieht alles sauber, wohlhabend und gepflegt aus. Die Reisenden teilen sich auf in Fenstergucker und Nichtfenstergucker, letzteren wird die Zeit viel länger. Ostfriesland ist endlich mit Papenburg erreicht. »350 Jahre Papenburg« verkündet ein Plakat am Bahnhof, das für die Veranstaltungen des Jubiläumsjahres wirbt;

vorgesehen ist unter anderem ein Damenfußballpokalturnier. Vor dem Bahnhof stehen drei wunderschöne alte Pappeln. »Die Pappeln von Papenburg«, notiert sich verstohlen einer der Reisenden. Vermutlich will er ein Gedicht schreiben; eine Zeile hat er schon.

Von Papenburg nach Emden fährt unser Zug in siebenundzwanzig Minuten. Der Taxifahrer freut sich überhaupt nicht. Denn vom Bahnhof zum Hotel kommt die Gebührenuhr selbst mit kühnen Umwegen nur knapp über fünf Mark hinaus. Im ersten Haus am Platze wird der Gast mit artigen Verbeugungen empfangen. Anlage und Einrichtung sind vom Stil der fünfziger Jahre bestimmt; das Gitterwerk im Treppenhaus, das Resopal-Paillettentischchen im Zimmer; wie sich ein Bühnenbildner das klassische Vertreter-Hotel vorstellen würde; das Zimmer des Handlungsreisenden. Ich will nichts kaufen, ich will nichts verkaufen, womit will ich handeln? Ich beginne mich zu fragen, was ich hier will. Auf meinem Block steht eine Zeile, »die Pappeln von Papenburg«. – Das Hotel treibt jeden auf die Straße.

Frühe Dämmerung in Emden am Sonntag. Im Wind schmeckt man schon salzig das nahe Meer. Vor dem Haus der »Emder Zeitung« fährt ein Wagen nach dem anderen vor. Man drängt sich um die Schaukästen, wo die Fußballergebnisse der Landesliga, Bezirksoberliga, Bezirksliga, Bezirksklasse, Kreisliga Emden sowie der ersten, zweiten, dritten Kreisklasse A angeschlagen sind. Die Leute sind still und gefaßt. Manche machen sich Notizen. Der BSV Kickers Emden hat den FC Norden mit 2 : 3 geschlagen. Eintausendeinhundert Zuschauer hatten sich in Norden zum »Ostfriesenderby eingefunden«. In der Bezirksklasse kann der SV Hagen aufatmen, weil er mit seinem 3 : 0-Erfolg gegen TuS Emden das »vorübergehend drohende Abstiegsgespenst verscheucht hat«, wie es am Montag der »Ostfriesische Kurier« formulieren wird. Das Sonntagsgedränge vor den Schaukästen der »Emder Zeitung« hat zwischen sieben und acht Uhr seinen Höhepunkt. Später verlaufen sich die Spaziergänger. Der Wind ist schärfer geworden.

Schiffe sind immer schön. In Emden reicht der Jachthafen bis direkt vors Rathaus. Draußen vor den Docks recken sich die Krane himmelhoch. Auf der Thyssen-Werft laufen zur Zeit die letzten Arbeiten an der »Meda«, einer schwimmenden Meerwasserentsalzungsanlage, als Prototyp einer Serie gedacht. Der Hafen von Emden gehört zu den größten an der Nordsee. In der Stadt macht sich das mit einer erstaunlich großen Zahl von sogenannten Vergnügungslokalen bemerkbar. Montparnasse, Schwalbennest, Madison, La Grotta, Eve, Trocadero, Mon Cherie, Le Trou, Erotic-Theater: Eintritt frei. Obwohl die Glühbirnen der Lichtreklamen um die Wette flimmern, sehen im Wind und am Sonntag alle Vergnügungslokale unheimlich traurig aus. Innen ist es vielleicht lustig, ich will da niemandem zu nahe treten. Das Striptease-Etablissement im House of Lords hielt jedenfalls gleich ganz geschlossen.

Die Diskothek Kalifornia scheint der Lieblingstreffpunkt der jüngeren Jugend zu sein. Im Bistro Kulisse zwischen dem Alten und dem Neuen Markt trifft sich dagegen die schöne Welt. Überhaupt alle treffen sich hier, die etwas zu sagen haben und mitreden wollen. So ist das Gedränge natürlich groß. Man gibt sich studentisch, jugendlich, auf- und abgeklärt. Man redet Englisch, Hoch- und Niederdeutsch durcheinander. Man trinkt Bier, Klaren oder Whisky. Man kennt sich. Man kann sich eine Welt zusammenreden. Man weiß schon alles vom anderen, sagt es aber noch einmal. In der Kulisse kann man Emden vergessen und an Schwabing denken.

Mit frischen Brötchen am Montagmorgen in Emden ist nicht zu rechnen. Was den Friseuren, bundesweit, recht ist, ist den Bäckern oben im Norden billig: sie halten ihr Geschäft einfach geschlossen. Der Herr am Frühstückstisch nebenan, ein Handlungsreisender, beginnt den Tag mit einer philosophischen Betrachtung, warum man auf Norderney immer mit einem scheelen Auge nach Sylt schauen würde. So viel Glamour, so viel mondäne Verruchtheit, so viel Ganzjährigkeit, über den markt- und imagefördernden Wert der Verruchtheit haben wir uns am frühen Morgen prächtig unterhalten.

Wie New York, Rom oder Berlin hält sich auch Emden an die weltstädtischheilige Regel, daß montags das Museum, hier das Ostfriesische Landesmuseum, geschlossen bleibt. Der

»lohnende Blick vom Rathausturm auf Emden und Umgebung, wie es in einem Reiseführer heißt, ist mir auf diese Weise auch verwehrt geblieben. Der Blick auf das Rathaus ist allerdings auch von unten schön. Nach dem Krieg war es zerstört; nach alten Plänen und sogar mit Bauteilen des alten Rathauses ist es dann wiederaufgebaut worden. Bei allem Bürgerstolz, für den das Rathaus ein machtvolles Symbol ist, bemerkt man, wie streng die Architekten auf die Harmonie des Bauwerks geachtet haben. Der einzig geduldete Zierat des Hauses sind seine noblen Proportionen. Im Bild vom Emdener Rathaus mit dem Wasserarm Delft davor spiegelt sich eine reiche und weltoffene Kultur. Daß man im übrigen Deutschland darüber fast nichts weiß, ist weniger eine Frage von Rang und Bedeutung als vielmehr ein Beweis dafür, daß die anderen lauter schreien.

Auf der kurzen Eisenbahnfahrt von Emden nach Norden ist mir außer grünen Wiesen und einem großen bunten Vogel nichts aufgefallen. Ich dachte an die Pappeln von Papenburg. Der Bahnhof von Norden erfordert dann allerdings die höchste Aufmerksamkeit des Reisenden. Zuerst denkt man, man habe sich geirrt, das könne doch nicht sein. Man sucht die Stadt, aber man findet sie nicht. Vor dem Bahnhof zieht sich eine lange, öde, abweisende Straße mit verschlossenen Wohnhäusern. Wohin, um Gottes Willen, soll man sich wenden? Nach rechts, nach links? Liegt die Stadt hinter dem Bahndamm oder davor? Mit mir waren vier, fünf Jung-Wehrpflichtige ausgestiegen, die ihre Kaserne suchten. Verloren und fröstelnd standen sie mit ihren Sporttaschen vor dem Bahnhof – nirgendwo auf der Welt kann man sich so verloren fühlen wie vor dem Bahnhof von Norden –, bis schließlich altgediente Bundeswehrsoldaten mit einem Pritschenwagen kamen, um die Verlassenen, die Ausgesetzten abzuholen, einzusammeln – unter aufmunternden Worten: »Wird schon werden! Ist immer komisch am Anfang!« Nur ich wußte immer noch nicht wohin.

Dabei ist es in Wirklichkeit ganz einfach, wie mir der Stationsvorsteher dann erklärte. »Sie sehen doch dahinten die große Doornkaat-Flasche. Zweihundert Meter hinter der Flasche ist das Hotel.« – Und eben da fängt auch die Stadt an, quicklebendig mit fast wuseligem Verkehr und einem großen Warenangebot. Daß die Hauptstraße zur Zeit gerade aufgebrochen wird, bietet dem Fremden einen vertrauten Anblick. Obwohl in Norden weder U- noch S-Bahn gebaut werden. Auf jeden Fall wird gebaut.

Zwischen dicken Bohnen mit Speck und Schnippelbohnen mit Bratwurst konnte ich mich lange nicht entscheiden. Die gebackene Scholle, die ich dann schließlich wählte, erwies sich als Fehlgriff. So dürr und lieblos lappig gebraten, hätte man sie eher in Oberbayern als an der Nordsee vermutet. Die Stachelbeergrütze wirkte dagegen schon als kulinarische Sensation. Der Höhepunkt jeder Tafel aber ist der Tee. Die feierliche Zubereitung und Darbietung sind dabei fast wichtiger als der Geschmack der ostfriesischen Mischung, gegen den allerdings auch nichts zu sagen ist. Immer wird die Teekanne auf einem Stövchen serviert; dazu gehören großer Klunker Kandiszucker und Sahne. Man rührt den Zucker nicht auf, sondern läßt den Tee nur darüber laufen. Daß der Tee auf dem Stövchen natürlich immer bitterer wird, am Ende also völlig anders als am Anfang schmeckt, ist die feinsinnige Spitze der ostfriesischen Teezeremonie. Man muß erst selber dahinterkommen.

Ein Bekannter, ein übelwollender, wie ich heute weiß, hatte mir dringend geraten, von Norden aus in die Westermarsch zu fahren. Ich bin nun da gewesen. Ganz vorne am Watt liegt die Empfangsstation von Radio Norddeich. Auf dem Weg dorthin fährt man an alten Bauernhöfen vorbei, breit und behäbig. Vielleicht muß man nicht unbedingt in die Westermarsch. Aber von eigentümlicher Faszination sind die schmalen Landstraßen, die allesamt ins Nichts führen. Die Bäume am Strassenrand, vorwiegend Eichen und Birken, sind geneigt und gedreht – von Nordwest nach Südost. Einmal bin ich über den Deich gegangen.

Auf der Fahrt von Norden aus nach Osten braucht man weniger zu denken; denn es gibt mehr zu sehen. Zuerst Schloß Lütetsburg, ein Wasserschloß – im Graben drumherum grüne Entengrütze –, noch heute vom Fürsten zu Inn und Knyphausen bewohnt. Nur im Vorderhaus wohnt der Bezirksschornsteinfeger zur Miete, wie mir der Taxifahrer erklärt. »Das alles aber, soweit man sehen kann, gehört zur fürstlichen Verwaltung«, sagte der Taxifahrer und senkte bei dem Wort »fürstlich« ehrfürchtig die Stimme. Die Windmühle von Hage soll weit und breit die höchste sein.

Die Wirtsleute von Theener – ganz oben auf vorgeschobenem Posten in der Hagermarsch – fühlen sich nach zwei Jahren noch ziemlich fremd in Ostfriesland. In Karlsruhe hatten sie sich die Wirtschaft geselliger vorgestellt, den Winter nicht gar so einsam, den Sommer nicht so kurz, die Nachbarn nicht so abweisend. »Und trotzdem gefällt es uns hier«, sagen sie immer wieder, obwohl man ihnen ansieht, daß das nicht die Wahrheit ist. Mit der Atemnot der Tochter sei es viel besser geworden. Der Sohn hätte in der Realschule sogar eine Klasse überspringen können. Im Sommer hätten sie das Haus voll, Arbeit genug. Aber Einheimische kämen nicht zu ihnen, den Fremden, den Zugereisten. Zum Haus gehören zwei Hunde, ein Pudel und ein schwarzer Schäferhund, dem man nicht bei Nacht begegnen möchte. Mit dem Pudel geht zweimal am Tag die Großmutter spazieren, mit dem Schäferhund zweimal am Tag der Sohn.

Vorne ist der Deich. Wenn man am Deich ist, ist man noch lange nicht am Watt. Davor liegt der Polder, der Heller, Felder, Gräben, Priele, ich habe die ausgeklügelte Anordnung nie begriffen. Ich gehe gern über den Deich. Die mächtige Stille. Nur dann und wann ein aufheulender Düsenjäger, deutsch oder amerikanisch, man erkennt mehrere Flugzeugtypen. – Im Gasthaus von Theener haben mich vor allem die Tischglocken beeindruckt, deren Anlage wohl schon zwei, drei Wirtegenerationen zurückliegt. Wenn man auf die Glocke drückt, leuchtet in der Küche die Tischnummer auf.

Die vielfach gewundene Straße von Dornum nach Dornumersiel wird zur Zeit »begradigt«, wie es heißt. Kein Mensch versteht warum. Es soll fremdenverkehrspolitische Gründe haben, eine Formalie, ein Gesetz: Damit der Küstenbadeort und der Luftkurort als Einheit erscheinen oder anerkannt werden, dürfe die Entfernung nicht weiter als vier Kilometer sein. Drum werden jetzt alle alten Bäume rücksichtslos abgesägt. In Dornum regt man sich auf. Inzwischen sind die Arbeiten schon weit fortgeschritten.

Sonst hat Dornum viel Ähnlichkeit mit Keitum auf Sylt. Alte Häuser unter alten Bäumen, Burg und Schloß und Festungskirche – »der Schlüssel ist im Pfarrhaus abzuholen und wieder abzugeben«. Eine Kirche mit privaten Seitenlogen, gedrechselten Ballustraden silbergrau und grün gestrichen wie die Orgel, gewaltige Außenmauern, Schutz und Trutz. Zum Tee in den Accumer Stuben verheißt die Speisekarte: »Unsere Kuchenauswahl ist unterschiedlich und abwechslungsreich.« An dem Tag gab es zum Beispiel keinen Kuchen.

In Dornum kann man nobel wohnen. Wenn nachts der Wind um den Burgturm heult und der Regen auf das schräge Fenster klatscht, fühlt man sich wohl unter fünf Klafter Federbett, kariert. Am Tage macht die Ruhe mich unruhig. Es passiert überhaupt nichts. Eine Dame, der ich beim Frühstück mein Problem erklärte, konnte das nicht verstehen. Meine Erklärungen schienen nun wiederum sie zu beunruhigen. »Dann fahren Sie doch in ihren Streß, mir gefällt es hier«, antwortete sie schnippisch und gereizt. »Das nächste Mal, wenn ich komme«, sagte ich höflich, »werde ich ein Gedicht über die Pappeln von Papenburg schreiben.« Aber sie verstand nicht, was ich meinte.

Gerhard Rohde

Einfach wegpusten

Kiel zwischen zwei Wellenschlägen

Manche Kieler sprechen von Venedig, wenn sie Kiel meinen. Sie denken dabei nicht nur an ihren Rathausturm, der sich 106 Meter hoch über die Innenstadt erhebt und an den Campanile erinnert. Sie meinen vor allem das Wasser, das dieser Stadt Charakter und Bild gibt. »Tom Kyle« hieß sie ursprünglich, als Graf Adolf IV. von Holstein ihr 1242 das Stadtrecht verlieh, was soviel wie »am Gewässer Kyl« oder »an der Bucht« bedeutete. Am innersten Winkel der Kieler Förde, der »Hörn«, umschloß eine seenartige Erweiterung nahezu die gesamte Altstadt. Heute wirkt der »Kleine Kiel« eher wie ein innerstädtischer Teich. Der Zufluß über den alten Bootshafen in die Hörn verschwand unter einer Straße, der Holstenbrükke, über die der Hauptverkehr rollt. Das alles geschah aber schon vor der Zeit, als man auf moderne Stadtplanung zu schimpfen begann.

Fragt man Kieler, was ihnen an ihrer Stadt am besten gefällt, hört man zumeist das Wort: die Luft. Schreckensnachrichten aus Ballungsgebieten, wo in sommerheißen Straßen die Leute zusammenbrechen, besitzen hier eher Fabelcharakter. Von See streift fast an allen Tagen ein frischer Wind über Stadt, Straßen und Plätze, der sich bis zur »steifen Brise« steigern kann. Autoabgase haben keine Chance, sich zu Gift zu verdichten. Einfach wegpusten, heißt die Devise. Glückliche Großstadt.

Ursprünglich wollten wir bei diesem kurzen winterlichen

Abstecher in den Norden irgendwo »richtig« an die See, kleines Fischerdorf, einsame Deichwanderungen, heißer Grog, Ruhe. Freunde meinten, das alles könnten wir auch in der Landeshauptstadt haben und noch ein »büschen« (bißchen) mehr – vor allem an den langen Abenden. Winter ist auch hier nicht, kein Schnee, kein Eis. Wann war die Förde eigentlich zum letzten Mal richtig zugefroren? Langes Überlegen, lang ist's her. Am kilometerlangen Hindenburgufer, auf der einen Seite die ohne Sonnenlicht fast bleiern-grau daliegende Förde, auf der anderen Villen, Restaurants, Hotels am baumbestandenen Hang, trifft man an einem Wochentag nur wenige Spaziergänger. Die Segelboote im Jachthafen sind irgendwo aufgebockt. Im Institut für Weltwirtschaft muß es angenehm sein, zu arbeiten, bei dem beruhigenden Ausblick auf Wasser, Schiffe und das gegenüberliegende Ufer, auf dem sich das städtische Panorama immer mehr verdichtet. Der Wald der Kräne und Masten, die rostrot gestrichenen Riesenrümpfe in Docks und Wasser verraten, wo das industrielle Herz der Stadt schlägt... Howaldtswerke Deutsche Werft zählt zu den Größten in Europa.

Mit einem der schwarzweiß angestrichenen Hafendampfer fährt man vom Bahnhof aus eindrucksvoll dicht daran vorbei. Eine Stunde braucht das Schiff bis nach Laboe. Auf Deck ist es trotz Schals und Mütze auf die Dauer doch ein bißchen zu kalt. Mönkeberg, Kitzeberg, Heikendorf, hübsche, sauber hergerichtete Badeorte gleiten am Ausguck vorbei, alles sehr ruhig jetzt. Ebenso wie Laboe sind die meisten von ihnen selbständige Gemeinden, aber kein Kieler käme auf den Gedanken, sie nicht zu seinem Lebens- und Erholungsbereich zu zählen. In Laboe erfährt man beim Besteigen des fast neunzig Meter hohen Ehrenmals, daß es mit der frischen Luft auch zuviel werden kann. Dänemark ist im grauen Dunst auch nicht zu sehen. Auf dem Steilufer spaziert man weniger windumtost bis zum Fischerort Stein. Wer dann immer noch nicht genug geatmet hat, kann weiter wandern bis zum Schönberger Strand, auf dem flachen Deich, Blick aufs Wasser, oder windgeschützter dahinter bis zur Kneipe mit dem ortsüblichen »steifen Grog«, wobei der Kieler fälschlicherweise immer mit Hamburgern oder Bremern verwechselt wird. Er spricht nicht »s-teif« und »s-pitz«. Seine sprachliche Eigenart ist das Betonen an sich betonungsloser Endsilben und das plärrend klingende Verfärben des E-Lauts zum Ä-Umlaut. Wenn so ein »richtigär Kielär Mänsch« redet, hört sich das zwar typisch, aber nicht unbedingt wohlklingend an.

In Kiel kann man stundenlang laufen und merkt nichts von der Großstadt, von Verkehr und Einkaufstrubel. Fast immer geht es am Wasser entlang. In Schilksee, wo die Olympiastadt leicht geisterhaft wirkt, in Strande, wo in dieser stilleren Zeit die Küchenchefs in den Restaurants mehr Sorgfalt auf den Strander Butt in Speck oder eine Strander Fischplatte, mit Scholle, Aal und Hering, verwenden können. Der Spaziergang von Strande zum Bülker Leuchtturm führt dann schon in die Landschaft des Dänischen Wohlds. Hinter dem Leuchtturm sieht man an einer Verfärbung des Wassers und den vielen Möven, daß auch die »Großstadt mit der besten Luft«– so heißt ein Werbeslogan in Kiel – irgendwo mit ihren Abwässern hin muß. Dem Wasser in der Kieler Förde wird ohnehin nicht das beste Zeugnis ausgestellt, die große Tiefe der Bucht und ein geringer vertikaler Wasseraustausch begünstigen die Verschmutzung durch Abwässer und Schiffsverkehr.

Es soll Bayern geben, die eigens nach Kiel-Holtenau (oder nach Brunsbüttelkoog am anderen Ende des Nord-Ostsee-Kanals) kommen, um stundenlang dem Schiffsverkehr zuzuschauen. Einfahren in die Schleusenkammern, wieder hinaus in die in der Höhe von Holtenau schon sehr breite Förde, vor der sich dann schon die Schiffe stauen, die in den neunzig Kilometer langen Kanal hinein wollen, das kann man jeden Tag dutzendfach und im Jahr achtzigtausendmal verfolgen. Von der Holtenauer Hochbrücke, die seit den Olympischen Spielen verdoppelt den Kiel Canal – wie die meistbefahrene Seefahrtstraße international heißt – überquert, sieht man den Betrieb aus der Vogelperspektive, in der Wartehalle beim Holtenauer Leuchtturm bei einem Glas Bier. Irgendwie verstreichen dabei, ohne daß es zu spüren ist, die Stunden. Auf dem Kanalwanderweg, direkt am Wasser entlang, überholen einen die Schiffe oder kommen einem leise tuckernd entgegen. Eine Hafenstadt ist niemals provinziell.

Eher schon, wenn es um die Kultur geht. Aus der Zeitung,

der einzigen am Ort – die zweite ist schon vor vielen Jahren »gestorben«, es war eine SPD-eigene –, ist zu erfahren, daß im Stadtparlament eifrig darüber diskutiert worden ist, ob man dem kostspieligen Theater nicht erst einmal nur den Zuschuß für das erste halbe Jahr geben soll. Mit so praxisfremden Vorschlägen will man die knauserige Landesregierung zur Kasse zwingen. Derweil ist weitergespielt worden – und nicht schlecht. Ins Kieler Theater kann man also auch gehen.

Einige Museen lohnen gleichfalls. Die Kunsthalle, lange Zeit ein leicht verschlafen wirkendes Institut der Universität, hat in drei Jahren für wenig Geld eine bemerkenswerte moderne Sammlung zusammengebracht. Im Kieler Schloß ist die Stiftung Pommern untergekommen, und vor den Toren der Stadt, nur wenige Autominuten vom Zentrum entfernt, wurde in den letzten Jahren ein Heimatmuseum errichtet. Stein für Stein trug man aus dem ganzen Land wertvolle Zeugnisse schleswig-holsteinischer Baukultur, Bauern- und Pfarrhäuser, eine Bockmühle zusammen und setzte sie im Freilichtmuseum originalgetreu wieder aufeinander. Es gibt eine Töpferei, und in einem 200 Jahre alten Backhaus wird nach alten Rezepten Brot gebacken.

Kiel hat im Zweiten Weltkrieg stark gelitten. Über achtzig Prozent der Häuser wurden zerstört. Diejenigen, die es noch erlebt haben, sehen es heute mit einem weinenden und einem nicht gerade lachenden, aber immerhin freundlichen Auge. Das weinende gilt den historischen Gebäuden, die fast alle den Bomben zum Opfer gefallen sind. Das freundliche dem großzügigen, Licht und Luft schaffenden Neuaufbau. Struktur und Grundriß der Innenstadt sind geblieben. Vielen der Gründerhäuser, die in den vier Jahrzehnten nach 1871, als Kiel Reichskriegshafen wurde, aus dem Boden schossen, weint niemand eine Träne nach. Der rote Backstein dominierte zunächst auch beim Wiederaufbau. Viel ist den Architekten bei seiner Handhabung nicht eingefallen. Manche Partien und Ensembles in der Innenstadt wirken ein bißchen monoton-provinziell. Kaufhäuser mit ihren bundesweit genormten Fassaden sind in den letzten Jahren hinzugetreten und beherrschen ästhetisch nicht immer besonders überzeugend Plätze und Straßenerweiterungen. Über den Berliner Platz schaukeln

Liftgondeln von einem Parkhaus in das dazugehörende Kaufhaus. Für so kleine Jahrmarktseffekte scheint man hier Sinn zu haben. Der alberne Anblick stört offensichtlich nur wenige. »Tüttelkram«, wie es heißt, aber ganz praktisch.

Gute Architektur muß man in dieser modern wiederaufgebauten Stadt mit Fleiß und einem Reiseführer suchen. Das schon erwähnte Rathaus gehört dazu, 1907 bis 1911 erbaut. Ein Backsteinkörper mit straffen, klaren Linien, drei schöne Innenhöfe, Schaufront im Jugendstil-Dekor, der Kieler »Kampanile« mit Kupferhelm, im Innern Rotunden und marmorverkleidete Flure. Zusammen mit dem in gleicher Zeit gebauten Stadttheater, trotz Kriegszerstörung äußerlich ungefähr erhalten, ergibt sich, über den Kleinen Kiel gesehen, ein eindrucksvolles bauliches Ensemble, gegen das die ebenfalls an diesem Binnengewässer errichteten Bankgebäude eintönig und ungegliedert erscheinen.

Mißglückt erscheint die Neugestaltung des Alten Marktes. Altes Rathaus und die Persianischen Häuser, einst für den Ostasien-Handel gebaut, gingen im Krieg unter. Die dreischiffige gotische Nikolaikirche, ebenfalls schwer mitgenommen, ist 1950 wieder aufgebaut worden. Heute würde man die Restaurierung sicher kompromißloser und vielleicht historisch überzeugender betrieben haben. Auf den freien Platz in der Mitte des Alten Marktes, vom Verkehr befreit, wurde ein mehr modisches als modernes Gebilde mit Läden, Boutiquen und Restaurant, Mulden zum Sitzen und moderner Plastik errichtet. Mittelalterliche Enge einer Bürgerstadt sollte wohl simuliert werden, schmale Gassen, aus denen plötzlich der Blick auf die Kirche freigegeben wird. Der Platz war früher nie bebaut. Es wirkt jetzt ziemlich kunstgewerblich und geschmäcklerisch. Architekten allein können kein historisch gewachsenes Bewußtsein ersetzen. Da müßten aus der Bürgerschaft, aus dem Parlament die Korrekturen erfolgen. Kiel steht mit diesem Problem nicht allein.

Mit der Idee einer Fußgängerzone ging es wohl den meisten Städten voran. Die Holstenstraße, Hauptgeschäftsstraße, vom Alten Markt straks südwärts in Richtung Bahnhof verlaufend, ist seit rund zwanzig Jahren in Betrieb. Das ging, weil man parallel dazu für den Verkehr eine neue Straße anlegte. Als

Fußgängerbereiche noch keine Ideologie waren, war so etwas möglich: mit dem Auto heranfahren und dann im intimen Straßenbereich gemütlich von Geschäft zu Geschäft schlendern, zwischendurch einen Kaffee trinken oder ein kühles Helles aus den einheimischen Brauereien, natürlich mit einem Klaren aus dem Norden vornweg.

Auf der Nordseite des Alten Marktes, des Mittelpunktes der früheren Altstadt »Tom Kyle«, betritt man sehr schnell wieder ruhigere Zonen, das ebenfalls wiederhergestellte Schloß mit dem originalen Rantzau-Bau, einem neuen Konzertsaal und Kunstsammlungen (Stiftung Pommern), ein Zentrum des geistigen und künstlerischen Lebens der Stadt. Es führt hinüber in den Schloßpark, zur alten Universitätsbibliothek von Gropius und Schmieden (1881–1884) und zur Kunsthalle. Davor aber liegt der Oslokai. Hier legen die weißen, schnittigen Fährschiffe an. Wem's in der Stadt zu eng wird und wer noch mehr frische Luft braucht, bucht rasch eine Reise nach Oslo, Göteborg, Korsör oder Bagenkop, hin und zurück. Skandinavien liegt sozusagen vor der Tür.

Um die Stadt herum aber legen sich, gleichsam wie Jahresringe, neue Großsiedlungen und alte Schrebergärten. 1913 besaß Kiel die größte Gartenfläche pro Kopf der Bevölkerung. Die Bewohner häßlicher, dunkler Mietskasernen brauchten ein Stück Licht und Natur. Auch heute noch kann man in Kiel nicht nur stundenlang am Wasser, sondern auch lange durch Kleingärten wandern. Diese gegensätzliche Spannung ist überall zu spüren, in Stil, Geschmack und Kultur dieser Stadt, in ihren Menschen bis hin ins kommunale Parlament. In Kiel bewegt sich, so scheint es, alles zwischen Meer, Weite, Internationalität und Schrebergarten. Im Winter merkt man es deutlicher als im hellen Sommer mit blauem Wasser, blauem Himmel, Wolkenbäuschen und Schaumkronen. Die »Kieler Woche« ist da ein schöner, dicker Tupfer. Die Schokoladenseite der Kieler Sprotten sozusagen, von denen man sich natürlich ein paar Kisten mit ins Binnenland nimmt.

Ingeborg Meyer-Sickendiek

Hörnschapp und Feuerkieker

Das grüne Dithmarschen

Der übereilten Aufrüstung für den Besucher setzt das norddeutsche Flachland Widerstand entgegen. Weniger durch unzeitgemäße Exekutive als vielmehr durch den Charakter seiner Landschaft. Spätestens im Umkreis der ersten reetgedeckten Häuser und der Häufung jütischer Ortsnamen entlang der Grünen Küstenstraße nach Bremervörde hebt sich ein Element der Stetigkeit aus dem ereignislosen Tableau von Kühen, einzelnen Windmühlen und Wasserläufen heraus. Auf der Elbfähre zwischen Wischhafen und Glückstadt verlangt der Kassierer, der mit Einheimischen in derber Mundart scherzt, »veier« statt vier Mark für die Überfahrt.

Nichts könnte dieses eigensinnige Beharrungsvermögen grimmiger kontrapunktieren als der Schrei der Möwen über den Holländer- und Dänenkamp genannten Hafengassen. Die Backsteinkirchen mit den Renaissancebildern unnachgiebiger Reformationsprediger, die von düsteren Wallhecken gegürteten Gehöfte und die trotzig aufgeworfenen Grabhügel der Vorzeit haben mehr Widerspenstigkeit und versteckte Rebellion gesehen, als die satten Weideböden zwischen Elbe- und Eidermündung ahnen lassen. An der Westküste Holsteins sind die Anmeldeformulare für den Hotelgast außer Deutsch mit zwei skandinavischen Sprachen bedruckt. Für Dänen, die hier reisen, reicht der unsanfte Druck der Geschichte bis in das Jahr 1500 zurück, als der Sieg bei Hemmingstedt die Freiheit der Dithmarscher von dänischer Vorherrschaft sicherte.

Doch ist heute vermutlich unter den nordischen Nachbarn die Wertschätzung dieser Landschaft weiter verbreitet als in abgelegenen Teilen des deutschen Bundesgebietes.

Noch ehe man die alte Bezeichnung Thetmarsgoi für Dithmarschen auf ihren Ursprung zurückgeführt hat, macht sich einer jener unbeugsamen Stammesführer nordelbischer Sachsen in den Hünen- und Sippengräbern als Namensgeber verdächtig. Im Gegensatz zu den immer wieder überfluteten Marschböden, die alle sicheren Hinweise auf früheres Leben an das Meer abgegeben haben, sind allein in der Geest, dem Festlandsockel, Spuren vorgeschichtlicher Besiedelung erhalten. In Dithmarschen geht beides, Geest und Schwemmland, fast unauffällig ineinander über.

Ungefähr 50 vor Christus ist Plinius der Ältere den Marschbewohnern in nördlichen Küstengegenden begegnet. Er zählt sie zu den »Chauken«, einem germanischen Stamm, und berichtet über sie im 16. Buch seiner Naturgeschichte wie folgt:

»Im gewaltigen Andrange treibt dort zweimal innerhalb eines Tages und einer Nacht unermeßlich weit ausgedehnt der Ozean heran, indem er den ewigen Widerstreit der Natur verbirgt, und zweifelhaft ist es, ob man hier Land oder einen Teil des Meeres vor sich hat. Dort bewohnt ein armseliges Volk hohe Erdhügel, die wie Tribunale nach Maßgabe der höchsten Flut mit den Händen errichtet sind. Mit den darauf erbauten Hütten gleichen sie Seefahrern, wenn die Gewässer die Umgegend bedecken. Schiffbrüchigen aber, wenn die Fluten zurückgetreten sind.« Als verwöhnter Teilhaber römischer Kultur nimmt Plinius mit Schaudern zur Kenntnis, daß diese Chauken nur Fische essen, die sie in Binsennetzen fangen, und ihren Durst mit Regenwasser löschen. Wildbret kommt in ihrer Nahrung nicht vor. Es scheint ihm natürlich, daß sie alles daransetzen würden, solchem Elend zu entkommen. Doch erfährt er zu seiner Überraschung, daß sie lieber arm als unfrei sind. Später wechselten viele von ihnen zur Seefahrt und Seeräuberei über, wo sich ihrer unerschrockenen Gesinnung ein lohnendes Betätigungsfeld bot.

Auch Tacitus hat sich in seiner »Germania« mit den Dithmarschern, einem Volk »gemischt aus Sachsen und Friesen«, beschäftigt, freilich alles unter dem Gesichtspunkt eines fernen und geheimnisvollen Phänomens. Diesen Notstandsnimbus hat die Entwicklung des Küstenschutzes mit Eindeichung und Landgewinnung im Laufe der Jahrhunderte abgebaut. Doch nach wie vor schreibt Dithmarschen seinen Rückstand einer weit verbreiteten Unkenntnis seiner Landschaft zu. Sieht man vom Nordseeheilbad Büsum ab, das mit seinen neuzeitlichen Kureinrichtungen eine mondäne Sonderstellung genießt, ist die südliche Küste bis nach Brunsbüttelkoog mehr ein verschwiegenes Jagdrevier für Einzelgänger: wenig anspruchsvoll auf dem Gebiet organisierter Ferien- und Freizeitverwertung, doch um so vertrauenerweckender mit seinen stillen Kirchspielen im Utland. Hier kann man erleben, daß man – vielleicht als Urlauber auf einem Bauernhof – über einen ganzen Deichabschnitt allein gebietet, von Kühen und Schafen wie von seiner Leibwache umgeben.

Jedesmal, wenn die Wasser des Wattenmeeres zurücktreten, tauchen bis zum Wiedereintritt der Flut die kleinsten Lebewesen aus der Versenkung auf: Strandkrabben, Meersenf, Miesmuscheln und Wattenwürmer. Gleichzeitig schießen Sturmmöwen, Brandseeschwalben, Sandregenpfeifer und Strandläufer wie besessen über die Köpfe der Wattwanderer hinweg und versammeln sich lärmend an den Prielen. Der Wind setzt das Muster des Sandes zu immer neuen abstrakten Figuren zusammen. Friede, wie er nirgendwo einschmeichelnder sein kann, liegt über der Landschaft. Selbst das an den Deichen lagernde Rindvieh – fast ausschließlich Jungbullen mit dem Nahziel der Schlachtung vor Augen – käut ahnungslos die törichte Hoffnung wieder, alles bliebe so, wie es ist. Ein Blick in die Chronik des Kirchspiels Büsum, das übrigens erst 1585 landfest wurde, beweist indessen: Mehr als einmal hat bei 23 Überflutungen zwischen 1585 und 1825 ein rosiger Abend dem »blanken Hans« für seinen verheerenden Angriff Vorschub geleistet. In einer Art von Sisyphus-Zyklus vollzogen sich Katastrophen und Einsatz der Überlebenden bei der Wiederherstellung zerstörter Deiche – bis ins 19. Jahrhundert ein beliebtes Motiv für die Heimatmalerei. Dazwischen Seuchen, Mißernten, Mäuseplagen – einmal, im Jahre 1786, wurden zusammen 165 Katzen auf den Feldern verschiedener

Kirchspiele ausgesetzt. Mit dem wirksamer werdenden Küstenschutz hat mit den Jahren die Zahl der Opfer abgenommen. Um so lähmender war der Schrecken, wenn trotz besserer Sicherheitsvorkehrungen immer wieder von Zeit zu Zeit Menschen, Vieh und Häuser in die Flut gesaugt, Schiffe vom Sturm durch den Deich ins Land getrieben wurden, das letztemal 1962. Hausinschriften wie »Mein Trost ist Gott allein, sonst kein« scheinen der Unberechenbarkeit des Küstenschicksals angemessen. Viele Dorfkirchen in Dithmarschen stehen erhöht auf einer Warft.

Für Binnenländer ist es eine neue Erfahrung, daß die Anlieger der Nordsee in allen wichtigen Entscheidungen von der Macht des Meeres abhängen. Jeder von Menschen unternommene Versuch, sie unter ihre Gewalt zu bringen, muß ihnen im Vergleich zur Zwangsherrschaft der Natur als eine lächerliche Anmaßung vorkommen. »Hupen zwecklos, bin Dithmarscher« brüstet sich ein Autofahrer, der eine entsprechende Information im rückwärtigen Teil seines Wagens angebracht hat. Die Geschichte Dithmarschens, bis 1559 selbständige Bauernrepublik, nimmt solcher humorvollen Abschreckung den Schein von Koketterie. Die Brorsmannen, Wurthmannen, Russebolingmannen – das sind nur einige Namen aus den mächtigen Geschlechtsverbänden, den »Kluften«. Ihre hervorragendsten Vertreter bildeten im »Rat der Achtundvierziger« ein regierungsähnliches Gremium. Viele von ihnen trugen zum Zeichen dafür, daß sie Bauern waren, weiße Leinenhosen. Doch reichte ihr Einfluß auf Grund umfangreichen Grundbesitzes und Barvermögens, Bank- und Wechselgeschäften über regionale Instanzen bis in Bereiche internationaler Politik. Den alten Machtansprüchen Dänemarks und Holsteins traten sie mit der gleichen Entschlossenheit entgegen, mit der in grauer Vorzeit ein sächsischer Edeling am englischen Hof einen Palastlöwen in Schach gehalten hatte: »Bist du s-tille, du frevlichter Hund!«

In langer Unabhängigkeit selbstherrlich geworden, schraken sie weder vor Meineid zum Schutz ihrer Sippenverbände noch vor Mord zurück, wenn es das Gesetz der Blutrache befahl. Wenn auch nicht mit Zustimmung der »Achtundvierziger«, so doch unter stillschweigender Duldung geschah das wüste Verbrechen an dem niederländischen Reformator Heinrich von Zütphen, der 1524 als Schüler Luthers nach Dithmarschen gekommen war und kurz darauf von einer Abordnung betrunkener Bauern erschlagen wurde. Bezeichnenderweise mußte einer der markantesten Männer aus den Reihen der Geschlechterverbände, Peter Swin, unter dem Fausthammer seiner Bündnisgenossen sterben, als er sich zu einem Gegner der Kluften emanzipiert hatte. Im Lichte solcher Gewalttaten ist die praktische Sozialhilfe, die sie innerhalb des Gildewesens an Armen, Kranken und Schutzlosen übten, eine notwendige Aufbesserung ihres Nachruhms.

Auf dem alten Dorffriedhof in Lunden freilich, wo sie Kammergräber von beachtlichem Ausmaß besetzt halten, dauert er ungeschmälert fort. Deckplatten, von Lundener »Steensnidern« mit religiösen Symbolen geschmückt, und aufrechtstehende Steine erzwingen ihnen, Wand an Wand mit ihrer zuverlässigsten Fürsprecherin, der Kirche, ein fortdauerndes Wohnrecht. Zwischen Kanzel und Altar trumpfen ihre Namen im Geschlechterwappen und an der schön geschmückten Holzwand ihrer Kirchenstühle auf, wo es heißt, daß die »norderlikke Half« den Vogdemannen, die »soederlikke« den Todiemannen »tohoert«. Alles in diesem kleinen Eigenstaat war um so pedantischer geordnet, als ihn ständige Überflutungsgefahr mit Chaotisierung bedrohte. Das 1447 aufgeschriebene »Dithmarsche Landrecht« gibt Einblick in das Verwaltungswesen einer politischen Autonomie, die man als das letzte »germanische Stammesfürstentum« an der Nordsee bezeichnen könnte. Im Jahre 1559 war es mit dem, was man hier die »Dithmarsche Freiheit« nennt, endgültig vorbei.

Im Landesmuseum zu Meldorf sind alle Zeugnisse, die ihr zu Trost und Ehre gereichen, sorgfältig gesammelt, angefangen von der Siegeltafel der »Achtundvierziger« bis zu den eigenen Wohnformen Dithmarscher Großbauern. Der »Hörnschapp« genannte Eckschrank ist ein Möbel, das ausschließlich hier entwickelt wurde, desgleichen die Öfen, die Bilegger, und Fußwärmer, die Feuerkieker heißen; überlebensgroße bemalte Spielfiguren wie die »Rolande« und nachgebildete Szenen vom Ringreiten und Schwertertanz – heute als Aggressionsrelikte in die niedere Triebsphäre verwiesen.

Die Dithmarscher jedoch haben sie als Geschicklichkeitsübungen im Brauchtum ihrer Dorfgemeinschaften aufgehen lassen. Im Wohnpesel des studierten Großbauern Marcus Swin, der als Schreiber für die privaten Bedürfnisse seiner Landsleute ein fürstliches Auskommen hatte, erkennt man, daß Dithmarschen damals durch geistige und wirtschaftliche Bande an die Welt des Humanismus und der Hanse angeschlossen war. Was Swin, ein verwöhnter Renaissancemensch, in seinen Truhen an Golddukaten sammelte, ist nicht immer leicht verdient worden. So soll er über den unentzifferbaren Schriftzügen eines Dithmarscher authentisch geseufzt haben: »Das kann kein Swin lesen.«

Geistiger Expansionsdrang mag nicht allen Marschbauern unterschiedslos zu eigen gewesen sein, doch manchen Exemplaren um so mehr. Friedrich Hebbel, zunächst Laufjunge und Schreiber des Kirchspielvogts von Wesselburen, Gustav Frenssen, Niebuhr, Mommsen, Klaus Groth, im weiteren Sinne auch Theodor Storm und Johannes Brahms, sind aus dieser Landschaft aufgebrochen. Sie hat von jeher als spröde, einsilbig und abgehärtet gegolten. Gerade darum fühlen sich Gestalten aus Mythen und Märchen in ihr besonders wohl: Gutmütige Riesen und winzige Hausgeister, wozu der in jedem Bauernhaus auf der Bodentreppe gehegte Zwerg Nies Puck gehört, und Scharen von »Ünnererdschen«. Neben den Instanzen des christlichen Glaubens, der nachweislich schon vor der fränkischen Bekehrung durch Willerich, einen Mönch aus Northumberland, über See gekommen sein soll, haben sie ihre Hand am moralischen Puls des Volkes.

Dithmarschen, um angemessen am allgemeinen wirtschaftlichen Aufschwung teilzuhaben, entrichtet den dafür geforderten Preis einer fortschrittlichen Anpassung nur unter Zähneknirschen. Statt dessen behält es das Ziel weiterer Landgewinnung und Entwässerung. In der Meldorfer Bucht ist der Deich jetzt geschlossen und damit das größte Deichbauvorhaben in der deutschen Geschichte vollendet. Sobald sich aber jemand leichtfertig von der Bodenkonjunktur überrennen läßt wie der Jungbauer, der sich für den Verkaufswert seines Marschgehöftes ein Privatflugzeug leistet, hebt eine erfahrene Landfrau warnend den Finger »Das tut niemals gut.«

Kassandrarufe werden zunehmend überhört, seitdem sich rund um die Mündung des im Jahre 1887 erbauten Nord-Ostsee-Kanals zahlreiche Industriebetriebe angesiedelt haben und Pipelines, vom neuen Ölhafen abgezweigt, das Sirenenlied des Treibstoffbooms singen. Ausgerechnet in Dithmarschens ruhmreichstem Ort, wo seine Bauern vor mehr als 470 Jahren jene sagenhafte, aus holsteinischen Rittern und Landsknechten gebildete »Schwarze Garde« zu Schanden schlugen, läßt eine Raffinerie üble Gerüche entweichen. Das Wirtshaus mit dem vergilbten Stich der »glorreichen Schlacht von Hemmingstedt« über dem Gastsofa, hat seine Beliebtheit als Treffpunkt der Dorfjugend an ein schwül illuminiertes Etablissement mit bohrendem Beat abgetreten.

Freilich ist damit noch nicht die endgültige Auflösung einer traditionellen Lebensform besiegelt, mag es auch erste Anzeichen dafür geben.

Wolfgang Paul

Einkehren beim alten Voss

In der Holsteinischen Schweiz

Für die Leute, die aus den flachen Marschen Norddeutschlands nach Eutin kamen, ist die Holsteinische Schweiz stets das sonderbare »Bergland« gewesen, das sich so unversehens nahe der Ostsee erhebt. Ernestine, die Frau von Johann Heinrich Voß, schilderte diese Gegend 1782 so: »Der Eutiner See fließt dicht an der Stadt und ganz nahe an unserem Hause. Es ist übrigens lauter Abwechslung von Berg und Tal, Wald und Wasser. Man vergißt sich ordentlich selbst, wenn man aus so flacher Marschgegend in so schöne kommt.«

Freilich, eine »Schweiz« ist das hier nicht, der Name soll von einem Gasthaus stammen, etwas Maßlosigkeit war bei der Benennung dabei – aber denke einer mal nach über Reiseziele und Reiseentfernungen damals und heute: Eutin, dazu noch oldenburgisch, nicht holsteinisch, also auch nicht dänisch, war zu jener Zeit Weimar ähnlich, und Voß, der die Ilias und Odyssee in die Hexameter unserer Jugend übersetzte, protegiert vom Grafen Stolberg, der mit dem jungen Goethe die Schweiz bereist hatte, wird kaum viel von der Welt gesehen haben.

Eutin, das ist aber nicht nur das Voß-Haus, in dem die Ilias und die Odyssee in schönen bunten Bildern im großen Saal hinter Glas zu betrachten sind. Die Prinzen und Admiräle und Feldmarschälle, die außer Künstlern ins Gästebuch sich eintrugen, suchten in dieser Landschaft Erholung oder zumindest war sie ihnen eine Zuflucht, wie dem schwererkrankten

Feldmarschall von Brauchitsch, der sich am 13. April 1945 eintrug am Ende eines verlorenen Krieges, den er bis vor die Tore Moskaus als Oberbefehlshaber des Heeres geführt hatte.

Vom Schatz der Romanows, der im Ersten Weltkrieg nach England gebracht wurde, hatten die Eutiner freilich nichts, er verfiel der englischen Krone. Aber die Eutiner beanspruchten wenigstens einen Teil davon, denn aus ihrem Schloß war einst der Gemahl von Katharina II. hervorgegangen, Zar Peter II., aber auch der schwedische König Adolf Friedrich. Die Vergangenheit ist hier im Norden gut aufgehoben, anhänglich an den alten Voß sind die Leute noch immer, er ist ihr Goethe, nur etwas polternder, härter und vielleicht auch primitiver.

Sitzt man im Fissauer Fährhaus mit der Bürgervorsteherin bei einer jener teuflischen Punscharten, dann ist die Rede nicht nur von den vielen Fremden, die hier eintreffen und tagsüber an den Ostseestränden bei gutem Wetter liegen, aber im holsteinischen Hinterland morgens und abends die Welt vergessen, wie es dem Urlauber zusteht.

Die Gegend besteht aus Seen, die von kleinen Motorschiffen befahren werden, Laubwäldern, in denen man sich verirren könnte, einsamen Pfaden, auf denen Reiter von den vielen Reiterhöfen unterwegs sind (die Pferde treten schön beiseite, damit der Wanderer bequem vorbei kommt), aus der Abwechslung der sich immer wieder verschiebenden Aussichten (einmal kam ein Hotelkasten vom Ostseestrand ins Blickfeld, wir wandten uns ab, blieben bei den Einsichten der Ernestine Voß von der Geruhsamkeit der Idylle, die ja auch Enge bedeutet). Hier gibt es den Urlaub auf dem Bauernhof, aber zu erfahren ist, daß es mit dem »Handanlegen« durch den Städter heute nicht mehr weit her ist. Höchstens die Forke kann man gebrauchen, alle anderen Werkzeuge sind »durchmechanisiert«, dafür gibt es noch Viehzeug auf den Höfen – vor allem aber Pferde.

Der Pferde-Boom begann vor einigen Jahren, die Koppeln wuchsen aus dem Land, die Renaissance der reiterlichen Welt ist ein Phänomen, das anzeigt, daß der Mensch, der Benzingerüche überdrüssig, aufs Pferd umsteigt, das ihm die Natur wieder, wie einst den Vorfahren, bequem erschließt. Da gibt es einen Reiterhof, den eine Gräfin ein »bißchen militärisch«

führt; sie kam aus Breslau, und die Pferdepflege durch den Gast wird verlangt: hier im Norden ist ja viel Ostdeutsches nach dem Kriege untergekommen, Holstein ist ein kleines Preußen à la carte.

Wenn die Sportfischer des 1. Kieler Angelclubs sich an dem von ihnen gepachteten Schöhsee bei Plön »zum Schmause und geselligen Beisammensein« treffen, dann laden sie auch den Landrat ein, der mit den Gästen durch das Spalier der erhobenen Angelgeräte zu gehen hat, ehe er sich auf der Holzbank niederläßt und den »Humpen« schwenkt. Das Angeln ist auf den zahlreichen Seen auch ein gesellschaftliches Ereignis, dem keiner lange zusehen kann; er muß mithalten. Ein Fischmeister aus dem jetzt russischen Insterburg hat sich mit seinen Söhnen an einem See bei Süsel niedergelassen; Brassen, Hechte und Aale dürfen gefangen werden. Ein Sohn ist Graphiker, seine Bilder bestechen durch ihre Genauigkeit, mit der das Leben an den Seen wiedergegeben wird. Er macht sie zu Postkarten, die gut im Lande verkauft werden.

Aus Masuren sind aber nicht nur die Leute in Süsel gekommen, sondern auch die Maränen, die im Plöner See sich aufhalten. Von den Trakehnern in den Reiterhöfen hält die Breslauer Gräfin nicht viel, sie würden immer »dünner«, wahrscheinlich sind sie überzüchtet – die kraftvollen Holsteiner gewinnen die Springwettbewerbe, die Trakehner schrekken vor den Hindernissen zurück.

In Süsel ist noch vor der schönen Dorfkirche ein Gedenkstein zu sehen, auf dem »Unserem Bismarck« steht, als sei er hier begraben. Fährt man aber nach Schönwalde – von Eutin aus durch die »Kasseedorfer Tannen« –, dann kommt man nicht nur in das »schönste Dorf«, also in eine prämierte Gegend, sondern auch zum Bungsberg, dem höchsten Berg der Holsteinischen Schweiz, der – besteigt man den dortigen Fernsehturm – einen zweihundert Meter hohen Rundblick über die Lübecker Bucht bis nach Mecklenburg bei gutem Wetter garantiert. Hier befindet sich der einzige Skilift Schleswig-Holsteins, der – falls der Winter auch Schnee hergibt – stark benutzt wird.

Da es scheinbar noch nicht genug kleine und größere Seen in dieser Schweiz gibt, werden sie künstlich angelegt. Bei

Mönch-Neversdorf füllt sich ein See-Fragment langsam an; der Bürgermeister meint, jetzt schon lauerten die Angler darauf, hier fischen zu können. Der Bürgermeister kommt aus Ostpreußen, er ist geradezu: »Wir schaffen unsere Kühe ab, weil die Fremden leichter zu melken sind«, meint er gelassen. »Unerholt« soll keiner weggehen, »Profite werden nicht gemacht«.

Das ist wohl als Kontrast zur Küste gemeint, der die Einwohner den Rücken zuwenden. Hier sollen die Gäste »zumindest satt werden«. Anderswo ist das wohl nicht so, könnte man denken.

Auf den Motorschiffen, die zur Fünf-Seen-Fahrt zur Verfügung stehen, gibt es nichts zu essen. Dafür sind die Restaurants an den Landestellen da. Dort wird der zarte und doch so anhaltend-sättigende holsteinische Schinken angeboten, dazu die belebende Mischung aus Malteser und Bier – der Malteser ist dem dänischen Aquavit verwandt auf der Grundlage von Wacholder, das gute Brot und dann die vielen anderen Speisen, mit denen man sich im Norden schwergewichtig macht.

Die Menschen auf dem Lande ruhen noch in sich selbst. Sie haben Distanz zur Küste zu wahren, ihre Landschaft ist en miniature jenes Norddeutschland, das nicht daran denkt, alte Sitten und Gewohnheiten aufzugeben. In den Kinos laufen ehrbare Filme.

Zur Kirche von Bosau am Plöner See muß man hinfahren. In ihr hat sich das nordische Christentum, das man auch in Lund in Schweden derartig manifestiert sieht, ein Denkmal gesetzt. Ein ganz junger Pfarrer amtiert hier, der sich diesen Platz ausgesucht hat, als wäre er ein Mörike.

Da fahren die Busse vor, die Kirche ist schattig, der Große Plöner See läßt die vielen Segelboote vorübergleiten. Motorboote gibt es auf den Seen der Holsteinischen Schweiz nicht, nur die kleinen Motorschiffe für den Passagierverkehr – die Seen dürfen noch lächeln wie einst in Schillers Wilhelm Tell der Vierwaldstätter See.

Das nördlichste Kneipp-Heilbad Malente-Gremsmühlen hat ein Hotel, aus dessen Zimmern der Dieksee zu besichtigen ist – mit Sonnenuntergängen, Morgennebeln, Regengüssen, während hier Hochzeiten gefeiert werden oder Firmen sich versammeln; auch in Plön steht so ein Hochbau des modernen Hotelgewerbes, und hier im Hügelland passen sie auch dazu. Da trifft man im Hallenschwimmbad die Kegelclubs, die ihre Kegelkasse verprassen, und in der Sauna probiert jemand aus, ob man wirklich danach leichter geworden ist. Ein ganz neues Haus, das sich Diekseequelle nennt, hat Naturquellen im Keller. Überhaupt wird hier gekneippt, daß man meinen könnte, ohne Kneippkur wäre es nur das halbe Leben.

Angenehm ist die völlige Abwesenheit von Industrie (oder man sieht sie nicht), auch die Straßen sind ein wenig eng, damit nicht so sehr gerast werden kann. Daß Voß hier seinen Bestseller, die Übersetzung der »Odyssee« des Homer schreiben mußte, leuchtet ein. Sie wird ja getragen von dem unendlichen Heimweh des Helden, sein Ithaka konnte für Voß nur Eutin mit der Holsteinischen Schweiz gewesen sein. »Sage mir, Muse, die Thaten des vielgewanderten Mannes, welcher so weit geirrt, nach der heiligen Troja Zerstörung, vieler Menschen Städte gesehen und Sitte gelernt hat ...«

Das ließ sich hier damals gut niederschreiben, und heute könnte es noch immer ähnlich der viel gewanderte Mann sein, der hier einkehrt, der vieler Menschen Städte gesehen, nun auch Eutin: der Urlauber oder auch nur der flüchtige Besucher.

Günter Kunert

Fensterblicke auf Geest und Marsch

Patriotisches über Kaisborstel

Wie in E. T. A. Hoffmanns Erzählung von des »Vetters Eckfenster« dem Blick nach draußen sich das örtliche Leben (und nicht nur dieses) klarer entbirgt als einem, dem die unmittelbare Nähe die Einsicht verstellt, so kann auch ich mich auf meine Fenster, insgesamt neunzehn ohne die Bodenluken, berufen. Was für Aussichten und Ansichten! Ob sie für die solchermaßen benannten Karten, mittels derer man den Neid der Daheimgebliebenen zu erwecken sucht, vorbildlich oder brauchbar wären, wage ich nicht zu entscheiden. Das Land, in dem ich lebe, das engere jedenfalls, Schleswig-Holstein, ist kein Gebiet überwältigend exotischer Kulissen oder hektischer Agglomerationen, vielmehr eines der guten Luft, der eher beruhigend wirkenden Landschaft und des gemütlicheren Tempos.

Aus meinen Fenstern sehe ich ausschließlich die Landschaft. Zwischen »Geest« und »Marsch« gelegen, wird meinem Blick die Gnade leichter Bodenwellung zuteil, verstreuter Wälder und Wäldchen, hingehockter Buschgruppen, vereinzelter Bäume und fleißig bestellter Felder: Ob Sonnabend oder Sonntag: Der Bauer fährt mit seinem Traktor an meinem Haus vorbei, weil wir nicht stundenlang vor irgendeinem obskuren Laden Schlange stehen wollen einer angefaulten Gurke wegen, oder genügend Goldvorkommen haben, um Millionen Tonnen Weizen aus Amerika zu importieren. Hier wird noch gearbeitet und nicht vom Lande desertiert, wie man hört.

Inmitten dieses landwirtschaftlichen Fleißes, rundum durch beackerte und bestellte Flächen kenntlich, befindet sich unser Garten und Haus. Und ich nenne den Garten an erster Stelle, weil er sich tatsächlich so überaus sichtbar von der umgebenden Nützlichkeit als ein Eiland der Zweckfreiheit abhebt. Und er wird auch als ein Eiland, vielleicht sogar als ein rettendes, angesehen, zumindest von den Vögeln, die ihn zu ihrer überdimensionalen Voliere erkoren haben. Was hier nistet und haust, zwitschert und hüpft, flattert und pickt, scheint von überall hergeflogen zu sein: Wacholderamseln, Kohlmeisen, Mauersegler, Grasmücken und auch der vom Aussterben bedrohte Fliegenschnepper, der, nach Kolibrivorbild, schwirrend in der Luft steht: vor dem Fenster meines Arbeitszimmers, um mich zu beobachten. In einer Tanne hausten zwei Türkentauben, von denen die eine dem Habicht in die Fänge gekommen sein muß: Direkt hinter dem Knick, dem bewachsenen und bewucherten Erdwall, der hier als Feldrain fungiert, lag ein Kranz ausgerupfter Federn, alles andere längst verspeist und verdaut. Und im Winter schritt gravitätisch und unbeholfen ein Fasan ums Haus, knabberte an den eingeschneiten Büschen, um im Frühjahr der Welt seine Einsamkeit durch einen blechernen Ton, als bliese jemand in eine Gießkanne, zu avisieren. Bauern aus den umliegenden Dörfern, Jäger meist, haben diesen Notruf erhört und aus Ungarn Fasanenhennen einfliegen lassen: Von da an traf man den Fasan nur noch mit ständiger Begleiterin.

Wie der Fasan meinen Garten gefunden hat, ist mir ein Rätsel, denn ich wohne in drei Orten zugleich, was ich mir im Grunde immer schon gewünscht habe. Zumindest habe ich drei Adressen, die alle »funktionieren«. Die Orte heißen Kaisborstel, Breitenfelde, Pöschendorf, und die unterschiedlichsten Institutionen schreiben mir unter diesen Ortsnamen, möglicherweise nur, um mich zu verunsichern. Dabei habe ich mich längst entschieden. Auch wenn ich im Telefonbuch unter Breitenfelde angegeben werde und die Sparkasse Belege unbedingt Pöschendorf zuordnet – ich stehe zu Kaisborstel und könnte mit einer gewissen Verspätung, aber mit mehr Berechtigung, wie ein amerikanischer Präsident es von einer anderen Stadt behauptete, sagen: Ich bin ein Kaisborstler!

Als solcher bin ich natürlich Lokalpatriot: Dieser Fleck Erde, über den ich aus meinen Fenstern (der Reihe nach) hinwegschaue, ist selbstverständlich der schönste. Sehe ich morgens aus dem Schlafzimmerfenster auf eine leicht ansteigende Schleife der Bundesstraße 204, die von Hamburg nach Husum reicht und von der direkt zwischen Itzehoe und Schenefeld unsere Straße, meine Straße abzweigt, so beruhigt mich der Anblick: Dahinten jagt das Blechspielzeug dicht gedrängt auf seiner Spur ins Irgendwo, jedenfalls und glücklicherweise an Kaisborstel vorüber. Nachts flackert das Fernlicht der eiligen Gespenster über Wände und Decke, bedrohlich und aufstörend, als habe draußen schon das Unheil stattgefunden, das sowieso alle erwarten, und als habe die allgemeine Flucht eingesetzt: zu einem nächsten und diesmal endgültigen. Mechanische Lemminge: So kommen sie mir vor, zu denen ich auch gehöre, um dann, aus der umgekehrten Perspektive, die beiden oberen Fenster und den Giebel unseres Hauses aufatmend aus der Ferne zu sichten: Wir dürfen abbiegen und heimkehren, während die andern weiter müssen.

Oft genug aber, meist gegen Morgen, verdeckt ein spezielles Landesprodukt den Anblick: der Nebel, vor dem im Verkehrsfunk gewarnt wird; da breitet er seine milde Gräue vor uns aus und versteckt diesen Ausblick auf das technische Zeitalter. Nun könnte man meinen, Kaisborstel liege auf dem Mars oder in einem anderen Jahrhundert. Der Nebel, der diesem nördliche deutschen Landzipfel, der antiken »Chersonesus Cimbrica«, den Beinamen »die Sonnenlose« eintrug, schreckt uns nicht, denn er umhüllt uns vielmehr weltausschließend und geräuschhemmend. Jetzt fliegt auch kein Hubschrauber, kein Jagdbomber, keine Transall-Maschine vom Flugplatz beim Dorf »Hungriger Wolf« dröhnend über uns weg, und auch der Wind hat sich gelegt. Übrigens: Ohne den Wind, dem man »anriecht«, daß er vom Meer herkommt, wäre die Luft nicht von solcher gläsernen Klarheit, als sei sie direkt aus einer Luftwaschanlage frisch geliefert worden.

Entgegen dem Blick aus dem Schlafzimmer nach Südost bietet sich dem aus dem gegenüberliegenden Dachboden nach Nordwest wenig Eindrucksvolles: Ein präsumptiver Hügel, noch im Zustand des Werdens, der Schöpfung, die jedoch unterbrochen scheint. Unter ihm eine Müll-Deponie, vor einigen Jahren aufgegeben und mit Sand bedeckt. Den ganzen Winter hindurch dröhnten über die schmale Straße vorm Haus Transportfahrzeuge, die Mutterboden abluden, den wiederum Raupenfahrzeuge mit ihren Schiebern verteilten. Aber außer Unkraut blüht bis jetzt dort nichts: Die Heilung der Wunde läßt auf sich warten. Zerstören ist leicht, und daß noch leichter Geld für künftige Zerstörung bewilligt wird, ist vielen »Anliegern« im Umkreis gewiß.

Hingegen aus dem Küchenfenster gesehen und über das schmale Asphaltband hinweg und über ziemlich ausgedehnte Maisfelder: Den Horizont begrenzen fern Häuser und Dächer einer Ansiedlung, Schenefeld, das schon erwähnte, mit einem spitzobeliskartigen Turm der ältesten Kirche Schleswig-Holsteins, der zu meinem unverminderten Genuß genau das Glockenspiel von Big Ben in London nachahmt: Wer in der Sparkasse gegenüber seine Schulden zählt, darf, sobald er die Augen schließt, sich in »Barclays Bank« wähnen oder gar in der »Stock Exchange«. An dieser örtlichen Spezialität führt die Bundesstraße 204 vorüber und weiter nordwärts, bis Niebüll, bis zur Um- und Urwelt Noldes, die, längst domestiziert, sich von den Visionen des Malers immer mehr entfernt hat. Vorher aber fährt man durch Friedrichstadt, die »Holländersiedlung an Eider und Treene«, wie die Touristenwerbung das Städtchen nennt: Ein vergessenes Beispiel praktizierter Toleranz, denn hier lebten sechzehn Glaubensgemeinschaften friedlich neben- und miteinander. Numerisch an zweiter Stelle und als ein Fünftel der Bevölkerung: die Juden. Ihre Hinterlassenschaft sind zwei Friedhöfe, von denen der eine aus dem Jahre 1676 »op de Klint« seinen Charakter als Begräbnisstätte längst verloren hat. Wenige schwärzliche, in ihren Urzustand zurückverwitterte Steine ruhen in einem Kreis unter windschiefen Bäumen auf einer Wiese an der Treene.

Ein Drahtzaun, ausgehend von dem Wohnhaus daneben, dem einstigen »Judenhaus«, umschließt das Areal: Ein Ort der Verlassenheit und Trostlosigkeit und des sicheren Gefühls, daß diese unentzifferbar gewordenen Male einer niemals wiederkehrenden Einstigkeit langsam in dem feuchten, aufgeweichten Boden versinken. Der andere Friedhof, 1890 eingerichtet, hat wunderlicherweise die Zeiten auch überdauert und wurde noch bis 1936 genutzt: Moses Behrend ist wahrscheinlich als einer der letzten hier bestattet worden, während alle anderen nach ihm »ein Grab in den Lüften« erhielten. Auch aus der Idylle der Gäßchen, der tatsächlich original niederländischen Fassaden, vom Kanalwasser dupliziert, läßt sich von dieser Vergangenheit weder etwas vermuten noch erschließen: sie schwärt auch hier im gesellschaftlichen Schatten wie an vielen anderen Stellen bemühten Vergessens.

Vor dem Fenster meines Arbeitszimmers breitet sich ein nahezu reines Landschaftspanorama aus. Im Vordergrund einige Meter Garten, dann Feld und Busch, Baum und Wald, der den Horizont bildet. Über den fernen Wipfeln und ferner als sie: Überlandleitungen wie das Mastwerk aufrecht gestrandeter Windjammer, aber gemalt von Caspar David Friedrich, da sie in witterungsunabhängiger Reglosigkeit verharren. Wäre unser Haus ein Hochhaus, ich würde über den Hochspannungsmast hinwegblicken können, über viele solcher Konstruktionen und würde die Dörfer am Stör-Deich erkennen, an dem entlang man eine verschlungene, kurvenreiche Straße nach Wewelsfleth fährt, um Ute und Günther Grass in ihrem altertümlichen Bau aus dem 17. Jahrhundert zu besuchen.

Von hier ist es ein Katzensprung bis zu den Städten technischer Vorherrschaft, die zugleich jene der Niederlage eines humaneren Bewußtseins sind: Brunsbüttel und Brokdorf. Zwischen dem fensterlosen Klotz des Kernkraftwerkes, dessen Erscheinungsweise wenigstens nicht über seine vielfältige und unheimliche Bedeutung hinwegtäuscht, und gigantischen Chemieanlagen geht die Straße zu einem sterbenden Fluß. Umwelt ist zum technizistischen Environment denaturiert. Wer abends an den Anlagen vorbeifährt, an den metallischen Offenbarungen einer fehlgelaufenen Evolution, an Türmen und Rohren, an dieser zusammengenieteten und verschraubten Festung des Fortschritts, festlich überglänzt von zahllosen Lampen und Lämpchen (Was für ein Fest soll das sein?), dem wird angst und bange vor soviel Zukunft. Und Gegenwehr? Wie denn? Überhaupt: Falls es gelänge, die Kehrseite der industriellen Zivilisation zu »reinigen«, die Lebensbedrohung durch die Nebenprodukte der Produkte abzuwenden, wären wir denn damit schon all ihren anderen Implikationen entkommen, die uns zu minderen und beiläufigen Bestandteilen ihrer selbst machen?

Das Grün rings, in dem ich zu leben wähne, verstellt auf natürliche und freundliche Weise derartige Aspekte, ohne sie wirklich verschwinden zu machen.

Brigitte Scherer

Ausschweifungen für jedermann

Die Reeperbahn

Lockvögel fürs Fremdenverkehrsamt nennen sich neuerdings die Prostituierten aus der Herbertstraße, wenn sie über den schlechten Gang der Geschäfte klagen: die Spesenverordnung, die Konkurrenz draußen im Grünen; ohnedies nimmt die Kundschaft aus Angst vor Raub und Nepp sowenig Geld wie möglich mit. Und dann die vielen Touristen: »Wenn Gruppen hier durchziehen, verdienen wir keine Mark.« So ist es kein Wunder, daß in dieser berühmtesten Straße von St. Pauli längst nicht mehr gepöbelt wird: »Früher haben wir Wasser aus dem Fenster gekippt, heute müssen wir resignieren.« Und einer der Könige von St. Pauli bestätigt die Tristesse der modernen Zeiten: »Die Luft ist raus.« Er hat sein Etablissement ins Bahnhofsviertel St. Georg ausgelagert. So barbarisch sei unterdessen der Konkurrenzkampf auf dem Kiez, daß viele aus dem Milieu sich zurückgezogen hätten ins bürgerliche Leben.

Sentimentalität gehörte schon immer zur Reeperbahn. Auf alten Bildern steht der Mond wie ein Lampion über St. Pauli, und unter den Bäumen der Reeperbahn flaniert die Menge, festlich geputzt: man schreibt das Jahr 1897. Carl Hagenbecks Menagerie kannte man da schon seit gut fünfzig Jahren, soeben hat Kommissionsrat Paul Busch den Zirkus Renz übernommen. Die Aufregung über die Bierhalle mit Damenbedienung am Spielbudenplatz ist fast schon vergessen; jetzt sorgt Gumma, Königin der Amazonen aus Dahomey, beim

Gastpiel in Umlauff's Weltmuseum für die neueste Sensation, wenn sie ihr barbusiges Fotoporträt zum Wahnsinnspreis von zwei Mark unter die Leute bringt. Die schwarze Gumma kennt »die weißen Herren der Schöpfung gründlich«, notiert süffisant ein Lokalreporter aus Hamburg.

Die Duse tritt auf an der Reeperbahn, im Carl-Schultze-Theater. Nebenan in der Davidsstraße ist es Dernier cri unter den käuflichen Mädchen, den Preis mit den Freiern unter einem kolorierten Druck von Magdalena, der Büßerin, auszuhandeln. Gerade wurde auf Beschluß der Stadtverwaltung von Hamburg die Herbertstraße als öffentliches Bordell eingerichtet. So herrscht nun auch von Amts wegen Ordnung im Gewerbe. Dies geschah im Jahr 1900. Seitdem hat sich an der Legende von St. Pauli nicht das geringste geändert: Hafenromantik und Sünde heißt bis heute der Titel.

Aber lassen wir die Anekdoten aus den Tanzpalästen, Theatern und Varietés der Vergangenheit, damals, als Hamburg das Tor zur Welt war, und St. Pauli ein magischer Name auf allen Meeren. Wißt ihr noch, wie im »Allotria« zum Schluß der Show eine nackte Tänzerin von der Decke herab ins Publikum schwebte? Vor lauter Schleiern sah man von der Nackten rein gar nichts, erinnert sich mit verklärtem Blick einer jener hartgesottenen Manager der Reeperbahn von heute, wo es vorbei ist mit jeglicher barmherzigen Camouflage.

Geblieben ist der Weg: von den Landungsbrücken über die Davidstreppe – steil ist sie, ganz schön steil – hinauf zur Reeperbahn. Etwas außer Atem kommt man oben an. Rechts die Davidswache und davor jene Meile, die sie in Schlagern und Magazinen die sündigste der Welt nennen: doch weiß der Himmel, wo die Sünde sich versteckt, zu sehen sind nur Belanglosigkeiten. In der breiten Fahrbahnmitte eine Leitplanke; ziemlich schäbige Fassaden, am Ende das übliche Hochhaus, Flippersalon, Peepshow, Kolonialwarenladen, Sexschuppen. Das kann es doch nicht sein, was Hans Albers besungen hat: ein müdes Bockwurstzentrum, charmelos und harmlos wie eine Ausfallstraße im Mittelwesten Amerikas.

Die Legende von St. Pauli war nur ein Kinotraum, und Hans Albers ist schuld daran. Sie schien wahr, solange er vom Seemann und seinem Mädel sang, auf der Reeperbahn nachts um halb eins. Hans Albers ist tot. Die christliche Seefahrt wird von der Elektronik bestimmt. Der Aufstieg der Vorstadt St. Pauli aber hat mit der Dampfschiffahrt begonnen. Tanker und Containerschiffe liegen nur noch ein paar Stunden im Hafen; wenn früher von hundert Seeleuten drei bürgerlich lebten, so ist das nun umgekehrt. Und der Computer braucht keine Seemannsbraut.

Heute geht der Seh-Mann um auf St. Pauli bei Nacht. Wie seit neunundsiebzig Jahren warten in den Fenstern der Herbertstraße die Mädchen; jetzt allerdings spielen sie die unfreiwillige Klamotte vom ältesten Gewerbe vor Touristen und vor Landfrauenvereinen, die durch die ihnen früher verbotene Gasse laufen. Aber sie sehen nicht mehr als das rote Licht. Verborgen bleiben die steilen Stiegen im Innern, die schwarzbezogene Liege, die Gummiaccessoires, die Ketten und Peitschen für spezielle Wünsche. Wenn die Bewohnerinnen Pause machen, trinken sie ihren Kaffee, mit den Kolleginnen gemütlich plaudernd neben der Folterbank. Der lungenkranke Poet Klabund hat sie besungen: »Wir Hamburger Mädchen haben's fein / Wir brauchen nicht auf dem Striche sein / Wir wohnen in schönen Häusern / Wohl bei der Nacht, / Ahoi! / Weil es uns Freude macht.«

Ob die Reeperbahn tot ist oder floriert wie noch nie, ist eine Frage der Weltbetrachtung. Die Besucherzahlen steigen. Acht Millionen Fremde verzeichnet die Statistik im Jahr, zur Hälfte Geschäftsleute und Touristen. Seeleute geben im Milieu den Ton nur noch dann an, wenn ein Flugzeugträger mit 2500 Mann Besatzung im Hamburger Hafen liegt. Der Ankerplatz der Seefahrerträume ist längst von den Landratten aus der Provinz erobert; heute legen am Kiez die Busse an. In der Hochsaison und nach Bundesligaspielen drängen sich bis zu hunderttausend Besucher an einem Abend auf dem dreiviertel Quadratkilometer rund um den Hans-Albers-Platz und stehen Schlange vor den Showlokalen auf der Großen Freiheit. Ausdrücklich vermerkten die siebenhundert Teilnehmer eines amerikanischen Floristen-Kongresses, daß sie nur der Reeperbahn wegen Hamburg als Tagungsort gewählt hatten. »Wenn es die Reeperbahn nicht gäbe, dann müßte man sie erfinden«, bekräftigt man auf dem Fremdenverkehrsamt.

Der Chef der Davidswache, Wächter über 450 Lokale, 2000 registrierte Prostituierte und 18 000 biedere Bürger, legt knapp die Erfolgsmeldung auf den Tisch: St. Pauli ist fest im Griff. Im einzelnen bedeutet das: kein Kinderstrich; die niedrigste Kriminalitätsrate aller deutschen Vergnügungsviertel; keine »Gewaltkassierung« mehr; kaum noch Nepp. Die Prostitution ist zwischen 20 Uhr abends und sechs Uhr morgens erlaubt und somit unter Kontrolle.

Die Reeperbahn hat eine neue Karriere durch den Tourismus gemacht. Das Geschäft mit der Lust ist allerdings härter geworden seit den fünfziger Jahren. Damals lag das Geld auf der Straße. Wehmütig denkt mancher in St. Pauli zurück an jene goldene Nachkriegszeit, in der »die wichtigsten Geschäfte in den unwahrscheinlichsten Lokalen« abgeschlossen wurden – lange vor der Neufestsetzung der Spesenordnung. Ein Reeperbahnbummel inklusive Mädchen war die übliche Aufmerksamkeit, die der bürgerliche Kaufmann seinen Geschäftsfreunden – steuerlich absetzbar – bot. Razzien und Verbote gehörten zur Tagesordnung. Da hieß es »nicht nur clever sein, sondern auch Kraft im Arm« beweisen als Unternehmer auf der Reeperbahn. Drei- bis viermal je Nacht kam es zu Prügeleien – meist wegen der Höhe der Rechnung. Ungerührt servierte man damals den »Soliden« – Spannern am »Schnüffelbalken«in der ersten Reihe zumal – »Indianerbier« oder »Indianersekt« aus zusammengeschütteten Resten. Es war eine bewegte Zeit mit Schlagzeilen von Raub, Unzucht, Mord und Zuhälterkrieg. Damals hat sich die Reeperbahn endgültig vom Amüsierviertel mit gemischtem Angebot zu jener Uniformität gewandelt, die heute von Anwohnern und Behörden beklagt wird: man ist von Kopf bis Fuß auf Sex nur eingestellt und auf sonst gar nichts.

Zwischen 1950 und 1960 wurde jede Bierkneipe zum Striplokal. Das Brechen von Tabus versprach schnelles Geld. Noch 1963 erregte ein gemalter weiblicher Akt im Vorraum eines Showlokals amtlichen Anstoß, 1970 wurde der erste männliche Darsteller auf der Bühne aktiv. Diese neuesten Sensationen brachten für kurze Zeit mehr Geld in die Kasse. Seit fünf oder sechs Jahren wird auf der Großen Freiheit alles gezeigt. Nur Kinder, Tiere und Gewalt sind auf der Bühne verboten.

Inzwischen geht es auf der Reeperbahn zu wie überall in der Industrie. Der Kampf um Marktanteile hat begonnen. Die Konkurrenz ist groß und bietet genau das gleiche an. Zum ersten Mal müssen sich die Besitzer von Klubs und Showlokalen um Stammkunden bemühen. Der geschäftliche Erfolg liegt nun im Service und im knapp kalkulierten Preis. Man kann nicht mehr an wenigen viel verdienen, jetzt muß es die Masse bringen. So ist auf dem Kiez viel häufiger von Marktanalysen und Kostenkontrollen zu hören als von Ausschweifungen.

Auf romantische Weise anrüchig ist St. Pauli nur in den Schlagern gewesen. Die Händler, die das Bedürfnis nach Sexualität befriedigen, sind sachlich. Geschäft und privates Verhalten bleiben strikt getrennt. Höflich entschuldigt sich das Mädchen, das sich noch eben auf der Bühne in eindeutigen Posen öffentlich präsentiert hat, daß die Tür zur Toilette im Lokal nicht abzuschließen ist. Wer nach der Vorstellung einen Darsteller fürs Séparée mieten will, dem zeigt der Geschäftsführer zunächst unverbindlich die Räumlichkeiten, beinahe elegant ausgestattete Kammern mit Liege und Kachelbad. »Wir verkaufen Sex fabrikmäßig, und wie am Fließband machen wir täglich die gleichen Handbewegungen«, sagt eine Prostituierte. Wenn sie hinzufügt: »Manchmal machen wir eine zuviel«, dann ist das schon der Gipfel an Schlüpfrigkeit, die im Milieu geboten wird.

Die Geschäftsbeziehungen zwischen Kundschaft und Verkäufern sind nach wie vor delikat. Daran ändert auch nicht, daß die Prostitution, wie man auf der Davidswache hören kann, inzwischen fast gesellschaftsfähig geworden sei. Nachwuchs gebe es im Überangebot, nicht nur aus Schlichtwohngebieten. Der Kreislauf ist seit Jahrtausenden der gleiche geblieben: Freier, Dirne und Zuhälter versuchen, sich die Illusion von Liebe, Zuneigung und bürgerlicher Achtbarkeit zu erkaufen. Polizisten und Kellner, Prostituierte und Animiermädchen haben es mit Besuchern zu tun, die sich anders verhalten als in ihrer gewohnten Umgebung. Weil sie unsicher sind, spielen sie oft den starken Mann oder zeigen ihre Verachtung – und werden verachtet dafür.

Auch auf St. Pauli bestimmt die Nachfrage das Produkt.

Wenn die Aufklärungswut jegliches Tabu entzaubert, ist es nur konsequent, daß es auf der Reeperbahn ausschließlich um nackte Tatsachen geht. Vom Reiz des Verbotenen ist schon lange nicht mehr die Rede. Die sexuelle Revolution hat allen alles zugänglich gemacht. Vor einem Millionenpublikum bieten Prominente in Memoiren ihr Liebesleben feil. Erotik wird als Ware verramscht. Die Sex-Shows auf der Großen Freiheit sind genormte Konsumartikel: sie ähneln mehr einer »Hamburger«-Imbißstation als Frau Warrens Bordell.

Die allgemeine Kopulation, auf der Bühne dargestellt von einer Laienspielschar unter Verwendung römischer Geschichte, deutscher Märchen und amerikanischer Comics, ergibt eine Orgie zum Lachen. Wenn die dicke Favoritin mit resignierten Kulleraugen abläßt, sich um den schlaffen Cäsar zu bemühen, brüllt das Publikum vor Vergnügen. Kniende Mädchen bedienen im Takt der Musik gelangweilt in die Luft starrende Knaben. Dornröschen, ein blonder Pummel, verkehrt auf dem Fahrrad mit dem Prinzen. Gnadenlos weiße Scheinwerferspots enthüllen jedes Detail der Aktricen, die mit Flaschen oder mit sich selbst hantieren. In solchen anatomischen Kabinetten avanciert Lieschen Müller zur Göttin des Sex.

Die Dramaturgie ist stets die nämliche: ein dünner Vorwand, etwa unter dem Titel »Madame, es ist angerichtet« oder »Der Polizist und die Dirne«, und dann wird, wie es in der Fachsprache heißt, »losgemacht«. Derweil wechseln im Roll-on-System die Zuschauer bei offener Bühne: «Nicht drängeln, meine Damen und Herren, es ist Platz für alle da«, und resolute Kassiererinnen treiben die Zeche für Bier und Korn ein. Wo der Platz nicht reicht, wird ein Hocker angestellt. Jahrmarkt-Atmosphäre, Schlachtenbummler vom letzten Bundesligaspiel. Man lacht, man grölt, man amüsiert sich, als genieße man das Ohnsorg-Theater nackig. Eine Lautsprecherstimme heizt ein: »Wenn oben gerackert wird, dann wollen wir unten klatschen.« Und herzhaft schlägt ein junger Kerl in Lederjacke und Krawatte auf die Schenkel seiner aufkreischenden Begleiterin.

Solche Heiterkeit ist programmiert. Die Parodie soll die unappetitlichen Obszönitäten erträglicher machen. Grobe

Wahrheiten werden in Vorwände verpackt. Möglichst viel sehen fürs Geld, heißt die Devise. Bei der Sexwelle ist das nicht anders als bei der Freßwelle. Das Ergebnis dieses Konzepts der illustrierten Stammtischwitze wird von einem Fachmann mit statistischem Material belegt: zehn Prozent der Zuschauer suchen noch während der Vorstellung die Toilette auf, acht Prozent besuchen hinterher ein Bordell, und die Mehrzahl geht nach Hause und hat, »so erstaunlich es klingt«, etwas dazugelernt.

So redet René Durand, der Besitzer des »Salambo« in der Großen Freiheit. Er fühlt sich in der Tradition der antiken Schaubühnen: »Sextheater ist ein Stück Kultur.« Vor drei Jahren hatte er Konkurs anmelden müssen. Die Show damals war zu artistisch, zu ästhetisch, zu angezogen; sie kam nicht an beim Publikum. Schönheit und Perfektion sind nicht gefragt auf der Reeperbahn. Schönheit ist in St. Pauli genauso die Ausnahme wie im Kino, in der Fernsehshow und im Theater. Ästhetische Kategorien stören nur; sublime Erotik war nie Programm.

Kein Ort für Illusionen: die Reeperbahn ist das Gegenteil einer Traumfabrik. Hier werden Träume erschlagen von der Wirklichkeit.

Jürgen Petersen

Genau nachrechnen

Bremen nicht nur für Kaufleute

Der Reisende, der sich Bremen nähert, erkennt Vorzeichen, niederdeutsche Weidelandschaft, schwarzweißes Rind, ein hoher Himmel. Der Zug überquert einen Wiesenfluß, dunkel, gemächlich strömend: die Weser weit oberhalb der Stadt. Er denkt an die beiden anderen Hansestädte, ihre Silhouette in der Ferne: Lübeck, wie es sich mit nadelfeinen Türmen aus dem Dunstschleier des Horizonts erhebt, bis es aus dem magischen Schimmer kraftvoll in seine steinerne Wirklichkeit wächst. Hamburg: im Donnern der Brücke über die Süderelbe ist der Ankommende schon in seinem städtischen Bannkreis, fast ohne Übergang Hafenarme, schwarze Piers, die ersten Schiffe, Masten und Kräne. Dann die Innenstadt um die Binnenalster, die stolze Stadtkrone, ein Bild von Reichtum und Würde. Die Einfahrt nach Bremen ist bescheidener.

Stille Vorstadtstraßen, altmodische Häuser in Gärten, hell und gemütlich: der Geist der Stadt wird erkennbar, eine Lebensform ohne Aufwand. Die zehntgrößte Stadt in der Bundesrepublik, man würde ihr die beinahe 600 000 Einwohner eigentlich nicht abnehmen. Städte vergleichbarer Größe gerieren sich hektischer. Bremen, als städtischer Organismus, macht einen wohnlichen Eindruck, Fußgängerzonen im Innern, ein rascher Verkehrsfluß an den »verbrämenden« Rändern der Dünen- und Flußstadt – so wird der Name sprachlich bisweilen gedeutet.

Im Krieg zu 60 Prozent zerstört, aber in seinem Wesenskern

nicht getroffen, ein Bild der Beständigkeit. Dom und Rathaus, die über Jahrhunderte das städtische Leben bestimmten, bieten sich dem Besucher wie schon immer. Daß hier der schönste Marktplatz in Deutschland ist, hört der Fremde immer wieder. Superlative sind relativ. Der Marktplatz in Lübeck, der Römer in Frankfurt, der Marienplatz in München – das ist nicht auf eine Formel zu bringen, die Vergleiche erlaubt. Aber sie haben recht, die Bremer, es ist ein schöner Platz.

Doch wird der Geist der Stadt nicht nur hier erkennbar. In der Erinnerung lebt er auch an anderen Orten, im Focke-Museum etwa, das vom Glanz städtischer Geschichte zeugt, draußen, ehedem vor den Toren, in einem alten Herrenhaus unter hohen Bäumen. Oder, entgegengesetzt, im Hafen mit seinen Helgen, Docks und Kränen. In Bremen wird genau gerechnet und viel Geld verdient, aber die es haben, tun auch etwas für die Kunst. Mäzenatentum und Bürgersinn haben aus Bremen gemacht, was es über seine wirtschaftliche Bedeutung hinaus ist: eine Kunststadt und selbst, als urbaner Kosmos, ein Kunstwerk mit einer seeischen Atmosphäre. Wir finden sie in den Büchern von Manfred Hausmann, einem Kasseler, der die meiste Zeit in Bremen oder in der Landschaft vor den Toren gelebt hat. Fast mehr noch aus den Erzählungen von Friedo Lampe, in den magisch-transparenten Bildern seiner Bücher »Am Rande der Nacht« oder »Septembergewitter«, die das Leben der Heimatstadt heiter-wehmütig beschwören. Bei Rudolf Alexander Schröder, dem Sohn aus bremischem Patrizierhaus, dem formstrengen Lyriker und Übersetzer.

Den Marktplatz säumen einstige Herrschaftszeichen: der Dom, das Rathaus und der Schütting, das Haus der Kaufleute. Das waren jahrhundertelang die Gewalten der Stadt, eine Einheit in Spannungen. 782 ist das erste Jahr, das die Geschichte Bremens nennt. Karl der Große gilt als weltlicher, Bischof Willehad als geistlicher Gründer. Vom »nordischen Rom« ist bisweilen die Rede. Das Erzbistum hatte bedeutende Kirchenfürsten, ihr Einfluß reichte bis Skandinavien und Grönland.

Der spätgotische Rathausbau zeigt den Stil der Weser-Renaissance, zuerst in Hameln entwickelt. Doch sind auch niederländische Einflüsse erkennbar, wie denn überhaupt

Bremen niederländische Züge hat, von den Windmühlen, die noch in Betrieb sind, bis zu der vorstädtischen und ländlichen Wohnkultur, etwa im ländlichen Villen-Vorort Oberneuland.

Unmittelbar hinter dem Rathaus die Liebfrauenkirche, um 1230 für den Rat errichtet, eine frühgotische Hallenkirche mit reich profilierten Pfeilern und Gewölben. Zu ihren Füßen ein täglicher Blumenmarkt von überwältigender Fülle und Schönheit. 1944 wurde die Börse zerstört. An dieser Stelle, an der Ostseite des Marktes, bauten zwei Berliner Architekten das Haus der Bürgerschaft, das Landesparlament. Ein wenig fremd, aber nicht aufdringlich wirkt der Bau im historischen Ensemble. Der Bildhauer Bernhard Heiliger schmückte die senkrecht gegliederte glasverkleidete Fassade mit Bronzereliefs.

Der Besucher verweilt gebührend lange im geschichtsträchtigen Stadtmittelpunkt. Aber er tut es auch aus Neigung. Er freut sich, daß eine humane Obrigkeit malerisch verstreute Sitzgelegenheiten in der warmen Jahreszeit unter freiem Himmel anbietet, nicht irgendwelche, sondern wirklich bequeme Sitze und so gestellt, daß man jeweils den schönsten Blick hat. Die reichhaltige Literatur informiert ihn über das, was er nicht sieht, sondern nachlesen muß. Und das ist eine Menge. Denn wie alle alten Städte steckt auch Bremen voller Merkwürdigkeiten. Im Dom gibt es zum Beispiel den Bleikeller. Während der Bauzeit wurden in ihm die Bleiplatten für die Dacheindeckung gelagert. Bis heute liegen hier in verglasten Särgen sieben mumienähnlich vertrocknete Leichen, die älteste aus dem Jahr 1450. Aus bisher nicht ganz geklärten Gründen verfallen sie nicht.

Das weckt E.-T.-A.-Hoffmann-Stimmung, und im Ratskeller setzt sie sich fort, nur darf er nicht so lärmend überfüllt sein wie in der Reisezeit oder Ende Oktober während der »Bremer Freiheit«, wenn die Bürger aus sich herausgehen wie sonst nicht im Jahr. Immerhin bietet er Platz für 800 Gäste. Und es gibt Nischen und Ecken in diesem Säulengewölbe mit den berühmten Riesenfässern, auch kleine hölzerne Verschläge, »Priölken« genannt, in die man sich zurückziehen kann, um ein schwieriges Geschäft in Ruhe abzuschließen. Im Kaiserzimmer bewirtet der Senat seine Gäste, besonders wenn die

Verhandlungen in den Sitzungssälen ins Stocken geraten: ein Ratskeller in diplomatischem Dienst. Keine ausländischen Weine, aber die Erzeugnisse aller deutschen Weinbaugebiete werden ausgeschenkt, täglich leeren sich tausend Flaschen. Der Vorrat: eine Million. Darunter Weine, die jahrhundertealt sind. Man bekommt oder bekam bis vor kurzem auch einen Rüdesheimer Apostelwein von 1727, für viel Geld natürlich.

Nach 1945 machten die Besatzer den Keller zur »schönsten Offiziersmesse der US-Army in Old Germany«. Sie tranken den Lagerbestand, etwa 500000 Flaschen leer, versiegelten aber die Rosé- und Apostelweine und rührten sie nicht an. Am 15. Oktober 1948 übergaben sie den Keller dem Senat wieder im Rahmen eines kleinen Festaktes im Rathauskeller. –

Die Dichter haben den Geist dieses ehrwürdigen Ortes besungen. Wilhelm Hauff wurde bei seinen wiederholten Besuchen im Ratskeller von Bürgermeister Johann Smid – und den Senatoren Gildemeister und Droste persönlich geführt. Heine soll andächtig geweint haben, als man ihm den Apostelkeller öffnete. Die Bremer zitieren gern sein Nordseelied: »Glücklich der Mann, / der den Hafen erreicht hat / und hinter sich ließ das Meer und die Stürme / und jetzo warm und ruhig sitzt / im guten Ratskeller zu Bremen.«

An der Westseite des Rathauses sieht man die Bremer Stadtmusikanten, eine Bronzeplastik von Gerhard Marcks. Ein bremisches Zeichen ganz anderer Art und den Bremern zugewachsen, ohne daß sie etwas dazu getan haben. Aber in der Vorstellung ist das Märchen mit der Weserstadt so eng verbunden wie Rathaus und Roland. Die Geschichte findet sich in den Märchensammlungen weit voneinander entfernt lebender europäischer Völker, der Portugiesen, der Russen, der Engländer. Die Gebrüder Grimm hörten sie im Weserbergland, als sie in Kassel lebten. Die alten Bäuerinnen, die sie den Kindern erzählten, ließen die Tiere am Ende in eine große und reiche Stadt wandern, und das war in ihrer Vorstellung Bremen.

Für die Böttcherstraße gibt es im neuen Stadt-Baedeker zwei Sterne, für das Rathaus einen, für den Dom keinen. Sterne im Reiseführer sagen über den Rang des Gegenstandes wenig aus, aber einiges über seine Berühmtheit oder seinen Bekanntheitsgrad. Von der Böttcherstraße hat draußen eigentlich jeder einmal etwas gehört. Für die Bremer war die nur hundert Meter lange enge Straße, die in leichten Windungen vom Markt zum Fluß führt, lange Zeit ein umstrittenes Objekt, und auch der Fremde zögert eine Weile, ob er ja oder nein sagen soll. Er entschließt sich, dieses unwiederholbare Gebilde aus tradiertem Backsteinstil, Expressionismus und Bauhaus eigenwillig zu nennen.

Der phantasiebegabte Unternehmer, der die Böttcherstraße baute und den koffeinfreien Kaffee erfand, mit Erfolg in der Welt vertrieb und damit ein Kaffeeimperium begründete, Dr. h. c. Ludwig Roselius, war ein großer Mäzen. Seine Geschäftspraktiken fanden nicht überall Zustimmung, aber er half selbstlos, wenn er eine Begabung erkannte, oder ihn ein Objekt interessierte, das es zu fördern galt. Für die Malerin Paula Becker-Modersohn tat er zum Beispiel viel. Eine ständige Ausstellung ihrer schönsten Arbeiten ist in dem ihr gewidmeten Haus zu sehen, herrliche Stücke, die in ihrer träumerischen Stille und formalen Kraft eigentlich erst nicht zu entdecken sind.

1904 kaufte Roselius das erste Haus in der verfallenen Gasse der Tonnenmacher (daher Büttcherstraße), durch die er täglich auf dem Weg in sein Kontor in der Martinistraße ging, ein Patrizierhaus von 1588. Es wurde die Keimzelle der Anlage, zwischen 1924 und 1931 errichtet. Die, vom Markt aus gesehen, linke Seite baute der stilistisch »progressive« Bildhauer Bernhard Hoetger. Für die eher traditionelle rechte Seite waren die Bremer Architekten Runge und Sotland verantwortlich. 1944 zu zwei Drittel zerstört, enthält die Straße wieder Läden, Gaststätten, Theater und Kino.

In der Schlachte, einer Straße, die am Fluß entlang verläuft, müssen die Häuser vor der Zerstörung mit den Renaissance- und Barockgiebeln ein prächtiger Anblick gewesen sein. Einiges, was da noch steht und wiederhergestellt wurde, zeugt davon. Ein historisches Kleinod hat die Zeiten überdauert: das Schnoor-Viertel, so genannt nach der engen Hauptstraße, die wie mit der Schnur gezogen erscheint. Das anmutige Quartier wird von Handwerkern, Antiquitätenhändlern, Galeristen und Gastwirten für einen lebhaften Besucherstrom vor allem junger Leute wirksam genutzt.

Das Focke-Museum war früher im »Zucht- und Armenhaus« der Stadt, im Stephani-Viertel an der Weser, untergebracht, ein schönes, ehrwürdiges Gebäude, wie es heißt. Es hat den Krieg nicht überstanden. Aber die Bestände waren gerettet und fanden Aufnahme in einem neuen Haus, dessen Grundstein Theodor Heuss 1959 legte, und das Heinrich Lübke am 16. Oktober 1964 eröffnete. Ein Museum im Park, mit dem Gut Riensberg aus dem Jahre 1768 als Kern. Zur Anlage gehört ein Bauernhaus, originalgetreu aus dem Dorf Mittelbüren hierhergetragen, eine Ankerbalkenscheune, ein Backhaus. Heinrich Bartmann ist der Architekt des Neubaus, der sich gut in die Landschaft einfügt. Ein Museum für bremische Kulturgeschichte vom Mittelalter bis zum Jugendstil: Holzschnitzkunst, Dokumente aus der Stadtgeschichte, bremisches Silber, Zeugnisse der Schiffahrt mit prachtvollen Schiffsmodellen. Kein Sammelort toter Gegenstände, sondern lebendige Anschauung, auch kommunikativer Ort.

Was die Bremer lieben und die Fremden bewundern, hat seinen wirtschaftlichen Grund im Hafen und im Handel der Stadt. Die Kapazität des Hafens steht an zweiter Stelle hinter Hamburg, mit dem es heute in einem wohlwollenden Rivalitätsverhältnis lebt. Aber im 19. Jahrhundert und bis weit ins 20. hinein lieferten sich die beiden Nordseehäfen, insbesondere der Bremer Lloyd und die Hamburger Hapag, einen harten Konkurrenzkampf. Sie errangen damit freilich auch die Position, die sie heute in der Weltwirtschaft haben.

Man hat ausgerechnet, daß jede zweite Tasse Kaffee, die in Deutschland getrunken wird, aus Bremen kommt. Und daß jeder zweite Seefisch, den die Bundesbürger verzehren, in Bremerhaven verschickt wurde. Bremerhaven ist Fischereihafen des Kontinents.

Bremen bemüht sich, die Vorstellung, die man sich draussen von ihm macht, zu verbessern, und dachte sich werbende Slogans aus, etwa: »Das kleine Bundesland mit dem großen Selbstvertrauen«. Eine vergleichende Untersuchung ermittelte einige positive Eigenschaften, die man den Bremern zubilligt: ehrlich, rechtschaffen, sauber. Andere sagen: nüchtern und trocken. Glanz strahlt die Stadt also offenbar nicht aus, doch Zuverlässigkeit, und für junge Menschen ist das anziehend. Viele Anfragen von 28- bis 35jährigen mit »hohem Intelligenzgrad«. Sie interessieren sich für Bremen, und solche Bürger kann man brauchen.

Vilma Sturm

Grenzgänge mit einem Fluß

Der Rur auf der Spur

»C'est très profond!« sagte die Bäuerin, als sie mich über das Wasserloch gebeugt sah. Sie sah ebenso städtisch aus, wie die Bauernhäuser hier in Belgien, in Sourbrodt auf dem Hohen Venn. Im schwarzen Wasserloch, das von einem wackligen Zäunchen umgeben war, lag ein weißer Plastikeimer. »Nous en prenons de l'eau pour boire«, sagte die Bäuerin, auf ihren Spaten gestützt, »c'ést très bonne, sehr gutt!«

Nach langem Herumfragen, oben an der Straße, im »Café de la Roer« und dann kreuz und quer auf den Wegen, die auf den sacht ansteigenden Hang führten, hatte ich in diesem Gehöft die Quelle der Rur endlich gefunden. Von hier nimmt sie ihren Lauf durch die mit Wasser vollgesogene Hochfläche, begleitet den Westrand des Truppenübungsplatzes Elsenborn, neben der Straße heraufblitzend aus tiefen, kühlen Nadelwäldern. Bei Kalterherberg tritt sie in unser Land ein. Von Sourbrodt, wo sie das Brot sauer erwarben, bis Kalterherberg, wo die Vennwinde blasen – welche Not unserer Vorfahren bezeichnen hier die Namen! Gegen die Wind- und Schneenot schützten sie sich durch Hainbuchenhecken; mannshoch, haushoch stehen sie vor den Häusern als lebende Paravents, erstaunliche Zeugnisse gärtnerischen Fleißes bis in die heutige Zeit.

Nach Kalterherberg verläßt die Straße den Flußlauf, nur die Eisenbahn hat neben ihm Platz im Tal. In Monschau begegnen wir uns wieder, dort fließt die Rur durchs Fachwerk, das sie auf ein hohes Ufer gesetzt haben in Anbetracht der alljährlichen Überschwemmungen, als es noch keine Talsperren gab. Sie fließt durch all diese wunderliche Architektur, die Monschau zu einem der entzückendsten Städtebilder in Deutschland macht. Wenn man auf dem kleinen Marktplatz steht, der den Blick in vier, fünf Straßen freigibt, dann sieht man nicht ein einziges ungehöriges Gebäude. Hier stimmt alles, hier ist alles in seinen zukömmlichen Maßen, nicht nur das dörfliche Fachwerk, sondern auch die Patrizierhäuser aus dem 18. Jahrhundert. Zu dieser Zeit war Monschau eine reiche Tuchmacherstadt, deren Erzeugnisse bis nach Konstantinopel gingen und Weltruf hatten. Das weiche kalkarme Wasser der Rur zog die Tuchmacher an, Wolle lieferten die Schafherden des Venn. So baute denn Johann Heinrich Scheibler, der Begründer der Monschauer Tuchindustrie, dort sein »Rotes Haus«, heute Museum; wie zwei weitere ehemalige Patrizierhäuser dient es kulturellen Veranstaltungen.

Von Monschau herauf nach Imgenbroich; Heckenlandschaft, Hainbuchen mit wehenden Kronen und wehendem Laubwerk, das ihnen oft bis auf die Füße reicht. Dann wieder hinunter ins tiefeingeschnittene Rurtal bis Einruhr – eine reizvolle Strecke, auch für Wanderer. Hammer und Dedenborn strahlen im erneuerten Fachwerk. In Einruhr Übernachtung und ein extraordinäres Abendessen in einem Bauernhof, umgebaut zum Feinschmeckerlokal, mit Antiquitäten vollgestopft bis unters Dach. Bei Einruhr beginnt das Flüßchen zum See zu schwellen, zur Rurtalsperre, eine der größten in der Bundesrepublik. Wenige Kilometer weiter wird die Straße auf den Berg gedrängt, am Seeufer ist kein Platz für Fahrzeuge, auch bei Schmidt, das nur Aussichten anbietet, werden wir noch nicht zum Wasser zugelassen. Erst Schwammenauel ist ein Seeort, ein Sonntagsausflugs- und Ferienplatz, wie er im Buche steht. Abgesehen von allen Wasserfreuden, schenken hier See und Berge an ruhigen Wochentagen Konturen eines Bildes, das Sanftmut und Bescheidenheit ausstrahlt und eine Stille, die nicht nur aus der Abwesenheit von Lärm besteht.

Den Rursee im Rücken, treten Straße und Fluß bei Heimbach in das große Felsenspektakel ein, das der Buntsandstein hier aufführt. Es sind kühn und scharf modellierte Bastionen, die bei Heimbach und Nideggen mächtige Burgen tragen; zu ihren Füßen haben die Camper wahre Heerlager errichtet. In Nideggen, dessen Häuser statt des bisherigen schwarz-weißen Fachwerks roten Sandstein zeigen, verlor ich die Spur des Flusses. Unversehens befand ich mich draußen, auf dem Weg zum Hürtgenwald, der bis zur Höhe von Kleinhau zu erklettern war. Der Hürtgenwald war Schauplatz blutiger Kämpfe, von hier ging 1944 die letzte deutsche Offensive aus. Hier war verbrannte Erde, die nur noch Baumgerippe trug.

Bei Winden treffe ich die Rur wieder – aber jetzt ist sie nicht mehr die alte. Sie wird in Dienst genommen: in Unter- und Obermaubach bedienen sich ihrer die ersten Fabriken, und dann frißt die Dürener Industrie das Flüßchen mit Haut und Haaren. Papier aus Düren, Teppiche aus Düren, Duraluminium aus Düren – schon vor dem Ersten Weltkrieg soll es im Landkreis Düren 42 Millionäre gegeben haben. Im Zweiten Weltkrieg wurde die Stadt so zerstört, daß nur 13 Häuser und fünf Bewohner den 16. November 1944 überlebten. Am Westrand der Stadt hat man die Rur ins Kostüm einer hübschen Grünanlage gekleidet. Zwischen Düren und Jülich konnte sie sich in einem ziemlich tief gelegenen Tal ein schönes Stück Auenlandschaft bewahren. Wenn man sie bei Rurdorf aufsuchen will, muß man eine erstaunlich abschüssige Straße hinunterfahren.

Dann Jülich: die Kernforschungsanlage zum größten Teil hinterm Waldschirm verborgen, um so sichtbarer die rotweißen Masten des Senders. Funkelnagelneu haben sie »Europas meistzerstörte Stadt« wiederaufgebaut und auf dem Gelände von »Europas stärkster Festung«, der Zitadelle der Herzöge, haben sie ihrem vierhundertjährigen Gymnasium eine neue großzügige Stätte errichtet. Bruchstücke vergangenen Renaissance-Prunkes eingebaut.

Auch hier fließt die Rur am Westrand der Stadt vorbei, naturbelassen, im Grünen. Später ergeht sie sich im Naturschutzgebiet der Barmer Heider. Dieser Komplex rings um das Örtchen Barmen mit Kirche und Stationsweg, mit Hof und Herrenhaus und Schloß ist sehenswert. Die Kirche, und besonders ihr Tuffsteinturm aus dem 12. Jahrhundert, ist außen und innen von bescheidener, aber eindringlicher Schönheit.

Die fast musikalisch wirkende Gliederung des Turmes durch Rundbogenblenden und -friese, innen die freigelegte spätgotische Malerei und der Antwerpener Schnitzaltar – das sind Juwelen der Bau-, Mal- und Schnitzkunst, die niemand in diesem abgelegenen Winkel vermuten würde. Bei der Kirche stehen der Eschenhof, 270 Jahre alt, und Haus Overbach, barockes Herrenhaus, heute Internat. Schloß Kellenbach, ehemals Wohnsitz des Reitergenerals Jan von Werth, heute der Grafen von Hoensbroech, zeichnet sich durch einen interessanten Tortum aus, späte Gotik.

Die Rur umspielt das alles mit zahlreichen Windungen und mit Nebenbächen, Rurbenden nennen sie die so reichlich bewässerte Au. Hier herrscht noch einmal tiefer Frieden, mitten darin Brachelen, dessen Straßenzüge teilweise von archaischer Geschlossenheit sind. Am anderen Ufer liegt das bemerkenswerte Wasserschloß Rurich, eine reizende Rokoschatulle in Grau und Rosa, wie aus Seide; dabei ein weitläufiger Park im englischen Stil, Haus und Garten nach völliger Zerstörung in mühseliger Kleinarbeit, die heute noch nicht abgeschlossen ist, vom Besitzer wieder errichtet.

Eine neue industrielle Zone kündet sich an mit den gewaltigen Halden der Zeche Sophia Jacoba und den Schornsteinen der Glanzstoffwerke. Die Zeche haben sie 1910 aus dem Acker gestampft. Heute verfügt sie über die größten Fördermaschinen der Welt, und der geförderte Anthrazit gilt als der beste auf dem Kontinent.

Die Städte Ratheim-Hückelhoven und Oberbruch, deren Wohlstand auf der Kohle und den zahlreichen Industriebetrieben beruht, haben sich viel Platz gegönnt, sind in lockerer Bebauung weitläufig angelegt. Vergleicht man ihre Straßenbilder mit denen der alten Ortskerne, beispielsweise in Hückelhoven, dann wird offensichtlich, wieviel leichter das Leben geworden ist. Freilich, Gesicht und Charakter gingen dabei verloren, das muß in Kauf genommen werden. Ein solch überwältigendes Arrangement von Häusern wie das beim Heimatmuseum in Heinsberg gibt es dann nicht mehr.

Das letzte Stück der Rurniederung: Von links schaut der Heinsberger Kirchenhügel mit dem »Selfkantdom« herunter, von rechts der hochgelegene Ortsteil Hückelhoven – es ist erstaunlich, wie hoch man sich fühlt, wenn man hier oder dort steht und hinunterschaut von diesen nicht einmal hundert Meter messenden Erhebungen aus. Friedlich und felsig liegt das im Lauf der Geschichte so oft kriegerisch verheerte Land. Deutsche Kaiser und Könige fochten hier in Erbfolgefehden, und gegen Ende des letzten Weltkrieges verlief die Front kreuz und quer durch dieses Gebiet.

Wenn die Rur die gewerbliche Gegend verlassen hat, macht sie für eine Weile die Grenze für den Naturpark Schwalm-Nette. Bei Vlodrop überschreitet sie die niederländische Grenze, schreibt sich jetzt Roer, verneigt sich vor der Wallfahrtskirche St. Odilienberg und wandert dann im ausschweifenden Kurvengang nach Roermond, fließt zu Füßen der Kathedrale und der DAB Roerbrouw in die Maas und ist sehr, sehr schwarz und schmutzig.

In Belgien geboren, in Deutschland aufgewachsen, verehelicht sie sich in Holland mit dem Maasstrom – ein Flüßchen nur, aber weltläufig, wer vermutete es, wenn er den Ursprung bedenkt bei Petersilie und Kohl...

Theodor Geus

Aber die Luft wird immer besser

Im Ruhrpott

Auf der Höhe von Bochum schwimmen Segelboote durch die Wiesen, und das Land hinter der Autobahn ist grün und gesund. Das Entree zum Ruhrpott sieht nach deutscher Idylle aus mit einem zum See geweiteten blauen Fluß, sanften Waldhügeln und Kühen auf der Weide. Gäbe es nicht die Signale am Horizont – den Rauch der Schlote und die stählernen Gerüste der Fabriken –, niemand würde an Schweiß und Kohle, an Chemie und kleine Leute denken, an sechseinhalb Millionen Menschen auf fünftausend Quadratkilometern Fläche, die kurz und bündig das Revier heißt. Erst wenn beim Eindringen in diese sehr große Stadt mit vielen Namen der romantische Fernblick zusammenschrumpft, wird die Wirklichkeit sichtbar; Unbehagen steht groß und eindringlich an einer Hauswand in Herne geschrieben. Irgendeiner hat mit Pinsel und Farbe seinem Protest Luft gemacht und hat eine zornige Spur gezogen durch Wanne und Eickel und Schalke. Irgendwann wird man das viele Unbehagen an den Wänden abwischen oder übermalen, aber das Wort bleibt in Erinnerung.

Nichts ist mehr so, wie es einmal war. Mit der gleichen radikalen Entschlossenheit, mit der Menschen eine sumpfige Provinz von Grafen und Bischöfen, die weit weg an schöneren Plätzen residierten, in eine industrielle Wüste verwandelten, ist das Ruhrgebiet heute wieder grün gemacht worden. Längst wird hier die Wäsche auf der Leine nicht mehr schwarz, und die Luft über dem Revier wird immer besser. Es ist die Sonne wieder zu sehen, wenn auch noch etwas blaß. So als sollte jede Erinnerung an Deutschlands dreckigste Region ausgetilgt und jeder Gedanke an soziale Unruhen und Waffenschmiede vermieden werden, ist der alte Kohlenpott nach dem Sterben der Zechen adrett hergerichtet mit Parks und Blumenrabatten. »Das Thal der Ruhr ist hier und da pittoresk und zeigt allenthalben große industrielle Tätigkeit...« Was in Meyer's Konversationslexikon von 1878 steht, gilt, als wäre nichts Umwälzendes geschehen und als wäre hier die Erde nicht einmal ganz umgegraben und durchwühlt worden. Und die Elegie des Rektors Johannes Decker im Heimatbuch der Stadt Herne von 1927 wirkt nur noch komisch: »Ja, hier war es, wo die zarten Blumenglöckchen übers Land läuteten, daß der Frühling gekommen sei, wo Maßliebchen mit seinen Strahlenfingerchen den Lenz koste, wo das Gelb des Himmelschlüsselchens vergoldete im Glanz der Sonne, Blauveilchen träumte von Liebe und Treue. Nun kam die Industrie und küßte fast alles zu Tode.« Aber der Tod einer Landschaft hat nicht stattgefunden. Kurz vor ihrem Absterben hat man ihr ein neues Leben organisiert mit frischen Farben.

Es ist Veränderung überall spürbar. Wer heute durch das Ruhrgebiet fährt, muß auf den ersten Blick fast nichts sehen, was dem Auge weh tut, es sei denn, er fühlte den fast ironischen Gegensatz zwischen den zu bedrohlicher Größe gewachsenen Fabrikanlagen und den für die Freizeit bestimmten Plätzen. Auch wenn die stolze Statistik es schwer hat, sich gegen Vorurteil und Verleumdung zu behaupten – es stimmt, daß heute zwei Drittel der Revierfläche grün sind und der Heilungsprozeß einer verwundeten Region fortschreitet. Und doch ist vieles von der versprochenen neuen Lebensqualität nur Illusion.

Auf halbem Wege zwischen Herne und Bottrop liegt an der Schnellstraße die Oase der Rennbahn Gelsenkirchen-Horst. An Wochenenden sind hier modische Hüte und bunte Kleider zu sehen, die mit der gleichen Selbstverständlichkeit getragen werden wie in Ascot oder Iffezheim, aber kaum fünfhundert Meter jenseits der Straße ist in einer Senke fast schamhaft eine jener grauen Siedlungen des Ruhrpotts versteckt, die ihre

Armseligkeit nicht ohne Pathos zeigen. Der rote Backstein der Häuser ist vom Ruß geschwärzt, und die mageren Linden sind am Staub erstickt. Die grüne Aktion ist nicht bis hierher vorgedrungen, zwischen hüben und drüben ist der alte Unterschied. Hier leben wie in einem Reservat Mehmet mit seiner Familie und ein paar hundert andere Türken ohne Glück. Dreckarbeit ist besser als gar keine, meint er, und Willi, der junge Deutsche, nickt dazu, obwohl er Muftis und Zitronenschüttler, Menschen wie Mehmet, eigentlich nicht leiden kann. Ich hau ab hier, sagt er, während er routiniert eine neue Kugel in den Flipperautomaten schießt. Was sich da tut im Ruhrgebiet, ist für ihn Kappes, weil der oberflächliche Hausputz kein Mittel ist für seine Resignation und seine Langeweile. Willi ist einer aus der Generation ohne Hoffnung. »Schau dich um«, sagt er, »es ist Kappes.« Und dann bestellt er zwei Kalte für 'n Nachdurst. Seine Geschichte ist die Geschicht des Ruhrpotts.

So eindrucksvoll es ist, daß manche Uferpartien der Ruhr heute in einen Urlaubsprospekt passen würde, daß Angeln, Baden und Segeln mitten im Revier fast selbstverständlich geworden sind, kann dennoch nichts darüber hinwegtäuschen, daß das Herz des Ruhrgebiets wund ist. Sein Herz schlägt dort, wo vor Gebirgen aus Koks Menschen wie in der Frühzeit in der Industrialisierung wohnen – in kleinen Häusern mit einem Gärtchen, in dem als Schatten Edens Kohlköpfe und Zwiebeln wachsen und eine trotzige Sonnenblume leuchtet, oder in düsteren Straßenzeilen, die noch aus jenen Tagen stammen, in denen die Städte wild und ungehemmt gewachsen sind. Wer fremd ist, tut sich schwer zu begreifen, wieviel Schicksal hier verborgen ist, das sich immer anlehnte an die Wirtschaftsentwicklung in Deutschland, an das ständige Auf und Ab der Prosperität und daran, daß das Ruhrgebiet einmal als Retter der Nation gefeiert wurde und dann wieder als Krisenherd in Verruf geriet.

Die jüngste Vergangenheit ist dafür ein Beispiel. Es ist erst ein paar Jahre her, daß über stillgelegten Zechen schwarze Fahnen wehten, aber jetzt soll es wieder Zukunft für die Kohle geben. Mit festlichen Reden wurde in Bottrop ein Werk für katalytische Kohleverflüssigung eingeweiht als vorschnelle

Hoffnung, die Abhängigkeit vom Öl zu verringern. Man sagt, daß die Malocher aus dem Ruhrpott wieder gebraucht werden. Viele halten dieses Wechselbad von Existenzangst und Aussicht auf gutes Geld nicht aus und ziehen fort. Die jährlichen Wanderungsverluste im Revier sind hoch, und es kommt selten Besseres nach – trotz des vielen Grüns, das zuerst dafür geschaffen wurde, Facharbeitern das Dasein schöner und Städte bewohnbarer zu machen. Aber noch immer ist die Zahl derer groß, die mit einer verbissenen Liebe an ihrer Heimat hängen, auch wenn diese Heimat noch immer als intellektuell rückständig verspottet wird. Gelsenkirchener Barock als Synonym für besonders häßliche Möbel oder Ruß-Land als Kennwort für die ganze Region – das schmerzt fast keinen mehr. Man ist daran gewöhnt, durch eine Schablone betrachtet zu werden.

Zwischen Herne und Bottrop: Auf den ersten Blick hält diese Gegend nichts Überraschendes bereit. Für auffällige Schönheit ist kein Platz, wo übergangslos eine Stadt in die andere wächst mit mehr Spielhallen, mehr Kinos mit Sexfilmen und mehr Kneipen, in denen es zwölf Sorten Bier und Bockwurst gibt, als anderswo. Aber es gibt auch nichts auffällig Häßliches in dieser Megalopolis. Sie ist deutscher Durchschnitt mit den üblichen Fußgängerzonen, Nachkriegseinheitsarchitektur, vitalen Wochentagen und langweiligem Sonntag.

Was diese Gegend anders macht, ist der Gegensatz zwischen der demonstrativen Kraft der Kühltürme, der Schornsteine und dem Netzwerk gigantischer Rohre, die dramatische Akzente setzen, und den stillen Winkeln. Freilich, die Melancholie einer verfallenden Schachtanlage, Löwenzahn auf den Halden oder der Bauernhof mit grasenden Pferden verlieren ihren romantischen Hauch, wo es überall nach harter Arbeit riecht. Wenn der Mond von Wanne-Eickel, dieser fahle, kalte Mond, eine Kokerei oder ein Walzwerk in einen bizarren Scherenschnitt verwandelt, kann eigentlich nur der Fremde etwas Ästhetisches daran entdecken. Für den, der hier lebt, ist dies nichts anderes als bedrohlich nahe Abhängigkeit.

Zwischen Herne und Bottrop nehmen die Straßen kein Ende. Nirgends markieren sie einen Ausweg. Es scheint, als bewege man sich von Vorstadt zu Vorstadt – gesichtslos und so normal wie alle Vorstädte auf der Welt, nur daß sie sich im Rhythmus der Schicht beleben und wieder absterben. Für den, der sich nicht auskennt, ist dies ein Irrgarten, bis er lernt, sich an gelben Rauchfahnen zu orientieren.

Niemand käme auf die Idee, einem Ausländer einen Ausflug hierher zu empfehlen. Eingeschworen auf ein niedliches Deutschland, paßt dieser hephaistische Ort in kein Werbekonzept. »Gelsenkirchen ist anders, als Sie denken« – ein solcher Slogan ist nicht recht wirksam. Weiß, hat Heinrich Böll einmal geschrieben, ist hier nur ein Traum. Mag das so sein. Aber nirgendwo ist Leben in Deutschland klarer zu sehen und ist die deutsche Gesellschaft besser zu erkennen. Aufstieg, Fall und neuer Aufstieg wurden hier organisiert, hier entstand Macht und wurde Macht mißbraucht. Und hier wurden lange bevor von Integration und Gastarbeitern die Rede war, Modelle des Zusammenlebens erprobt. Vielleicht entwickelt sich hier auch das Modell für das Überleben einer Industriegesellschaft. Ist dies sehenswert? Ist das Unbehagen sehenswert, das viele erfaßt hat angesichts dieser technischen Landschaft, und ist sehenswert, wenn am Sonntagmorgen Väter und Söhne im Ruhrpark Gysenberg auf einem Weiher Schiffchen fahren lassen? Eine Reise wert ist der Ruhrpott allemal, zumindest weil diese Gegend menschlicher ist als manch andere in Deutschland, die sich unverbindlicher Schönheit rühmt.

Jens Jessen

Unkrautadern einer Stadt

Die Berliner S-Bahn

Düstere Ahnungen befallen den, der zum erstenmal die Berliner S-Bahn benutzt. Worauf hat er sich eingelassen? Es ist eine eigene Welt, die sich da vor ihm auftut, und zumal für einen glücklichen, von Fortschritt und Sauberkeit verwöhnten Bewohner der Bundesrepublik ganz und gar exotisch. Ausländer, vor allem solche aus Osteuropa, denen unabwendbarer Verfall eher vertraut ist, tun sich leichter. Aber nur der Berliner, auch wenn er seit Jahren dieses Verkehrsmittel nicht mehr frequentiert hat, wird nach anfänglichem Stutzen eine geheime Affinität verspüren. Es ist, als ob in dem, was ihm so fremd entgegentritt, eine Wahrheit über seine Stadt enthalten ist, die sonst nur allzu oft verdeckt bleibt. Was aber tut der gänzlich Unvertraute; woran soll er sich halten?

»Außen sind die Wagen von einem schwärzlich gebrochenen Weinrot bis zur Scheibenhöhe; von da bis zum pechfarbenen Dach von unsauberem Ocker. Preßluft öffnet und schließt die Türen, und man steigt ergeben in sie, wie in ein lange erwartetes Verderben.«

Führer durch die S-Bahn sind selten, und die Kurzgeschichte Günter Kunerts, aus der wir zitierten, ist eine der wenigen Anleitungen, die es gibt. Für die Reise in die Vergangenheit, die eine Fahrt mit der S-Bahn bedeutet, enthält aber auch sie nur versteckte Fingerzeige, die allein dem Eingeweihten lebendig werden. Denn so ist es in der Tat: Die Berliner S-Bahn, einstmals als kühn und fortschrittlich gefeiert, ist heute schon

Geschichte, das monumentale Denkmal einer vergangenen Moderne.

Die Züge, deren charakteristisches Kolorit Günter Kunert beschreibt, wurden in den zwanziger Jahren gebaut; seitdem sind sie fast unverändert in Betrieb. Die Reichsbahnverwaltung führt mit der S-Bahn eine Art lebendes Museum des städtischen Nahverkehrs. In den siebziger Jahren des vorigen Jahrhunderts wurde die Anlage begonnen, in den zwanziger Jahren elektrifiziert und kurz vor Ausbruch des Zweiten Weltkrieges fertiggestellt; lange Zeit galt sie als unerreichtes Vorbild und Maßstab aller ähnlichen Einrichtungen.

Das »S« für »Schnellbahn«, weiß auf grünem Grund, wurde durch sie zum Symbol eines modernen großstädtischen Verkehrsnetzes; doch wer heute mit ihr fährt, vermag sich das nur mühsam ins Gedächtnis zu rufen. Mag sein, daß er die Großzügigkeit der Bahnhofsgebäude, die Weiträumigkeit der Anlage bemerkt, es werden aber vor allem Öde, Schmutz und Moder sein, was er bestaunt. Der Niedergang hatte seine Stationen, von Kriegszerstörungen, Demontage bis hin zum Bau der Mauer, die das planvolle Netz zerriß und auf beiden Seiten nur ein Fragment ließ.

Entscheidend war, daß der westliche Teil der in Ost-Berlin residierenden Reichsbahnverwaltung unterstellt blieb; dadurch wurde, was im Osten nicht gerade glänzend, doch selbstverständlich blieb, im Westen politisch dubios und wirtschaftlich unsicher. Der kalte Krieg zerstörte, was gerade halbwegs wiederhergestellt war; der Westen boykottierte: »Zahlt Ulbricht keinen Pfennig mehr für seinen Stacheldraht«, und der Osten ließ das bald nicht mehr rentable S-Bahn-Netz verkommen.

In den herrschaftlichen Bahnhofsgebäuden der Vororte sind noch die Gründerjahre präsent, Historismus und Jugendstil, Art deco und die sachlichen Klinkerbauten der zwanziger Jahre drängen sich wie zu einer kleinen Baugeschichte der frühen Moderne; es sind die wechselnden Dekorationen eines Aufbruchs, den Krieg und Nachkriegszeit verrieten. Tief haben sich die Spuren eingegraben; S-Bahn-Züge, als Reparationen nach Osten geschickt, fuhren in Danzig und Reval; die Flutung des Tunnels unter dem Landwehrkanal war eine der letzten Zerstörungen des Krieges, sie erfolgte wenige Stunden vor der Kapitulation, am Morgen des 2. Mai 1945.

Größenwahn und bitteres Erwachen, verblaßter Glanz und trübe Gegenwart durchdringen sich zu einer wehen Dissonanz. Etwas seltsam Geducktes, Kauerndes haben viele S-Bahnhöfe, selbst der von Frohnau, dessen Turm sich doch stolz in den Himmel reckt, scheint mit der Empfangshalle ängstlich an die Gleisüberführung geschmiegt, auf der der Autoverkehr von heute vorüberlärmt. Ein unendlicher greisenhafter Abstand zur jetzigen Welt ist in der S-Bahn lebendig; wer sich ihr ohne Vorkenntnis nähert, wird davon überwältigt.

Es ist ein seltsames Dämmerdunkel, in das er taucht, wenn er jene buckligen Gleiskorridore zu den Gleisen hinabsteigt, ein totes Licht, das durch die blinden Scheiben sickert und die menschenleeren Gänge, Hallen, Treppen füllt; vorkommen mag es ihm wie ein mythisches Labyrinth. Die S-Bahn liegt in einer anderen Welt. Kein Zerberus, kein dreiköpfiger, schlangenschwänziger Hund, bewacht den Eingang; es sind Beamte der Ost-Berliner Reichsbahnverwaltung, nicht jedem lächeln sie, barsch und abweisend dünken sie manchen, andere aber laden sie ein mit mürrischer Ironie.

Wer auserwählt ist, folge; sanft wiegend trägt ihn der S-Bahn-Zug über den Styx, ein Nachen in die Schattenwelt der alten Hauptstadt. In den Waggons hängt der Geruch eines altertümlichen Desinfektionsmittels; seltsame Lethe, die Gegenwart versinken läßt, die Sinne öffnend der Geschichte und dem Verfall. Der Zug scheint gleichsam zu schwimmen in der feuchten Moderluft jenes Tunnels, der einst unter Wasser stand, nicht ratternd, fließend bewegt er sich voran, kein Geräusch hallt von den Wänden.

Potsdamer Platz, Unter den Linden, seltsame Stationen: der Potsdamer Platz ist Niemandsland, von der Mauer durchschnitten; auf die alte Prachtstraße führen keine Zugänge hinauf, alles ist zugemauert, vergittert. Die Züge halten nicht mehr, aus dem Dunkel tauchen sie kurz in staubig trübes Neonlicht, in weite graue Hallen; nur aus den Namen, vorbeizuckend in steiler Fraktur, steigt etwas, Fata morgana einer untergegangenen Welt: Stettiner Fernbahnhof.

Die Tunnelstrecke, ehrgeizigstes Projekt und Krönung des S-Bahn-Baus, zu den Olympischen Spielen begonnen, 1939 fertiggestellt, gehört heute, obschon Ost-Berlin unterquerend, zum westlichen Netz. Eine unterirdische Ader der Freiheit, hermetisch abgesichert, verschlossen, hören sie die Ost-Berliner bisweilen dröhnen zu ihren Füßen. Nur einmal halten die Züge im Tunnel, Bahnhof Friedrichstraße; hier läuft alles zusammen, großer und kleiner Grenzverkehr, Fernzüge, S-Bahn, U-Bahn, Westen und Osten überschneiden sich auf kleinstem Raum, peinlich getrennt, Umsteigen von West nach West, von Ost nach Ost, Aussteigen nur mit dem richtigen Paß.

Touristen, Gastarbeiter aus West-Berlin, Rentner aus Ost-Berlin, es flutet hin und her, geschäftige Erschöpfung, Strudel vitaler Gier nur an dem Intershop. In dem grell nach westlichem Vorbild modernisierten Untergeschoß steht fremd der S-Bahn-Zug, alt und müde sieht er aus in dieser Umgebung, gebrechlich mit seinem kantigen Profil, den Vorkriegsfarben. Wenige steigen ein, Rentner auf Verwandtenbesuch in den Westen, ihnen blickt er angeschmutzt und zutraulich entgegen; ein Stück gewohnte Umgebung wird sie begleiten in die neue Welt.

Der Spleen von Berlin, wenn es ihn gibt, wofür manches spricht, verschwistert Baudelaires Spleen de Paris, in der S-Bahn ist er mit Händen zu greifen. »Brandmauern, Brandmauern, sie rücken gegen mein Gesicht an, das ich an die verfleckte, betränte Scheibe lege, und zeigen mir ihre verlöschenden Inschriften ... In Hinterhöfen von Fabriken, darinnen nichts mehr produziert wird als einförmige Tage, schaut man hinab, wenn man hinabschaut, als in unbekannte Abgründe dieser Stadt.« Berlin hat eine dunkle, dem Fortschritt und der Bundesrepublik abgewandte S-Bahn-Seite.

Die unbekannten, viel eher verdrängten Abgründe dieser Stadt, von denen Günter Kunert spricht, die stumme Ödnis, die ihm im Laufe seiner Geschichte zur jähen Epiphanie wird, widersetzen sich dem Neuen, der Hoffnung eigensinnig. Es ist eine Landschaft von bizarrer Ästhetik. Schräg, verquer gestrandet liegt die Swinemünder Brücke über dem weiten Graben, in dem die S-Bahn fährt; dahinter, am Ufer sozusagen, steht als gewaltiger Block aus Beton ein Hochbunker aus dem letzten Krieg, ein mächtiges, fensterloses Fort, auf dessen Höhe etwas Verbogenes, Spitzes aus Draht sitzt, ängstlich und wehrhaft, wie eine verschüchterte Drohgebärde aus vergangener Zeit. Tatsächlich ist es eine moderne abstrakte Plastik, die wohl genau ins Gegenteil deuten sollte; die Geste der Versöhnung ist mißglückt.

Die S-Bahn lehrt nicht das Vergessen; ihre Heimat bleibt das in Schrecken vergangene Reich. Deutschland, von der S-Bahn aus gesehen, ist krank, und keine wirtschaftliche Macht, kein neuer Glanz zeugt dagegen. Wer die Tunnelstrekke mit einem Zug in Richtung Norden verläßt, fährt Kilometer an der Mauer entlang; Wollankstraße, Schönholz, Wilhelmsruh, in Höhe des zweiten Stocks ziehen die Häuserfassaden vorbei, links im Westen, rechts im Osten, dazwischen das Minenfeld: spanische Reiter, Wachtürme, Stacheldraht. Mit Maschinengewehr und Schäferhund patrouilliert es im staubigen Sand, seltsam genug: die aufgerissene Erde inmitten der gepflasterten Stadt.

Direkt hinter den Endstationen beginnt oft schon das Niemandsland; jäh enden die Gleise im Gestrüpp. Die Bahnhöfe, hier oft stolzen Burgen, prächtigen Villen gleich, künden noch von dem gesteigerten Selbstbewußtsein, das die S-Bahn bei ihrer vornehmsten Aufgabe, dem Weg zu den Vorstädten, entfaltete, jetzt winkt manche Neugotik mit Türmchen und Söller, in den siebziger, achtziger Jahren des vorigen Jahrhunderts auf Kosten privater Grundstücksgesellschaften errichtet, wie eine Grenzfestung; oder aber, die Barackenzeile in Heiligensee, wie eine bemooste Wildwestkolonie, einsamer Vorposten, letzte Siedlung in Feindesland.

Nur noch wenige Passagiere benutzen die S-Bahn, viele Züge sind heute leer. Einst, vor dem Krieg, hatte die S-Bahn einen Anteil von mehr als einem Drittel am Gesamtverkehr der Stadt, und in den Jahren nach 1949 erreichte sie, erstaunlich genug, für kurze Zeit noch einmal diesen Rang; dann ging es jäh bergab: 1980 waren es in West-Berlin gerade fünf Prozent. Die Zugfolge, die einmal den imponierenden Wert von dreißig Zügen pro Stunde erreichte, schrumpfte zuletzt auf einen zehnminütigen bis halbstündigen Takt.

Der vorläufige Endpunkt dieser Entwicklung war jener Streik der S-Bahn-Bediensteten im September 1980, der die Probleme des chronisch defizitären Betriebes mit einem Male publik machte. Die Reichsbahnverwaltung, von dem jährlichen Verlust über 150 Millionen Mark bedrängt, hatte die Absicht geäußert, den Betrieb weiter einzuschränken; das war der Anlaß für die West-Berliner Angestellten, die um ihre Arbeitsplätze fürchteten, den jahrelangen Unmut über schlechte Arbeitsbedingungen und niedrige Löhne zu artikulieren. Es kam zu Tumulten mit Ost-Berliner Bahnpolizei, erregte Debatten wurden geführt, die alte Hoffnung tauchte auf, der West-Berliner Senat möge doch die Anlage in seine Regie übernehmen; am Ende aber war die S-Bahn lediglich ihrem Untergang eine Station nähergebracht.

Zu groß sind die finanziellen, vor allem völkerrechtlichen Schwierigkeiten einer Übernahme der S-Bahn, die ja nicht Eigentum einer der gegenwärtigen politischen Organisationen auf deutschem Boden ist, sondern Teil des alten Reichsvermögens, dessen Erbe noch niemand angetreten hat. Es wird von Ost-Berlin aus nur verwaltet; die DDR hat das Betriebsrecht an den Anlagen, das zwar auch eine Betriebspflicht begründet, der sich aber nach und nach zu entziehen der Streik ein willkommener Vorwand war. Vierzig von 78 West-Berliner Bahnhöfen wurden stillgelegt, nur noch zwei Strecken sind als Zubringer zum Grenzübergang Friedrichstraße in Betrieb, Teile der Bahnanlagen wurden demontiert, Züge nach Ost-Berlin überführt.

Die S-Bahn hat sich den Querelen entzogen. Der Verfall der aufgelassenen Bahnhöfe und Strecken war blitzartig, schweigsam und total; es schien, als hätten sie auf das Stichwort nur gewartet. Unkräuter, kleine struppige Sträucher, vergilbte Gräser, selbst einzelne Bäumchen, zerzauste Birken wuchern am Rande der Gleisbetten, überwinden das Pflaster der Bahnsteige, brechen aus verlassenen Stellwerken ans Licht. Es ist fast überall das gleiche Bild, wo man auch mit der S-Bahn fährt, eine gelblich graue Landschaft zieht sich an den Gleisen entlang, vertrocknet, hartnäckig, dürr.

Nur einmal im Jahr, zu einem späten Frühling, verwandelt sich alles: über die Ödnis gestreut, wie frisch gefallener

Schnee, das helle Grün; bald verstaubend, von der Sonne verbrannt, doch für wenige Wochen blühend, summend von Schmetterlingen wie sonst so süß nur auf Trümmergrundstücken aus dem Krieg. Es ist die gleiche Vegetation; nicht unzutreffend hat man für diese Paradiese der Verwahrlosung den Begriff der ökologischen Nische gefunden. Heimliche Oasen, Reservate außerhalb der selektiven Konkurrenz, in denen eine kleine, zähe, unansehnliche Natur zurückerobert, was der Mensch fallen ließ.

Vielleicht war der Streik in diesem einen Herbst und seine Folgen der S-Bahn nicht grundsätzlich feindlich; vielleicht ist das ihr Telos, der Zustand, in dem sie ihre geschichtliche Bestimmung findet, die gänzliche Stillegung: weite stille Bahnkörper, verfallene Stellwerke, Bahnschuppen, ein graugelbes verkrautetes Gelände, in dem verrostete Triebwagen einem Nirwana des Nahverkehrs entgegenträumen. Vielleicht soll es so enden: Berlin, aufgegeben an eine geschichtslose Gegenwart, aber durchzogen von den stillen Unkrautadern des S-Bahn-Netzes, atavistischen Inkrustationen im Leib des Fortschritts; Land, Raum, frei von Bestimmung inmitten der Großstadt.

Einen seltsamen Frieden wird dann die S-Bahn bergen.

Hermann Rudolph

Kleinalpine Napfkuchenwelt

In der Sächsischen Schweiz

Alles ist so, wie es seit Jahren in allen Reiseführern beschrieben ist. Das Tal verengt sich, wächst nah heran mit grünen Uferwiesen und üppig ansteigender Bewaldung und den aufgetürmten dunklen Felswänden dahinter, und dann steht die Felsnase, die zum Inbegriff des ganzen Gebirges geworden ist, steil, fast nackt, fast unmittelbar über der Elbe. Aber etwas fehlt, etwas, das zu dieser Felskanzel dazugehört, immer dazugehört hat, soweit man zurück denken kann. Es ist die Traube winziger Köpfe, die über das Geländer der Aussichtsplattform hängt wie Geranien über eine Balkonbalustrade. Auf dem berühmten Plateau, auf der Brücke, die etwas tiefer aus den Felsenfingern herauswächst, den Aussichtspunkten, die darunter zwischen Gestein und waghalsigem Bewuchs hervortreten, sind hier unten vom Schiff aus allenfalls einzelne Gestalten auszumachen. Obwohl Sonntag ist, ist auch der Weg keineswegs überlaufen, der sich von dem kleinen Kurort Rathen zur Bastei emporschlängelt, drängt sich niemand an dem Ausblick an der Mitte des Aufstiegs.

Was ist los mit der Bastei? Hat die Anziehungskraft dieses Höhe- und Glanzpunktes der Sächsischen Schweiz nachgelassen? Nichts dergleichen: Auf der Bastei wird gebaut; Gaststätte, Hotel, Küchentrakt werden, so heißt es, von Grund auf erneuert. Der Ausblick, der den Ruhm dieses Felsenmassivs gemacht hat, ist zwar erreichbar, aber nur um den Preis des Aufstiegs zu Fuß. Wie ein Pfropfen im Flaschenhals sitzt die

Baustelle vor dem Zugang von der Straße her, die im Rücken der Bastei über die Hochfläche bis auf ein paar Meter an den Steilabfall heranführt und die Heerscharen der Besucher ohne einen Tropfen Schweiß an die Aussicht transportiert. Wo sie endet, ist die Welt mit Brettern vernagelt. Inzwischen ist der Zaun abgebaut worden: zum dreißigsten Jahrestag der DDR.

Die Gefahr, daß ein Heizhaus einschließlich eines hohen Schornsteins das gewohnte Bild der Bastei veränderte, ist, so hört man, dank etlicher Kritik und einer »zentralen Entscheidung« gebannt. Also ist die Bastei wieder, was sie war. Eine deutsche Attraktion? Das allemal; dafür stehen schon die Besucherzahlen, die hier an schönen Sommersonntagen registriert worden sind – bis 40000 gehen die einen Schätzungen, bis 50000 die anderen –, dazu der Postsack voller sondergestempelter Ansichtskarten, der in Ferienzeiten Tag für Tag von der basteieigenen Poststation herabgeschickt wird. Dafür stehen freilich auch die gemischten Gefühle, die die Gebildeten und Passionierten unter den Besuchern des Elbsandsteingebirges der Bastei entgegenbringen. Die Loreley der DDR? Jedenfalls hat auch die Bastei an ihrem Ruhme schwer zu tragen.

Es ist ja wahr, daß sie von Anfang an eine unwiderstehliche Anziehungskraft für die Mischung von Ergriffenheit und Geschäft, Naturerlebnis und Unterhaltungsbedürfnis gehabt hat, die ein hübsches Stück Erde zur Sehenswürdigkeit befördert. Kaum hatte die Romantik den Reiz des Gebirges entdeckt und – wie es auf der Gedenktafel an der Basteibrücke die versammelten dankbaren Führer haben einmeißeln lassen – »die Blicke der Fremden auf diese Gegenden« geleitet, da stellte auch schon ein findiger Fleischhauer zwei Rindenhütten auf der Bastei auf, um Erfrischungen an die Besucher zu verkaufen. Das war 1812, Ludwig Richter hat sie gezeichnet. Was dann kam, wird im Heimatmuseum des Städtchens Wehlen zu Füßen des Basteimassivs mit den Worten »Von der Rindenhütte zum Welthotel« überschrieben; Gaststätte, Geländer und Stege, erst aus Holz, dann aus Stein, bereits von 1837 datiert auch die erste nostalgische Klage darüber, daß nicht mehr »der blaue Himmel die Decke des Speisesaals« sei. Das Gästebuch liegt aufgeschlagen auf den Seiten des Monats

Juni vor hundert Jahren. Zwischen Moritz Lauenberger, Pianofortefabrikant, und Gustav Lehmkuhl, Gymnasiast, hat sich da Richard Wagner, Komponist, verewigt. Wer hier war, war auf der Bastei, über Generationen hinweg.

Ein touristischer Klassiker wie er im Buche steht, zweifellos. Aber das Gefühl der Irritation, auf das man an einem solchen Platz wartet, will sich nicht einstellen. Ist es so, daß wir uns von dem Klischeecharakter, der der Bastei von Generationen von Besuchern angehängt worden ist, zu leicht ins Bockshorn jagen lassen? Es mag zutreffen, daß der berühmte Steilabfall, zweihundert Meter über der Elbe, die Landschaft fast zu ideal zum Panorama stellt. Aber was derart zur Postkarte hindrängt, ist doch nur das Vordergründigste an diesem Blick. In Wirklichkeit umfängt er von diesem Plateau aus eine nachgerade vollkommene schöne Mittelgebirgslandschaft. Der weiche Bogen, mit dem der Fluß davonzieht, die deutliche, sich öffnende Schraffur in der Kielspur des Schiffes, die ihn belebt, die stumpfen Kegel von Lilienstein und Königstein, darum herum verstreut die zart gezeichneten hellen Flecken von Ackerland und Dörfern, dahinter die blau und dunstig zur Tschechoslowakei hin verfließenden Felsstöcke und Höhen, und dann das enge, grün und schwarz und still von Wald und Fels verschattete Flußtal, wenn man den Blick elbabwärts wendet: je länger man sich in diesen Blick vertieft, um so mehr entgleitet er dem Abziehbild, auf das die Bastei abonniert ist.

Nicht anders verhält es sich mit dem Basteimassiv selbst, dem zerklüfteten Gebirgsstock, der an dieser Aussicht dranhängt. Diese Versammlung malerischer Felstürme und Abstürze, Gesteinsfaltungen und Schluchten, zusammengedrängt auf engstem Raum, verdankt ihre Anziehungskraft gewiß dem Umstand, daß sie ziemlich weit der Neigung entgegenkommt, die Sächsische Schweiz als eine Art natürliches Disney-Land zu nehmen. Oder angemessener, weil der Mentalität ihrer Besucher eher entsprechend: als eine kleinalpine Napfkuchenwelt, gebacken für den Sonntagsnachmittagsausflug der Städter, wohl versehen mit Kaffeeterrassen, dramatischen Ausblicken und der Gelegenheit, sich die Beine zu vertreten. Aber gerecht wird ihm dieser Eindruck nicht.

Steigt man nur ein wenig umher, wagt vielleicht auch einen Abstecher in andere Gebiete des Elbsandsteingebirges auf die andere Elbseite oder gar in die weiten Klippen und Schründe der Schrammsteine, so gibt sich die Sächsische Schweiz als Landschaft von eigentümlichem und eigenständigem Charakter zu erkennen. Sie besitzt auf engstem Raum mehr Vielfalt, mehr innere Dimension als wahrscheinlich irgendeine andere deutsche Landschaft. Das Pittoreske, Bizarre, das so nahe an der Grenze zum Künstlichen ist, ist nur eine Seite. Die andere, die anderen: das ist die Stille der tiefen, waldgefüllten Gründe zwischen den Felswänden, die Schluchten und Risse mit dem Geruch nach altem Laub, die hellen Plateaus mit ihren weiten Ausblicken, auf denen der Wind in den Birken weht.

Daß der Ruf der Bastei zu seinem zweifelhaften Teil nicht unverdient ist, ist freilich nicht zu übersehen. Beim Abstieg nach Rathen quellen durch Schwedenlöcher und Amselgrund die Scharen aufwärts und bestätigen ihre unverminderte Attraktivität für Busbesatzungen und Familienexkursionen, Halbschuhtouristen und Betriebsausflügler. Aber dieser Auftrieb hat wenig vom großen touristischen Betrieb. Er hat etwas Familiäres, Gemütliches, Biederes. Kurzatmige Väter passieren die malerischen Schluchten im Gespräch über Autoersatzteile, rotgesichtige Mütter blicken gottergeben aufwärts nach dem Ende des Aufstiegs, und leistungshechelnde Jugend hält aufatmend auf dem Scheitel der Steigung, die sie eben um die Wette emporgejagt ist. Kaum ausländische Besucher, obwohl die fremdsprachigen Aufschriften am Kiosk auf der Basteiplattform andeuten, daß sie sonst nicht selten sind; es sind übrigens, so verläuft heute hier die Blickrichtung, ausnahmslos Hinweise in slawischen Sprachen.

Die neue Gesellschaft made in DDR auf Urlaub? Es ist eine andere Gesellschaft, ein anderer Betrieb, als an vergleichbaren touristischen Anziehungspunkten im Westen, das ist unverkennbar. Keine hektische Betriebsamkeit, unauffällige Bravheit, niemand fällt auf, niemand will auffallen; über der sichtbaren Wohl- bis Übergenährtheit spannt sich überall die gleiche, ziemlich einfallslose Freizeitkleidung. Aber es hat damit zugleich etwas Traditionelles, etwas von der Stimmung früherer Schul- und Familienausflüge.

Einem wackeren sächsischen Cicerone, Otto Eduard Schmidt, verdanken wir eine Beschreibung der Basteiausflügler aus den zwanziger Jahren. Nicht ohne Ironie hat er sie als »Probeauslese« aus allen Schichten der Bevölkerung wahrgenommen: Schulklassen mit den unvermeidlichen Nachzüglern, Mütter, die in drückenden Schuhen »oft elendiglich dahinwanken«, rüstige Wandergesellen, »behagliche Ehepaare«, die vor allem die Rast im Speisesaal vor Augen haben, »blasse Tippfräuleins aus Kontoren und Expeditionen« und Landmädchen, deren Neigung zu sonntäglicher Bekleidung Schmidt mit Nachsicht festhält. Hat sich in dem Halbjahrhundert, das seitdem vergangen ist, viel geändert? Gemessen an dem, was sich in diesem Zeitraum sonst alles umgestülpt hat, ist es vergleichsweise wenig. Es ist eine Gegend für kleine Leute, für das genügsame Vergnügen geblieben, auf die das Wort von »des Volkes wahrem Himmel« paßt, mit dem Grauschleier des Sozialismus darüber, wie immer einebnend und konservierend.

Das gilt nicht nur in diesem Sinne. Denn was sich hier auf der Bastei und drumherum vor allem aufdrängt, zunächst gar nicht bewußt wird, aber sich dann als der eigentlich bestimmende Eindruck herausschält: das ist die Fortdauer der touristischen Welt von vorgestern. Das kleine Rathen, das den Vordergrund des berühmten Ausblicks belebt, hat den Umriß von vor dreißig, vierzig Jahren bewahrt, eine Handvoll Häuser beiderseits der Fähre, die nirgendwo ins Flußtal ausgelaufen oder die sanften Uferhänge erdrückend emporgeklommen sind. Nur der gefüllte Parkplatz mag hinzugekommen sein; aber die brav in Reih und Glied geordnete Blechlawine zerstört den behaglichen Eindruck nicht, sondern unterstreicht ihn eher. Ganz offenbar sind weder hier noch anderswo seit dem Kriege neue Hotels gebaut worden; die einzige Ausnahme ist, sehen wir's recht, das Elbhotel, das sich in die Fassade von Bad Schandau gequetscht hat. Und soweit der Blick ausgreift, hat auch keines der Flecken im Umkreis seit den zwanziger, dreißiger Jahren Jahresringe angesetzt. Nestgleich eingewachsen in das buschige Grün von Obst- und Laubbäumen, durchwächst sie nicht einmal die Renommierhelle neuer Giebel. Dabei liegen sie alle in Reichweite der bevölkerten sächsischen Industriestädte – nach Dresden ist es kaum mehr als eine dreiviertel Stunde, nach Karl-Marx-Stadt und Leipzig hundertzwanzig Kilometer.

Die Fremdenverkehrs-Maschine neuester Perfektion hat weder das kleine Rathen erreicht, das nach wie vor nur über die Fähre erreichbar ist, noch das hübsche Wehlen, den Hauptort des Basteigebietes, weder den romantischen Amselsee noch die Gasthöfe an der Elbe, weder die touristischen Anstrengungen noch, auch dies, die Preise. Hotels und Pensionen zeigen den schweizerisch imitierten Stil von Jahrhundertwende und zwanziger Jahren, allenfalls, gegen das Wasser gekehrt, die gotisierende Imponiergeste selbstbewußter Bürgerlichkeit; sie heißen »Waldfrieden« oder »Rosa«, und am Wehlener Strandhotel ist über dem »o« des Hotels noch der französische Accent circonflexe einer längst verblichenen internationalen Vergangenheit hängengeblieben.

Auf dem Amselsee rudert man unter den bizarren Felsgestalten von »Gans« und »Talwächter« für vierzig Pfennig, Kinder zehn Pfennig; die Ruder sind am Nachen festgenietet, Einzelboote gibt es keine. Sogar der unausweichliche Andenken-Kitsch scheint, obwohl sonst keineswegs von schlechten Eltern, gebremst; ein Fichtenbrett mit der eingebrannten Aufschrift »Drückt dich der Alltag mit Sorgen und Plage / dann denk an die schönen Ferientage« für 3,80 ist das Glanzstück.

Nicht anders verhält sich's offenbar mit dem Ferienbetrieb. Zwar hat Rathen die große Attraktion der Freilichtaufführungen in der Felsenbühne im Amselgrund anzubieten. Die Landesbühne Dresden-Radebeul spielt hier, so ist zu lesen, vom 13. Mai bis 17. September den »Freischütz«, natürlich, dazu »Vogelhändler«, »Zigeunerbaron«, »Nasreddin in Buchara«, »Abenteuer am Mississippi« und »Hänsel und Gretel«. Sie hat sich um Besuch nicht zu sorgen, ist am Vormittag schon ausverkauft, und auch die bittende Begründung einer Gruppe, sie sei von der Ostseeküste, kann daran nichts ändern.

Aber sonst geht es hier wie in Wehlen offenbar still zu. Kegeln in der Turnhalle am Sonntagvormittag, ein heiterer Unterhaltungsabend im »Erbgericht«; der Renner der Saison ist, so scheint es, der Farblichtbildervortrag von Rudolf Gellrich vom Kletter-Club Rauschentürme Dresden »Unsere Berge«, veranstaltet von der Kulturbund-Ortsgruppe der Stadt Wehlen und »wegen der großen Nachfrage« sechsmal in diesem Sommer wiederholt.

Sollen wir verschweigen, daß uns gleichwohl diese noch nicht von der Tourismus-Industrie überwältigte Urlaubswelt bewegt wie kaum eine sternchenbekränzte Sehenswürdigkeit? Dies hier sind Attraktionen mindestens ebenso rarer Art wie das große Panorama oder das legendäre Denkmal: Landschaft, noch nicht von Prosperität aus dem Gleichgewicht gebracht, verschlafene Nester, die überall noch in eine hierzulande längst verschollene Vergangenheit zurückreichen, die Gasthöfe mit ihren Wirtsgärten unter dem alten Ahorn- und Buchengewölk, und selbst das große Pflaster an den Schiffsanlegestellen, in dessen Rillen das Gras wächst, berührt uns.

Freilich darf nicht übersehen werden, daß diese Urlaubswelt eine Kehrseite hat. Sie kostet ihren Preis. Denn das Bedürfnis nach dem Ferienerlebnis, auf das die Tourismus-Industrie geantwortet hat, ist ja da, hier wie in der westlichen Welt, die Leute sind da, auch das Geld, auch die Zeit. Die Urlaubswelt von gestern steht längst unter der Woge der Wünsche von heute. Das Ergebnis ist unübersehbar: es ist die Schlange vor der Gaststätte zur Mittagszeit, das Schild mit der Aufschrift »Wir weisen Sie ein« vor dem Restaurant, dieser lapidare Offenbarungseid, der andeutet, daß man nur nach Anweisung des Obers Platz nehmen darf, der Zettel im Fenster, auf dem jetzt im Sommer noch für die Saison Personal gesucht wird, und darunter dann die Liste aller in der Gastronomie vorkommenden Beschäftigungen. Von ff in- und ausländischen Weinen und »Diners à la carte« ist nirgendwo mehr die Rede In dem »überlaufendsten Nest der Republik«, wie ein Dampfschiff-Kapitän, der hier die ganze Saison hindurch anlegt, den Ort apostrophiert, ist daraus eine Verpflegungsstation geworden: links Selbstbedienung, billig, dunkel, abgeputzt, rechts ein Ober mit schwarzer Tolle als Zerberus, der das Restaurant für eine angemeldete Brigade freihält und dann den Rest der Plätze an die Wartenden verteilt. Ohnedies gibt es in der ganzen Sächsischen Schweiz kaum freie Übernachtungsmöglichkeiten. Die Urlaubswelt von gestern, die unzerstörte Idylle, das heimelige altmodische Deutschland von ehedem ist auch – daran ist nicht vorbeizukommen – eine schöne Täuschung, ein Kind des Mangels, überstrapaziert, in den Nähten knirschend, nach Ausbau, Renovierung und Initiative lechzend.

Aber das ist sie eben nicht nur. Sie hält Erfahrungen und Eindrücke bereit, die uns anderswo um keinen Preis der Welt mehr zustoßen. Zum Beispiel jene abendliche Überfahrt in Rathen zu Füßen der Bastei mit der alten Gierenfähre, die, an einem Seil festhängend, durch die Strömung selbst bewegt wird. Zehn Pfennig kassiert der Fährmann – bei Hochwasser sind es, wie auf dem Preisschild zu lesen ist, fünfzehn –, dann legt er das Schiff in die Strömung. Erst ist es ganz still, dann wird die Strömung hörbar, und der Geruch des Elbwassers steigt auf. Je weiter Ufer und Anlegeplatz zurücktreten in die dunkelnde Wald- und Felsenfront der Bastei, desto mehr verstummen auch die beiden Jeansmädchen und das Halbdutzend Urlauber, die jetzt noch übersetzen. Schließlich ist nur noch das leise Quietschen des Leitungsseils zu hören, und von der romantischen Elb-Überfahrt, die Ludwig Richter am Schreckenstein gemalt hat, trennen uns neben Ort und ein paar zu vernachlässigenden Äußerlichkeiten nur eine Handvoll Jahrzehnte. Und an dem Elbdampfer, der ruhig und versonnen den Strom heraufzieht, glaubt man beim ersten Blick den Namen Karl May zu lesen. Er heißt aber, so sind hier nun mal die Verhältnisse, Karl Marx.

Doris J. Heinze

Wenn die Dröppelminna dampft

Das Bergische Land

Es nieselt. Schwer hängt der niederbergische Morgen über den sanft geschwungenen Hügeln und Tälern. Eine Fahrt durch das Bergische Land, ein Ausflug wie im Heimatkundeunterricht, als die unebenen Wege endlos schienen bis zur nächsten Limonade, ein Landstrich, in dem man sonntags noch Sonntagskleider trägt.

Wir verlassen die verplanten Neubauviertel von Ratingen, die diese ehemals befestigte Stadt zum Satelliten von Düsseldorf machen. Nebelige Kühle, durchbrochen von ersten Sonnenstrahlen, als wir Wülfrath erreichen, eine kleine Stadt inmitten der niederbergischen Höhen, die heute gut lebt vom Kalk ihres Bodens. Liebevoll erhaltene Fachwerk- und Schieferatmosphäre, und doch – diese Stadt putzt sich nicht für die Fremden. Man liebt sein Land, doch preist man es nicht an.

In der malerischen Hauptstraße die ersten, meist alten Leute. »Wie isset?« – »Na, wie sollet sein?« und gehen langsam und prüfend die Straße hinauf und wieder hinab und wieder hinauf, bis sie sicher sind, daß alles unverändert ist. Die bergische Mentalität, diese Sturheit und Eigenbrötelei, dieses Mißtrauen allem Neuen und Unbekannten gegenüber, hat zwar höchst eigenwillige Persönlichkeiten hervorgebracht, tiefere Zusammengehörigkeitsgefühle oder gar ein bergisches Bewußtsein aber stets verhindert. So ist es auch ein Land ohne »Hauptstadt« oder doch festen Bezugspunkt geblieben. Wuppertal, Solingen und Remscheid bieten sich an, doch »wat solln wir denn da?« Da fällt die Orientierung nach Düsseldorf oder Köln schon leichter, »weil da kann man hin, ohne dat die von einem wat wollen«. Man schmollt also noch immer über die letzte Gebietsreform.

Wir schlendern über den malerischen Kirchplatz, feucht glänzen Kopfsteinpflaster und Schiefer an der Wetterseite der alten Fachwerkhäuser ringsum. Über einer der handgeschnitzten Haustüren: »Anno 1686 den 14. Junius / Frommigkeit lasz gefalen dir / vielmehr denn Gold daz glaube mir / wan Gelt und Gut sich von dir scheid / so weicht doch nicht die Frommigkeit.«

»Kennen Se übrigens die Geschichte von de Dumeklemmer? Ja, dat sin die Ratinger, die Dumeklemmer. Die haben mal dem Erzbischof von Köln dat Stadttor vor der Nase zugeschlagen, als der noch den Daumen dazwischen hatte. Seitdem heißen die Ratinger Dumeklemmer. Die haben auch alle ganz platte Daumen, müssen Se mal drauf achten.«

Der alte Mann hebt seinen Stock zum Abschied, als wir davonfahren über die alte Straße nach Wuppertal, den Weg, den jahrzehntelang die Leinenweber aus den niederbergischen Dörfern zurücklegten, wenn sie ihre fertiggewebten Stoffe in Weidenkiepen zu den Fabrikherren nach Wuppertal oder Langenberg brachten.

Das Land war arm, der Boden karg und steinig, »Stielmuseter« wurden die Weber genannt nach ihrem Hauptnahrungsmittel. Vielleicht ist ihnen daher heute das abfällige »Spaghettifresser« fremd. Nüchternes Denken und Sympathien, die langsam wachsen, dann aber andauern, haben kulturelle Trennungen überwunden. Man akzeptiert und hat sich arrangiert mit Tausenden ausländischer Kollegen.

Über grüne Hügel, vorbei an vereinzelten Bauernhöfen, führt der Weg ins Tal. Eine alte Kirche, eine Wasserburg, wenige Fachwerkhäuser, das ist Düssel. Die alte Mühle war einst Schlupfwinkel für den Auerbäumer Hannes, den »Schinderhannes des Bergischen Landes«, und seiner Bande. Beim Kartenspielen wurden sie überrascht und ertranken auf der Flucht, als das Eis des zugefrorenen Mühlteiches brach. Seitdem spukt es in der Mühle, sagt man. Die Spielkarten verwahrt übrigens noch immer der Pastor, der »das Teufelswerk«

damals gleich aus dem Verkehr gezogen hatte, um seine Gemeinde vor derart Verwerflichem zu bewahren.

»Wat wollt Ihr denn in Wuppertal?« hatte der alte Mann gesagt, »dat sin doch ganz ordinäre Leute, dat hört man doch schon an der Sprache, müssen Se mal drauf achten. Die Barmer nicht so, dat sin feine fromme Leute, aber die Elberfelder, nee, die sin vulgär, die haben sogar Kaiser Wilhelm mal mit Patzkötteln (Pferdeäpfeln) beworfen, nee, da können Se schon sehen, wat dat für Leute sind.«

Wuppertal, eine Stadt, die nicht enden will, die sich entlang der Wupper schlängelt und sich fortsetzt auf den steilen Hängen, eine nüchterne, wenig verbindliche Stadt, die wie ihre Bewohner ohne modische Fassade auskommt. Wuppertal, einst frühindustrialisiertes Zentrum von Handwerk und Gewerbe, heute bemerkenswert weltoffen und doch längst ein Statist neben den neuen industriellen Mittelpunkten von Rhein und Ruhr.

Fassaden aus der Gründerzeit, Straßen mit bis zu zehn Prozent Gefälle, endlos scheinende Treppen, eine Stadt, die zur Bedachtsamkeit und Gründlichkeit zwingt, denn Vergeßlichkeit ist mühsam.

Über und entlang der Wupper jenes hochbeinige Eisengerüst, einmalig auf der Welt – die Schwebebahn, 13,3 Kilometer durchschneidet sie die Stadt von Vohwinkel bis Barmen. Zischen und Getöse, wenn sie die engen Straßen durchquert.

Nein, schön ist Wuppertal nicht, klein- bis bürgerlich, introvertiert und eigenbrötlerisch. Religiöse Variationen, ein Hang zu Mystizismus und Frömmlertum, hier in dem unübersichtlichen Straßengewirr entlang der Wupperhänge gehört dies zum Alltag – und doch ist da auch ein Hauch revolutionärer Ideen. Friedrich Engels wird heute als großer Sohn der Stadt verehrt, als großer Sohn von Barmen müßte man wohl genauer sagen.

Über fünfzig Jahre ist es jetzt her, seit die Gebietsreform die Industriestädte Elberfeld und Barmen zu einer einzigen verschmolz. Gilt das auch für die Menschen?

Auf der Barmer Seite an der Grenze zu Elberfeld lag einmal ein betrunkener Bauer. Zwei Barmer kamen vorbei: »Komm, den tragen wir rüber, bei uns gibt es sowas nicht.«

Nach Solingen ist es nicht weit. Wir folgen den kurvenreichen und hügeligen Strecken, Heide und dichter werdende Waldlandschaft, vor allem aber Hügel, die, wenn man zu Fuß geht, leicht zu Bergen werden. Und bergig ist hier alles. Man vergißt, daß der Name des Bergischen Landes nicht etwa vom Auf und Ab der Landschaft, sondern von jenen Grafen von Berg herrührt, deren Schloß Burg heute ebenfalls zu Solingen gehört.

Solingen, das ist mehr als Klingenmuseum und Süßwarenfachschule, das sind vor allem eigenwillige und eigenständige Dörfer, die hier zu einer Einheit wurden. Das alte Stadtbild wird gepflegt, Gräfrath fällt einem dazu ein, jene schieferverkleidete Idylle, und doch – steigt man vom Markt die lange Treppe hinauf zur Klosterkirche, drängt sich eine neue Widersprüchlichkeit auf. Die Städte in den Tälern platzen aus den Nähten, Neubauviertel und Beton wachsen die Hänge hinauf, doch der ländliche Charakter bleibt und eine Naturparklandschaft und diese Dörfer wie gewachsene Freilichtmuseen.

Wir folgen der Wupper bis zur Müngstener Brücke, der mit 107 Metern höchsten Eisenbahnbrücke Deutschlands. Donnergrollen erfüllt das Tal, bis die Züge im Dunst der Berge verschwunden sind.

Dann Burg an der Wupper, jenes romantische Städtchen, tief im Tal mit Sessellift, Waldwanderwegen oder auch einer kurvenreichen Straße zu jenem Grafenschloß derer von Berg. Beeindruckend vor allem die kulinarische Reise in die Vergangenheit, es ist Zeit für die bergische Kaffeetafel, für »Koffendrenken mit allem Dröm on Dran«. Mittelpunkt ist die Dröppelminna, eine dreibeinige bauchige Kaffeekanne aus Zinn, aus der auch bei zugedrehtem Hahn der Kaffee mit bergischer Widerspenstigkeit heraus»dröppelt«. Das Bergische Land ist dem Zinn treu geblieben aus Gründen der Armut, da es nicht zerbrechen konnte wie das modernere Porzellan oder Glas.

Zwiebelmuster-Geschirr steht auf dem Tisch, die Dröppelminna dampft. Es gibt Korinthenweißbrot mit Butter und Honig und einer dicken Schicht stieven Ries (Milchreis), gekrönt mit Zucker und Zimt, bergische Waffeln und Schwarzbrot mit Butter und Klatschkies (Quark). Ein oder zwei »Klare« beschließen das reichhaltige Mahl, eine Besonderheit in der ansonsten einfachen, abwechslungsarmen bergischen Küche. »Riefkoken« (Reibekuchen) gibt es noch mit Schwarzbrot und Apfelkraut oder, das ganze so groß wie ein Pfannkuchen und doppelt so dick, die »Pillekoken«.

Remscheid ist eine Industriestadt mit Berg und Tal, ein wenig trist vielleicht – wenn nicht auch Lennep dazugehörte, Geburtsort Wilhelm Röntgens, 1929 nach Remscheid eingemeindet. Die Vergangenheit wird Gegenwart, dicht um die Kirche altes Fachwerk, Reste der ehemaligen Stadtmauer, weißgestrichene Fensterrahmen heben sich ab vom Grau der Schieferschindeln. »Samstags Tanz« verkündet ein Schild am Dorfcafé. Spitzengardinen am Fenster, Efeu und Zimmerlinde, am runden Tisch mit Blick auf den Markt, hochgeschlossene, freundlich ergraute Damen, die Schicklichkeiten und Geschicke der Gemeinde überprüfen, hinter dem Raumteiler wird Händchen gehalten – Vorbereitung für Samstag abend. Ein alter Mann bestellt das dritte Stück Sachertorte und lächelt zufrieden vor sich hin.

Unser Weg führt nach Süden, seltener die Dörfer und Städtchen, verschlungener die Wege, höher die Berge, die Wälder dichter. Hierhin sollte man reisen, wenn der Ginster blüht und die zurückhaltende, unauffällige Schönheit des Bergischen Landes aufleuchtet, das helle Grün der Buchen sich mit der tiefen Farbe der Tannen mischt, wenn die Talsperren in der Sonne glitzern.

Gummersbach liegt auf dem Weg, die Hauptstadt des Handballs und gegenwärtig »Metropole« des Oberbergischen Kreises, dann wieder ein geschichtlicher Mittelpunkt – Schloß Homburg. Eher am Rande der großen Geschichte jüngerer Zeit, genossen hier Leonid Breschnew und Willy Brandt deftige bergische Küche.

»Ja, hängt man erst de Preise raus, da wes man, wat Ihr wollt.«. Viehmarkt in Waldbröl.

Eisiger Wind fegt durch die fast leeren Straßen und Plätze, feucht sind die Bärte der Männer. Seit dem Morgengrauen kommen sie an, graue Lieferwagen, Transporter mit oberbergischen, aber auch hessischen Kennzeichen. Routiniert werden die ersten Stände aufgebaut. »Na, wie isset?« – »Och, wie sollet schon sein nach zwei Appelkörnchen.« – »Ja, ja, et muß.« Dann wird die verfrorene Stille unterbrochen. »Nur du« tönt es aus den Lautsprechern der Musikkassettenverkäufer. Die meisten sitzen noch beim deftigen Frühstück im nahen Café, Brötchen und Schinken und Eier werden aufgetischt, es duftet nach Hefeteilchen und Brezeln. Am großen Tisch Realschuljugend – Sport ist wieder ausgefallen –, bange Fragen: »...und wie kommst du jetzt auf den umgekehrten Logarithmus?« Ein letzter Klarer zum Aufwärmen für die Marktleute, dann geht es hinaus, die Straßen leuchten farbenfroh vom kaum überschaubaren Warenangebot, Blusen und Weinkaraffen neben Frühlingszwiebeln, Kräuterbonbons, Preisschilder wehen im Wind, »Herrensocken 5 Paar für zehn Mark«, Duft von Knoblauch und Veilchenpastillen.

Dank bergischer Zähigkeit findet dieser Markt regelmäßig seit mehr als 130 Jahren statt, und man genießt diese Tradition.

Mit grünen Kniebundhosen, grünen Strickstrümpfen, Wolljacken und Filzhüten stehen sie da, die Oberbergischen, diese Spiegelbilder von Berg und Tal, vom ständigen Wetterwechsel und einer Geschichte, die zu Erfahrungsreichtum und Zähigkeit zwang, aufrecht und stolz, ein verhaltenes Lächeln auf den geröteten Gesichtern. Man handelt und kauft, gerade und offen, starrköpfig, lieber kleinlich als großzügig. Dies ist kein Basar. Dies ist Markt, Treffpunkt, man bietet an, was man hat, und kauft, was man braucht. – Auch Vieh.

Die Ferkel sind in der Halle. Es quiekt und grunzt. »Mami, ach, wie süß«, dann ein Käufer, abschätzende Blicke zunächst aus der Entfernung. Breitbeinig stellt er sich auf, die Gummistiefel fest im Dreck, Bauernhände, die Daumen sicher verhakt im obersten Knopfloch der Wollweste, breite Finger, die an den Knebelknöpfen spielen. Unentschlossen noch schiebt sich der Zigarrenstummel von Mundwinkel zu Mundwinkel – jetzt spuckt er ihn aus. »Gekoft«, sagt er nach Blick in Ferkelaugen, Nase und Ohren, gleich zehn Stück wechseln den Besitzer, ein Handschlag, ein gemeinsamer Klarer, der Handel ist perfekt, denn »Wo der Handschlag noch gilt als das biblische Pfand, da ist meine Heimat, mein Bergisches Land«. – Oder wie soll man es beschreiben?

Theodor Geus

Darum ist es am Rhein so schön

Ein deutsches Klischee

Duisburg-Ruhrort, Rheinhafen: Ächzend schieben sich riesige Lastkräne auf den Schienen und krachend greifen sie in die Rümpfe der Schiffe, heben Kohle und Erz. An die Kaimauern schwappt schwarzes, öliges Wasser, und am Himmel stehen die weißgrauen Wolken aus mächtigen Schloten. Bacharach, Bahnhof. Aus den Zügen drängen die Menschen, lärmend und fröhlich, in Hemdsärmeln und mit Strohhüten, angeschwemmt durch die Aussicht auf ein Erlebnis. Das ist die Wirklichkeit des Rheins: Europas bedeutendste Wasserstraße und die deutsche Attraktion, Jubel, Trubel, Heiterkeit.

Es kommen Erinnerungen. In einem Bilderbuch aus der Kinderzeit ist der Strom in seinen Windungen aufgezeichnet, und aus dem Wasser steigt kühl und naß ein bärtiger Mensch, die Krone auf dem triefenden Haar, das Gesicht zu einem breiten Grinsen verzogen: Vater Rhein. Um ihn ist eine Girlande von Trauben. Dieses schöne Bild prägte sich ein. Es malte den Mythos vom Urstrom auf lächelnde Weise. Es stammt aus vergangenen Zeiten.

Jetzt haben wir seine Heimat gesucht. Nicht wo der Fluß jung und breit ist, mußte Vater Rhein zu Hause sein, und nicht dort, wo sich die Schiffe an seinen Ufern sammeln, sondern dort, wo sich die Landschaft dramatisch verdichtet, zwischen Mainz und Koblenz, zwischen der heiteren Aue des Rheingaus und der weiten, auf das Meer gerichteten Ebene hinter Köln. Gezeigt hat er sich uns nicht. Irgendwo in der

Tiefe wird er sitzen, müde vom Streit um ihn und erschreckt über ein lautes Leben mit Lastkähnen und lärmenden Ausflugsbooten, allein mit seiner Erinnerung an Nibelungenglück, an Nibelungenleid und an die Herrlichkeit Kaiser Karls. Und seine Töchter raunen ihm rauschend ein Lied.

»Eine Rheinreise zu schildern ist heute so überflüssig, wie wenn einer erzählen wollte, er habe ein Gedicht verfaßt. Jeder gebildete Mensch macht jetzt beides. Auch ist das Wort Rhein in Deutschland so bekannt und angesehen wie das Wort Nachtigall. Man himmelt in beiden. Rhein heißt soviel wie: schöne Gegend. Wenn Engländer oder Franzosen eine Vergnügungsreise nach Deutschland machen wollen, so verstehen sie unter Deutschland das Rheinland.« So sagte es Heinrich Laube, der 1833 mit der Postkutsche durch die Lande bummelte. Es ist vieles anders geworden seitdem – seitdem man entdeckte, daß Romantik eine leicht verkäufliche Ware ist, seit sich nicht mehr einzelne Träumer auf gemütvolle Fahrten ihrer Sehnsucht machen, sondern der Rhein zum Tummelplatz geworden ist: mit dem Bus, mit dem Schiff – fünf Länder in sechs Tagen –, mit Sonderzügen.

Es ist ein Sonntag mit der Hitze des Sommers. Sie sind alle da: die Engländer und Franzosen, die eine Vergnügungsreise machen wollen, die Japaner und Amerikaner auf der Suche nach dem »romantic Germany« zum Pauschalpreis und die Deutschen aus dem Ruhrpott und aus Schwaben, aus Bayern und Holstein. Einmal am Rhein, heißt die Parole. Sie reihen sich ein in einen endlosen Korso durch Bacharach, Rüdesheim oder Aßmannshausen, klettern zu Burgen hoch, und sie füllen die Wirtshäuser – altgediente mit rauchgeschwärzten Balken, die Pizzeria und den Balkangrill. »Warum ist es am Rhein so schön?« Der Wein löst ihnen die Zunge, und am Abend – spätestens – sind sie laut und fröhlich, so laut und fröhlich, daß auch der letzte Widerstrebende beim Nachbarn unterhakt und hineinschunkelt in ein babylonisches Durcheinander der Sprachen und Gesichter. Der kleine Japaner, der ängstlich seine zwei Kameras umklammert, lächelt stumm und verständnislos. Hat er sich Deutschland so vorgestellt? Sind so die tüchtigen Deutschen? Und dann schwärmt er vom Schwarzwald.

Fast scheint es, als seien die vielen Menschen, die den Rhein bevölkern, beliebig austauschbar. Man trifft sie am Niederwalddenkmal unter der Germania und den teutonischen Engeln aus martialischem Erz. »Lieb Vaterland, magst ruhig sein. Fest steht und treu die Wacht, die Wacht am Rhein.« »I wois net, wos des is, i könnt scho wieder schlofe.« Einem ist die Nacht zu kurz gewesen für Preußens Gloria, und der Mann im T-Shirt mit der Aufschrift Argentina '78, den Sombrero im Nacken, deklamiert seinen gutgelaunten Freunden den stolzen Vers, der auf dem Sockel steht: »Durch Hunderttausend zuckt es schnell und aller Augen blitzen hell, der Deutsche, bieder, fromm und stark, beschützt die heil'ge Landesmark. Er blickt hinauf in Himmelsau'n, da Heldenväter niederschau'n und schwört mit stolzer Kampfeslust: Der Rhein bleibt deutsch wie meine Brust.« Danach lachen sie laut und posieren für die Kamera.

Man trifft sie auf dem weißen Ausflugsboot, das die Loreley umschifft, während aus dem Lautsprecher »Ich weiß nicht, was soll es bedeuten« zum Mitsingen dröhnt, dreisprachig die Legende von der blonden Verführerin zu Witzen animiert und Hunderte das Echo locken. Doch »das bekannte Echo ist nicht so stark als sein Ruf, obgleich die Verwaltungen der Kölnischen und Düsseldorfer Dampfschiffe es an Schießen und Hörnerklängen an dieser Stelle nicht fehlen lassen« (Karl Baedeker, 1846). Die Postkarten mit dem Loreley-Lied in Englisch, Französisch und Japanisch werden gut verkauft, auch Bierkrüge, Wappengläser, Andenkenramsch. Am Abend singt auf der Freilichtbühne auf dem Felsen über dem Strom Udo Jürgens »Griechischer Wein« und »Aber bitte mit Sahne«. Es fällt einem Karl Valentin ein, der auch ein Loreley-Lied sang: »Viel tausend Jahr hock ich hier oben / bei Sonnenschein, Regen und Schnee / auf diesem steinigen Felsblock, / mir tut schon mein Rückgebäud weh. / Ich singe und zupfe die Harfe, / ich wüßt ja net, was i sonst tat, / das Lied wird mir jetzt schon fast fad!«

Man trifft sie auf einer der Burgterrassen, von denen der Blick hinunterreicht auf den Strom und hinüber zu den gestaffelten Hängen aus leuchtendem Weingrün und grauem Fels. Die Aussicht ist gut, weil die endlosen Autoschlangen auf den Uferstraßen nach freundlichem Spielzeug aussehen, die Züge von oben aus lautlos rechts und links den Fluß entlangrasen. Mauern und Türme die Orte noch fest umschließen zu scheinen für ein kleines beschauliches Leben. »It's beautiful!« Das versteht jeder. Das Erinnerungsfoto gehört mit dazu. Es ist für zu Hause – als Beleg, daß man hier war.

Aus der Nähe sieht manches anders aus. »Ich nahm mir einen Kahn, fuhr auf den Rhein hinaus und schwamm im Mondschein, nur Nase und Augen über dem lauen Wasser...«. Otto von Bismarck tat diese gefühlvolle Reise – auch die Eisernen werden hier schwach – auf einem unversehrten Fluß, der heute verseucht ist von den Abwässern einer Industrie, die sich in die Orte hineindrängt mit Schornsteinen und runden Tankkolossen. »Es ist viel zu tun. Packen wir's an«, heißt es in der einschlägigen Werbung. Seit das 19. Jahrhundert und seine romantischen Seelen den Rhein neu entdeckten, ihm glühende Verse widmeten, ihn im wechselnden Licht der Jahreszeiten immer neu abbildeten, ihn gar zum Symbol erhoben – »Auch anderswo ist Teutschland, es ist in Flensburg und Königsberg, in Breslau und Stralsund; aber es ist dort nicht so teutsch als hier im Süden«(Ernst Moritz Arndt) –, ist viel angepackt worden: Der Strom ist vermarktet auf seiner ganzen Länge, lebt in einem hektischen Rhythmus. Es ist aufgeräumt mit der Idylle. Das böse Wort von der Kloake Europas geht um, die Statistik des Flusses erschreckt.

Heute fährt keiner mehr mit der geruhsamen Postkutsche oder zieht wandernd des Wegs, heute »macht« man den Rhein: ein paar Blicke links, ein paar Blicke rechts, Stimmung inklusive. Es muß schnell gehen, sogar das Trinken und manchmal ist der Wein danach, daß man ihn nur hinunterschüttet. Merken dies die von weit her Angereisten mit den Prospekten vom schönen Deutschland in der Hand, merken es die Kegelbrüder und Verliebten, die Betriebsausflügler und die Familien mit quengelnden Kindern, die lieber ein Eis haben wollen als eine schöne Aussicht? Die Pflicht zur Fröhlichkeit deckt alles zu. Wer an den Rhein fährt, gerät – will geraten – unaufhaltbar in einen lauten Sog der Lustbarkeit, der hineinzieht in die Schänken, aus denen immer wieder »O du wunderschöner deutscher Rhein« tönt. Selbst »Oans, zwoa, gsuffa« wird hier geduldet, wenn der Abend lang genug war und die Gläser oft genug gefüllt worden sind. Es fällt leicht hier, sich zu verbrüdern: Wein wirkt stärker als gute Reden von Europa, er verwischt Unterschiede, macht gleich.

Es ähneln sich die Orte längs des Flusses in ihrer lärmenden Laune. Nach mancher Tragödie, von denen geborstene Mauern und die Stümpfe der Bergfriede berichten, findet das Satyrspiel statt. Es scheint, als hätten die Römer nicht nur die Reben und eine Nachkommenschaft mit mediterraner Freude am Leben zurückgelassen, sondern auch ihren Gott Bacchus. Er tobt durch die Gassen, sitzt in den Kneipen händereibend auf dem Tresen, füllt immer wieder die Gläser seiner Zechkumpane und versteckt sich kichernd hinter dicken Fässern in den Kellern. Er versteht sein verlockendes Geschäft und ist ein guter Lehrmeister – nicht nur für selige Trunkenheit, sondern auch für Konsum und Kommerz.

Otto von Bismarck: »Ich verspreche mir einen rechten Genuß davon, mit Dir ein paar Tage in Rüdesheim zu sein, der Ort ist so still und ländlich, gute Leute und wohlfeil...« Das wurde 1851 geschrieben. Heute gilt Rüdesheim als Symbol für rheinische Fröhlichkeit. Schon mittags drängen sich erhitzte Menschen durch die Drosselgasse. Aus den Lokalen dringt Stimmungsmusik, die übliche Mischung aus abgebrauchtem Karneval und gängigen Schlagern. Und noch ehe sich der Ort für eine lange Nacht illuminiert mit bunten Lichtern, schwappt manche Heiterkeit über. Es ist Volksfest, bunt mit hektischem Trubel und schrill. Ist es am Rhein so schön? Die Busladung rüstiger dänischer Damen zwischen fünfzig und siebzig, die an lange Tische gruppiert wird, ist schnell in Laune gebracht. Die Kapelle spielt »Wunderschönes Kopenhagen« für sie und für ein paar Holländer, die noch still vor ihren Gläsern sitzen, »Tulpen aus Amsterdam«. Das macht sie munter. Wein, teuren Wein, gibt es jetzt nur in Flaschen, denn es ist Sonntag und nach 18 Uhr. Wer nur einen Schoppen trinken will, muß von Montag bis Freitag kommen – und vor 18 Uhr. Dann bieten ihm müde Kellner »mild« oder »herb«. Man kann auch süß oder sauer dazu sagen. Die organisierte Fröhlichkeit hat ihren Preis.

Der Abend nach einem lauten Tag. Wir sitzen hoch droben über dem Strom und lassen die Beine über den Felsrand baumeln. Dreiburgenblick heißt die Stelle bei Patersberg: Katz, Rheinfels und Maus recken sich aus den Hängen. Wein haben wir von Oestrich mitgebracht, und während die sinkende Sonne lange Schatten malt, werden die Flaschen leer und der Kopf heiß. Drunten fließt träge der Fluß in kleinen blitzenden Wellen. Fassen sich die Rheintöchter zum Reigen? Treiben Gnome ein albernes Spiel mit den Trinkern? Oder ist es gar der Urvater selbst, der sich noch einmal aus der Tiefe wagt, um sich denen zu zeigen, die ihn so lange gesucht haben?

Hier oben ist die Ruhe für eine Reise in die Phantasie, lassen sich Jahrhunderte auf Augenblicke verkürzen. Von hier aus kann man in Gedanken auf den Schiffen mitfahren, die von Basel heraufkommen, an Worms, Mainz und Köln vorbeidampfen bis zum Meer. Hier oben in der Stille wird gegenwärtig, daß sich in diesem Fluß Heiterkeit und Melancholie, Stolz und Trauer, Lust am Leben und endlose Zeit begegnen. Hier ist noch etwas zu spüren vom Pathos einer Landschaft, die manchen Eingriff überstehen mußte, die zu leiden hatte an der nationalen Ideologie, mit der man sie belud. Hier wird man gewahr, daß der Rhein wie ein Theaterstück ist, wie ein sentimentales, ein heroisches, ein tragisches, ein komisches Theaterstück. Jeden Tag hebt sich der Vorhang neu, wenn die dünnen Nebel aufgestiegen sind, wenn Licht fällt auf die Kulissen aus Burgen und Rebhängen, aus Fronten von Orten und Städten mit Kirchtürmen, geschachteltem Fachwerk und Promenaden voll Stolz. Menschen beleben die Szene: römische Legionäre, französische Revolutionäre, preußische Kürassiere und Soldaten in Grau, Bauern und Winzer, Alltagsvolk und Touristen. Und wo niemand hinsieht, haben sich Nixen versteckt, weben – wigalaweia – heimlich an ihrer Legende. Viele haben an dem Stück mitgeschrieben: Dichter und Könige, Maler und Politiker, auch die kleinen Leute, von denen niemand spricht. Es ist ein deutsches Stück, ein Stück von Deutschland, über Deutschland.

Walter Henkels

Im alten Ritterkostüm

Blicke vom Drachenfels

Der Stadtdirektor gab sich Mühe, den biederen Ton zu treffen, den er sonst in der Gemeinderatssitzung nicht anschlug. Er wollte offenkundig einen Tatbestand bemänteln. »Esel?-«sagte er, »wir haben jetzt vielleicht noch ein halbes Dutzend in Königswinter.«

»Waren es im vorigen Jahr nicht noch zwei Dutzend?« sagten wir.

»Ja«, sagte er, »da haben Sie recht. Sie sind ein Kapitel für sich. Sie bringen der Gemeinde doch einiges Geld ein, indirekt meine ich.«

Es war im Sommer des Jahres 1948 in Königswinter. Bei den Eseln, über die wir sprachen, handelte es sich um jene, die schon seit den Tagen der Rheinpoeten und der Bonner Studentenromantik zum Drachenfels im Siebengebirge hinauftraben. Die Esel haben dem Städtchen einigen Ruhm und einiges Geld, also ideellen und materiellen Gewinn eingetragen.

»Aber wieso denn«, sagten wir zum Stadtdirektor, »rentiert es sich nicht mehr mit den Eseln?« An dieser Stelle versank der Stadtdirektor erkennbar in Resignation: »Rentieren?« sagte er, »davon kann keine Rede sein. Aber wenn die Bevölkerung so gut wie kein Fleisch bekommt, wie im letzten Winter, was dann?«

Jetzt erst bemerkten wir, daß hier ein Fall von tiefer Tragik vorlag. Die Esel waren nicht in den Sielen gestorben, sondern als Fleischproduzenten von dieser Erde gegangen. Man hatte sie geschlachtet und – mit Verlaub – aufgefressen. Nun, im benachbarten Bonn waren in den letzten drei Jahren elf Menschen verhungert, in Königswinter hatten wohl Distrophie und Hungerödeme, aber noch nicht »Hungertod« auf Totenscheinen gestanden. Das hatten die Esel nun davon gehabt. Doch ein halbes Dutzend war übriggeblieben, für sie war es gut ausgegangen. Für manche Esel geht manches gut aus, das will wörtlich verstanden werden.

Es war im Sommer des Jahres 1971 in Königswinter. Der Stadtdirektor gab sich Mühe, den heiteren Ton zu treffen; es war diesmal ein anderer Stadtdirektor. Diesmal hieß er Schmitz. »Unsere Esel?« sagte Herr Schmitz, »die sind nicht kleinzukriegen. Es gibt noch sieben Stück in der Stadt.«

»Was Sie nicht sagen!« sagten wir.

Die Weltenuhr scheint den Drachenfelseseln eine Ausnahmezeit bewilligt zu haben. Es gibt nicht sieben, wie der Stadtdirektor meinte, es gibt heute achtundzwanzig Drachenfelsesel. Keine Maus beißt da einen Faden ab, sie sind in der Saison voll beschäftigt.

Was wäre das Siebengebirge ohne die Drachenfelsesel und die zehn doppelbespannten vertrauten Pferdedroschken! Doch es wäre falsch, den Schluß zu ziehen, wir wollten dem Strohhuttourismus, der hier, unausrottbar, seit Generationen blüht, ein Loblied singen.

Es ist wahr, daß der Eintritt ins Siebengebirge von Königswinter aus durch schlimme Sachen verstellt ist. Aber die Esel haben den Drachenfels mindestens so berühmt gemacht wie die Poeten Freiligrath, Heine, Simrock und Geibel und der Kölner Heidewitzka-Marsch. Über alle Weltuntergänge hinweg haben sich Touristenrummel und Andenkenkitsch, das Gewerbe der fragwürdigen Reiseandenken und Mitbringsel, herübergerettet. Die Findigkeit und Fixigkeit der Reiseandenkenindustrie ist gar nicht genug zu bewundern. Zahlreiche Geschäfte und Buden stehen hier mit bemalten Nippes, mit Bowlentöpfen, Bierkrügen, Kraftmessern für Männer und Liebesorakeln für Frauen, Strohhüten und Badekappen, Musikmaschinen und Frittenbuden, Schellimbissen und Drachenblut, röhrenden Hirschen und nickenden Stoff-Eseln.

Diese Surrogate schlechtesten Geschmacks aus Nürnberg, Pforzheim und Idar-Oberstein gehören in das Gebiet der Kleinbürgerei mit all ihren Verirrungen.

Die Reise mit der Drachenfelsbahn – 25mal täglich ab Königswinter – oder der Aufstieg zur Ruine Drachenfels entschädigt für viele Strapazen. Von oben läuft der Blick ungestört über die Reliefkarte der Rheinlandschaft, motivisch untermalt vom Tuten der schweren Rheinschlepper, vom Geklingel der Fähren und Bötchen oder auch der großen, weißen Personendampfer der Köln-Düsseldorfer Rheindampfschiffahrt. Auch Motor-, Paddel-, Ruder- und Segelboote beleben den Strom. Man könnte das weite Rund des Tales fast mit einem Amphitheater vergleichen. Es ist ein freundliches Versteckspiel, was die sommerliche Jahreszeit mit den Orten rundum treibt. Rhöndorf und Bad Honnef, Unkel, Rheinbreitbach, Rolandswerth und Rolandseck, Mehlem und Bad Godesberg, drüben auch das »Drachenfelser Ländchen« und der Rolandsbogen, das alles wird kostenlos geboten. Aber die Siedlung der noch vor dem letzten Krieg erkennbaren Ortsgebilde ist längst zusammengewachsen, Eingemeindungen überall.

Wer jetzt auf dem Drachenfels steht, läßt sich gerne erzählen, daß in die Ruine des Drachenfelsen 1945 amerikanische Artillerie freundlicherweise noch ein paar schwerkalibrige Granaten schickte, weil nämlich ein deutscher Artilleriebeobachter hier Posten gefaßt hatte, und wo, wenn wir in der Zeit einen guten Sprung zurücktun wollen, der Bonner Student Heinrich Heine nach einer durchzechten Nacht »leider den Husten und den Schnupfen mit nach Hause brachte«. Weit über ein Jahrhundert sind die sieben Berge und vornehmlich der Drachenfels ein Magnet für die luft-, licht- und naturhungrige Menschheit geblieben. Das alte Drachenfels-Hotel, durch den Krieg ziemlich mitgenommen, verkaufte Pfingsten 1947 – wir erinnern uns – allein 15 000 Glas Limonade oder, wahrheitsgemäßer ausgedrückt, Kaltgetränk; »made in Leverkusen«, pflegte der Kellner zu sagen.

Die gute, alte Erde hat hier, beim Siebengebirge, viele Schmerzen gehabt. Hier spricht noch Unruhe und Gewalttätigkeit. Das Gebirge zeigt, in den Konturen, mächtige Linien,

Köpfe und Kegel wachsen von weitem in den Horizont. Geologen haben uns gelehrt, daß es alte Vulkane sind. Es erweckt den Eindruck, als habe hier einmal eine Gigantenfaust auf den schönen, glatten Globus eingeschlagen, so daß die Politur des Sternes Erde wild umhersprang. Der Drachenfels, scherzhaft Hollands höchster Berg genannt, ist am Rhein der Inbegriff der »Romantik«, jener Erscheinung von Rührseligkeit des Gefühls und wehmütiger Stimmung, der einst die meisten Rheinreisenden erlagen.

Geschichte, Sage, Gesänge der Romantiker und gängige Karnevalsschlager haben das Ihrige getan, um diese Landschaft des Siebengebirges zu verbrämen. Sie wurde eine der populärsten (und überlaufensten) Touristenzentren in ganz Europa. Um begreiflich zu machen, wie populär das Siebengebirge war, müssen wir eine Zahl nennen: Allein der Drachenfels, der kleinste der sieben Berge, wurde alljährlich von zwischen drei und vier Millionen Menschen besucht. Der Tamtam hier war ein einträgliches Geschäft. Hier wurde zudem die rheinische Fröhlichkeit auf Flaschen gezogen. Sie hieß »Drachenblut« oder »Domlay« oder »Laurentiusberg«. Die vorlauten Kölner nannten diesen Wein einen »sauren Hungk« (sauren Hund) und soffen ihn stilwidrig, damit sie auf Touren kamen.

Nach dem Zweiten Weltkrieg hatte sich der Strom zu Füßen des Siebengebirges das Pathos abgewöhnt. Zu viel Ungereimtes war geschehen. Etliches indessen war auch gereimt, und dazu gehörte jene Episode mit dem Rheinschlepper, den Jabos, also Jagdbomber, zwischen Königswinter und Bad Godesberg auf Grund gesetzt hatten, oder der hier, wie es fachmännisch heißt, abgesoffen war. Dieser Rheinschlepper hieß, den Namen las man von 1945 bis 1948 vorn am Bug des Wracks, »Weltfriede«. Man hielt es damals für unerläßlich, wenn man vorbeikam, einen Blick auf das Schiffswrack zu werfen, denn hier war schon in jenen turbulenten Herbsttagen 1938, als sich Hitler und Chamberlain hier trafen, der Weltfriede zu den Fischen gegangen. Die Briten nannten ihren Premier den ollen ehrlichen Seemann, der nach Godesberg und zum Petersberg kam, um den großen Erdrutsch aufzuhalten. Es war schwer, keine Satire zu schreiben.

Der Rhein, der am Fuße des Siebengebirges vorbeifließt, ist zu allen Zeiten ein politisches Kraftfeld erster Ordnung gewesen, und die Rheinländer haben nie aufgehört, dies Schicksal zu fühlen. Preußen-Deutschland nach den siebziger Jahren des vorigen Jahrhunderts hatte sich mit viel Willen zur Demonstration des Rheins angenommen; die nationalen Gefühlswerte dieser bürgerlichen Jahrzehnte erhielten tätig geförderten Aufschwung. Nach dem letzten Krieg schien alle pathetische Substanz, in die das Siebengebirge einmal gekleidet war, mit den Wellen davongetragen. Auf dem Petersberg wehte damals der Union Jack, auf dem Rheinhotel Dreesen das Sternenbanner, auf der Godesburg die belgische schwarzgelb-rote Fahne, auf dem Rolandsbogen die Trikolore.

In Bonn trat am 1. September 1948 der Parlamentarische Rat zusammen, der den Auftrag hatte, dem Land ein neues Hemd zu schneidern. Aus der Geschichte jener Zeit ist für die Teilnehmer ein buntes, wenn auch schon leicht verblaßtes Bild in der Erinnerung. In dieser Zeit wurde der Petersberg im Siebengebirge zum Symbol des Besatzungsregimes. In dem monströsen Gebäudeklotz, als Hotel ein Glanzstück rheinischer Touristik, saßen die drei Hohen Kommissare, von dort wurde seit 1949 der Kompaß unseres Nachkriegsdeutschlands gelenkt. Einige Jahre lang blieb er das Symbol für das Veto dieser Kommissare. War es verwunderlich, daß die Rheinländer den Petersberg kurzerhand »Monte Veto« getauft hatten? Der amerikanische Hohe Kommissar McCloy empfing einmal den Bundeskanzler vor der Tür des Petersberg-Hotels. Dem Kanzler den Vortritt lassend, sagte McCloy höflich: »Bitte, nach Ihnen, Herr Bundeskanzler, ich bin hier zu Hause.« »Aber nein«, lächelte Adenauer spitz, »bitte nach Ihnen, Herr McCloy!«

Die Physiognomie des Siebengebirges hat sich seither nur unwesentlich geändert. Noch trägt es sein altes Ritterkostüm, noch stehen die Burgruinen auf den Höhen, die Kulisse, die wir als Romantik kennen. Man ist versucht, zu fragen, ob diese Romantik immer noch das Schlüsselwort für dies Siebengebirge ist. Finden wir die Burgtrümmer noch schön? ›Grüßen‹ die Ruinen? Oder hat es des letzten Krieges bedurft, den romantischen Zauber wenigstens in Frage zu stellen?

Die Stadt Königswinter bemüht sich, die Stadt und den Weg zum Drachenfels vom großen Rummel freizuhalten. Von morgens vier Uhr an zieht ein Mann mit einem Wägelchen durch die Stadt, um sie vom Schmutz zu befreien. Vier Kilometer ist die Rheinpromenade von Niederdollendorf bis an die Honnefer Stadtgrenze, die sich Königswinter zulegte, ein Schmuckstück sondersgleichen. Aber die Drachenburg, am Wege zum Drachenfels, Eigentümer ist das Land Nordrhein-Westfalen, zerfällt. Die Anbaufläche des Weins an den Hängen des Gebirges, eines der nördlichsten Weinbaugebiete Europas, ist stark zurückgegangen. Es ist wahr, der sommerliche Bewuchs an den Hängen bemüht sich, einiges zuzudecken. Manche Blöße und manche Wunde hat der Verschönerungsverein für das Siebengebirge zugedeckt. Der Frage, wie die Empfindung des Siebengebirgswanderers sein wird, in welchem Maße das romantische Landschafts- und Naturgefühl von ihm Besitz ergreifen wird, ist noch wenig Aufmerksamkeit geschenkt. Und in welches Gewand werden die Literaten, wenn wir von den Karnevalsdichtern einmal absehen, den Rhein und sein Siebengebirge künftig kleiden?

Hans Scherer

Die Porta Nigra im Blick

Trierer Spaziergänge

Für einen Trierer ist es nicht einfach, über Trier zu sprechen. Er muß sich vor Hochmut hüten: Immer daran denken, daß es auch in Köln ein römisches Diatretglas zu sehen gibt. Und auch größer sind andere Städte, bedeutender, reicher, betriebsamer.

Dem Besucher mag es scheinen, als hätten sich die Trierer damit abgefunden. Eine Provinzstadt am Rande. In Wahrheit haben sie sich allenfalls daran gewöhnt. Wer genau hinsieht, bemerkt einen Schleier von Melancholie über der Stadt. Wirtschaftlich schlägt sich der Schleier zuweilen auch als moselländische Trägheit nieder – nicht fröhlich vom Wein, sondern dumpf und schwer und lahm. Aber die meisten Besucher finden den Kontrast zwischen Anspruch und Wirklichkeit charmant. Das zählt.

Die Porta Nigra ist nicht zu übersehen. Der Dom und Liebfrauen, das Marktkreuz, der Petersbrunnen und der Turm von Sankt Gangolf, die Basilika und das kurfürstliche Palais, die Kaiserthermen und das Amphitheater, die Mosel, der »Kranen« und die Römerbrücke, Sankt Matthias und die barocke Paulinkirche, das sind doch nur die wichtigsten Stationen für den Besucher.

Aber das Besondere an Trier sind nicht die Attraktionen. Das Besondere ist, daß die Attraktionen hier alltäglich sind. Es hat immer wieder Eiferer gegeben, die der Stadt vorwarfen, im Vergleich mit anderen historischen Städten »verkaufe« sie sich nicht gut. Das ist nicht schlecht beobachtet. Trier verkauft sich überhaupt nicht. Denn ein Museum ist das nicht. Eine Stadt vielmehr, in der alles an seinem Platz steht. Das ist alles. In trierischer Denkart: Was soll man darüber noch palavern?

Von Bausünden soll diesmal nicht gesprochen werden. Die hat es in Trier natürlich auch gegeben. – Wenn sich nahezu auf jedem Grundstück ein historisches Gemäuer findet, dessen Abbruch den Bestand des Abendlandes bedroht, wird die Verzweiflung der Bauherren am Ende verständlich. Trier hat für die Geschichte bezahlt wie kaum eine zweite Stadt in Deutschland. Und in den meisten Fällen von Bauwut hat das historische Bewußtsein, beziehungsweise der Konservator das letzte Wort behalten, so umstritten im einzelnen auch diese oder jene Restaurierung sein mag. Immerhin.

Am Nachmittag streitet man sich in Trierer Caféhäusern um die Plätze. Dabei versteht es sich von selbst, daß Caféhäuser in Trier nicht einfach Caféhäuser sind. Eines zum Beispiel befindet sich im Simeonsstift an der Porta Nigra; ein anderes, das schönste wahrscheinlich, im Dreikönighaus an der Simeonsstraße, einer architektonischen Rarität aus dem 13. Jahrhundert. Das Zuckerbackwerk ist hier ebenso kostbar wie das Interieur mit Logen und Balustraden. Selbst die Gäste haben Tradition. Das Café in der »Steipe« am Hauptmarkt, dem nach alten Plänen wiederaufgebauten Festhaus der Trierer Ratsherren, ist »Pflicht« für jeden Fremden. Die Trierer sitzen hier sowieso.

An der Fassade des »Roten Hauses« nebenan versuchen zwei abenteuerlich gewandete Touristen den stolzen Spruch vom sagenhaften Alter der Stadt zu entziffern: Ante Romam Treviris stetit. »Das sind die«, bemerkt im Café ein blasser, langhaariger Jüngling, »die eben durch den Dom gingen und dabei ein Eis am Stiel gelutscht haben.« »Mich wundert das nicht«, erklärt ein Bärtiger; die Atmosphäre im Dom ist ihm zu touristisch, zu kunstgeschichtlich. »Mich hat einer mitten im Dom gefragt, ob das eine katholische Kirche ist.« Dem Trierer hat es die Sprache verschlagen.

Zur Stadtrundfahrt treffen sich die Besucher vor der Porta Nigra. Dem Alten mit der Baskenmütze sieht man den Studienrat von weitem an. Nie fehlt das händchenhaltende Liebespaar. Zwei fröhliche Engländerinnen flirten mit zwei französischen Soldaten. Kopfschüttelnd notiert eine füllige Dame mit graublauen Löckchen die Geschichte des heiligen Einsiedlers Simeon in ein schwarzes Buch. Der griechische Mönch, der 1035 in einer eingemauerten Zelle im Ostturm der Porta Nigra starb, pflegte, wenn er Hunger hatte, einen Korb durch sein Zellenfenster zu hängen. Die frommen Trierer füllten den Korb dann mit Brot und Früchten. Dem Einsiedler ist es auch zu verdanken, daß die Porta Nigra im Gegensatz zu vielen anderen römischen Bauwerken die Jahrhunderte überdauert hat. Denn zu seinen Ehren ließ der Trierer Erzbischof Poppo die oberen Stockwerke der gewaltigen Torburg zu einer Doppelkirche umbauen. Erst im 19. Jahrhundert wurden die nachrömischen An- und Einbauten wieder entfernt, 1966 wurde restauriert.

Auch die sogenannte »Basilika«, die aula palatina aus der Zeit Konstantins des Großen, der Thronsaal des Kaisers, blieb erhalten, weil die nachrömischen Herren – zuerst fränkische Gaugrafen, später die Trierer Erzbischöfe und Kurfürsten – das Bauwerk in ihre Palastanlagen mit einbezogen. Die mächtige Halle, einschüchternd, imponierend, doch auch schön in ihrer Klarheit, ist so groß, daß die Porta Nigra dreimal darin Platz hätte. Seit dem 19. Jahrhundert wird die Basilika als protestantische Kirche genutzt.

Ein Ehepaar aus München ist von den Kaiserthermen enttäuscht. Sie hatten sich unter dem Namen warme Quellen vorgestellt. Auch der Gang durch die weitverzweigten Heizungskanäle unter der eigentlichen Badeanlage kann sie nicht trösten. Immerhin handelt es sich um eines der größten und prächtigsten Badehäuser im römischen Kaiserreich.

Am Ostrand der römischen Stadt, in den Hang des Petrisberges hineingebaut, liegt das Amphitheater, das dreißigtausend Zuschauern Platz bot. Die Arena war unterkellert. Noch heute sind die Vorrichtungen für Theatermaschinen, Aufzüge und versenkbare Böden zu besichtigen. Tier gegen Tier, Mensch gegen Mensch, Tier gegen Mensch – es müssen grausame Spiele hier stattgefunden haben. Die Stadtrundfahrten-Gesellschaft läßt sich vom Reiseleiter die gute Akustik des

Theaters vorführen. Das Liebespaar hält sich noch immer an den Händen.

Kurioserweise beschränkt sich die Stadtrundfahrt auf das römische Trier. Das mittelalterliche und kurfürstliche Trier, die christliche Stadt also, etwa die Bedeutung der Abteien St. Maximin und St. Matthias, wird mit keinem Wort erwähnt. Nur der Dom, so hatte es am Anfang geheißen, habe früher zum Rundfahrten-Programm gehört, doch seit seiner Wiedereröffnung im Mai 1974 würden die Domherren selber Führungen veranstalten – auf eigene Rechnung...

Daß Karl Marx ausgerechnet in Trier geboren ist, ist schon erstaunlich genug. Der Titel einer wissenschaftlichen Untersuchung von Hans Pradel deutet die allgemeine Verwunderung an: »Wie kam Karl Marx in Trier zum Sozialismus?« Wie auch immer, die Trierer haben sich mit Karl Marx, den sie heute neben Konstantin als den zweiten »weltberühmten Trierer« feiern, immer schwergetan. Es ist noch nicht lange her, daß ein Besucher, der sich in Trier nach dem Karl-Marx-Haus erkundigt hätte, mit einem unwilligen Schulterzucken rechnen mußte. Das hat sich nun geändert.

Nach dem Krieg wurden die Schanzstraße, die zur Römerbrücke führt, und ein Teil der Brückenstraße in »Karl-Marx-Straße« umbenannt. Seltsamerweise liegt aber das Karl-Marx-Haus exakt in dem Teil der Brückenstraße, den man nicht umbenannt hat. Warum nicht? Weil die Straße auch zu Karl Marx' Zeiten Brückenstraße geheißen habe, lautet die konservatorische Begründung. In dem Haus also ist Karl Marx am 5. Mai 1818 geboren. Aber schon ein Jahr später zog die Familie um in ein anderes Haus an der Simeonsstraße, gleich gegenüber der Porta Nigra. Das barocke Geburtshaus, das auch architektonisch eine Sehenswürdigkeit ist, gehört seit 1928 der Konzentration GmbH, der Vermögensgesellschaft der SPD. Unter der Leitung der Friedrich-Ebert-Stiftung befindet sich heute in dem Haus ein Museum: Dokumente der Familie Marx, Bilder und Schautafeln zur politischen und sozialen Situation von Trier im 19. Jahrhundert. Vorwiegend junge Leute trifft man hier unter den Besuchern. Ein Poster mit dem Bild des bärtigen Marx kostet zwei Mark. Aber im Stadtrat herrscht nach wie vor die CDU.

Daß Trier nach dem Krieg zur französischen Besatzungszone gehörte, hat den Trierern zuerst überhaupt nicht gefallen. Denn in der englischen und in der amerikanischen Besatzungszone waren die Lebensmittelrationen größer. Heute hält die Stadt gute Nachbarschaft zu Frankreich und Luxemburg. Und mit einem gewissen Stolz weisen die Trierer darauf hin, daß die vielen tausend Franzosen – Soldaten mit ihren Familien –, die in und um Trier wohnen, sich in der Stadt zu Hause fühlen. Tatsächlich entdeckt der Besucher im Stadtbild eine Reihe französischer Elemente – und wären es nur die vielen französischen Gerichte auf den Speisekarten. Am Kornmarkt mit dem schönen Georgsbrunnen von 1751 steht das wiederaufgebaute neoklassizistische Kasino, das heute als französisches Offizierskasino dient. In Trier gibt es ein französisches Kino, das »Forum«. Fast jede größere Buchhandlung führt auch Literatur in französischer Sprache. Und in vielen Schaufenstern hängt ein Schild: »Nous acceptons monnaie française«.

Die Innenstadt ist für den Autoverkehr gesperrt. Es sind allerdings keine reinen Fußgängerstraßen, denn die Busse der städtischen Verkehrsbetriebe fahren in dichter Folge zwischen den Fußgängern über die schönen Bodenplatten. Auf den Besucher wirkt das zuerst ein wenig merkwürdig, aber man gewöhnt sich daran, und man sieht ein, daß in der engen Stadt der Verkehr wohl nicht anders zu bewältigen ist. Um der Sache einen freundlich-heiteren Anstrich zu geben, hupen die Busse hier nicht, sondern klingeln wie Fahrräder.

Wandert man durch die Stadt zur Mosel hin in Richtung Trier-West, fallen dem Besucher die vielen Vergnügungslokale auf: Pigalle, Santa-Fé, Moulin Rouge, Hafenmelodie, Crazy Bar, ein Etablissement neben dem anderen, ein ganzer Strassenzug – und nicht der feinste. Kenner des Genres wollen sogar wissen, daß das Programm weltstädtisch gepfeffert ist. Trier zeigt immer neue Seiten.

Am stillsten ist es hinter dem Dom. Verwinkelte Gassen. Dann und wann schlägt eine einsame Glocke. Hinter hohen Gartenmauern die Kuriengebäude der Domgeistlichen, allesamt von ehrfurchtgebietender und undurchschaubarer Wichtigkeit. Eine der schmalen Straßen heißt »Sieh-umdich«, ein hinterlistiger Meuchelmord gab ihr den Namen. An dunklen Sagen ist hier wahrhaftig kein Mangel. Den »Domstein«, Teil einer ursprünglich zwölf Meter langen Granitsäule aus dem älteren Dombau, soll der Teufel höchstselbst hierher geworfen haben. Er war so wütend über den prachtvollen Dom, daß er ihn zerstören wollte; dabei hat er jedoch sein Ziel knapp verfehlt. Die Oberfläche des Granits ist glatt poliert, weil jeder Trierer Biwak, so nennt man hierzulande die Gassenjungen, wenigstens einmal über den Domstein rutschen muß.

Hinter dem Dom gibt es auch die Windstraße, und an der Windstraße, sehr idyllisch, mit Blick auf die barocke Domschatzkammer, liegt das Trierer Gefängnis.

»Der schönste Ort von Gallien / ist Pallien«, dichten die Trierer Sextaner. Gemeint ist ein verträumter Vorort auf dem linken Moselufer, malerisch an den Berg, an den roten Sandsteinfelsen geschmiegt. Oben auf dem Berg, über Pallien stehen die Gebäude der Universität. Der neuen Universität (seit 1970), muß man sagen. Das Gebäude der alten Universität, die von 1473 bis 1798 bestand, zwischen Weberbach und Brotstraße, ist heute Sitz der katholisch-theologischen Fakultät. Bis zum Ende des Krieges befand sich hier übrigens auch das Friedrich-Wilhelm-Gymnasium, das für seinen Weinbesitz berühmt ist; außerdem hat Karl Marx an dieser Schule sein Abitur bestanden – Studenten treffen sich abends in einem uralten verräucherten Gasthaus mit Fachwerk und Erker an der Glockenstraße nahe beim Dom. Das jugendliche Trier, kreuzfidel und lebendig. Und dennoch hatten sich einige Trierer, die verbissen um die Wiedererrichtung der Universität gekämpft haben, mehr Schwung für das kulturelle Leben der Stadt erhofft. Der akademische Geist läßt auf sich warten.

Vor einigen Jahren war es im Trierer Stadttheater üblich, mit Spielzeitbeginn dem gesamten Personal vorsichtshalber zu kündigen, weil nie feststand, ob das Theater noch die nächste Spielzeit finanziell überstehen würde. Inzwischen hat sich die finanzielle Situation ein wenig gebessert. Das Theater – in einem schönen neuen Haus übrigens – spielt und spielt. Vor ein paar Jahren wollte der Dramaturg des Theaters ein Happening veranstalten. Er stellte sich auf den Hauptmarkt und verteilte Handzettel, auf denen zu lesen stand: »Helft mit, die Porta Nigra abzureißen!« Der Dramaturg mußte gehen. Die Porta Nigra steht immer noch.

»Ich glaube«, sagte der alte Studienrat mit der Baskenmütze, der aus Gütersloh stammte, »in Trier läßt es sich leben.« Das stimmt.

Jürgen Petersen

Der Dom ist die Mitte

Ansichten von Mainz

Die Lage ist ihr Schicksal. »Wollüstig und teuer bezahlt«, nennt Simrock sie, und Goethe, in der Erinnerung an 1793, als er mit dem Herzog die Belagerung der Stadt beobachtete: »Der Bewohner von Mainz darf sich nicht verbergen, daß er für ewige Zeiten einen Kriegsposten bewohnt: alte und neue Ruinen erinnern ihn daran.«

In der Kniekehle des Flusses liegt es sich angenehm, doch auch gefährdet. Wer aus schwerblütigeren Landschaften hierherkommt, den verblüfft die schnelle Sprache, der Hang zur Ausgelassenheit, die Schlagfertigkeit, das gemütliche Prahlen. Und er erkennt: die Menschen verstehen zu leben. In 2000 Jahren, in denen ihre Stadt immer wieder belagert, verbrannt, zerstört und wiederaufgebaut wurde, haben sie es gelernt.

Mogus hieß der Sonnengott der Kelten, und als die Römer kamen, nannten sie den Ort Moguntiacum. Kelten, Franken, Römer folgten einander, verbanden sich, und die lebhafte Intelligenz des Menschenschlags ist eine Erbschaft dieser Mischung, von der Zuckmayer den General Harras in »Des Teufels General« schwärmen läßt: »Es waren die Besten, mein Lieber! Und warum? Weil sich die Völker dort vermischt haben. Vermischt – wie die Wasser aus Quellen und Bächen und Flüssen, damit sie zu einem großen, lebendigen Strom zusammenfließen.«

Dreihundert Jahre lag die berühmte 22. Legion der Römer in Mainz, bis sie nach Israel verlegt wurde. Die Flotte ankerte gegenüber der Mainmündung. Eine dauerhafte Brücke wurde im ersten nachchristlichen Jahrhundert über den Rhein geschlagen. Auf ihren Pfeilerresten ließ Karl der Große bald nach seiner römischen Krönung eine neue bauen. Sie brannte gleich nach der Einweihung ab. Und es dauerte ein Jahrtausend, bis an dieser Stelle wieder eine massive Brücke stand.

Wer von Darmstadt oder Frankfurt mit der Eisenbahn kommt und den Fluß erreicht, erfaßt für einen Augenblick das Panorama, ehe der Zug im Tunnel unter den Hügeln verschwindet, auf denen der Rosengarten liegt: St. Stephan, der vieltürmige Dom, St. Peter, das Sandsteinschloß der Kurfürsten, heute Sitz der Landesregierung, die Christuskirche – eine Silhouette, vergleichbar mit Köln, mit Lübeck, dem einstigen Dresden oder dem alten Frankfurt. Der Dom, geschichtlich und seit allen Zeiten auch seelische Mitte, im roten Stein der rheinischen Kathedralen, ist noch immer das eindrucksvolle Zeichen der kirchlichen und politischen Macht des alten Reichs. Nach Bränden, Verwüstungen, Beschießungen und Umbauten ist seine romanische Grundsubstanz erstaunlich rein geblieben. In seinen Wandlungen spiegelt sich die Geschichte der Stadt und ihres Weges durch die Jahrhunderte. Dem Mainzer Erzbischof unterstand zeitweise ein gutes Dutzend Bistümer, bis hin nach Prag, Halberstadt, Augsburg und Chur. Des Bonifazius »Metropole für Germanien« stand von 1255 an der Spitze der sieben Kurfürstentümer.

Der Wiederaufbau nach 1945 hat vieles verändert, aber die Grundstruktur der Stadt ist erkennbar geblieben. Der Dom wurde nicht »freigelegt«, wie immer schon ist er umbaut von Wohn- und Geschäftshäusern, die ihn eng umschließen, nur Dach und Türme überragen die Umgebung. Er bestimmt noch immer das Stadtbild, nicht einmal das neue, selbstbewußte Rathaus des Dänen Arne Jakobsen stört den städtischen Organismus. Daß dies gelang, bedeutet viel. Natürlich wäre eine phantasielose Hochhausscheibe an der Rheinfront denkbar gewesen. Sie hätte Stadtkrone und Flußufer zerstört. Unter den eingereichten Entwürfen gab es auch solche Pläne.

Der nur siebengeschossige Bau, mit hellem norwegischem Marmor verkleidet und dunklen Metallrastern vor den Fenstern, bildet ein Dreieck mit der Hauptfront zur Stadt. Er öffnet sich nicht zum Fluß hin, sondern zur Stadt, zum Bürger, empfängt ihn auf einer breiten Terrasse ohne Stufen und einschüchterndes Portal. Hier liegt die Repräsentanz, ohne die imperiale Selbstdarstellung früherer und mancher heutiger Rathäuser.

Es kennzeichnet die Stadt, daß eine substantielle Veränderung ihrer Struktur nur in Relation zum Dom sinnvoll ist. Aus ihr definiert sie sich, mehr noch als andere Domstädte. In Mainz besteht ein unsichtbares Band zwischen Dom und Rathaus, ohne daß sie unmittelbar aufeinander bezogen sind. Es ist das Band zwischen zwei Polen, der geistlichen und der weltlichen Macht. Die Beziehungen zwischen Kirche und (sozialdemokratisch geführter) Stadt sind gut. Jeder hat hier ein wenig Farbe von der anderen Seite in die eigene gemischt. Nicht als taktisches Entgegenkommen, sondern als Ausdruck einer Gesinnung, in der Liberalität und konservative Bindung sich nicht ausschließen.

Zwischen Dom und Rathaus dehnte sich nach dem Kriege eine Trümmerwüste. Man versteht, daß Städte oft zögerten, die leeren Räume in den historischen Stadtkernen zu füllen. Denn was konnte als angemessen gelten? Die verlegenen Versuche der Nachahmung, der künstlichen Annäherung an vielen Orten schreckten. Die Mainzer haben lange gewartet, bis sich aus der Rathaus-Anlage ein organisches Konzept ergab: die »Anbindung« einer Ladenstraße, des sogenannten »Brand«. Es ist, nach Aussage der Architekten, die Jakobsens Idee nach seinem Tod verwirklichten, der Versuch, »eine moderne Altstadt zu bauen«. Das könnte bedenklich sein: gewolltes Kleinmaß, falsche Intimität. Aber eine gewisse Strenge, ja Schluchten-Düsternis verhindert es. Das Konzept ist konsequent modern.

Vor der gegenwärtigen, selbstbewußten Wirklichkeit erscheint die Gestalt des Mannes, der der Stadt ein Stück Weltgeltung gegeben hat, wie ein Mythos. Gutenbergs Bild, das mit beziehungsreichen Gegenständen aus dem Umkreis seiner epochalen Erfindung in dem schönen Museum hängt, das ihm gewidmet ist, erweist sich als eine Kopie eines dreihundert Jahre nach seinem Tod entstandenen Gemäldes. Es zeigt einen ernst blickenden, etwa vierzigjährigen Mann, mit langem, wallendem Bart und barettartiger Mütze. Auch über sein Grab in der Franziskanerkirche weiß man nichts, die Kirche wurde 1742 durch eine Barockkirche ersetzt. Auch die steht nicht mehr.

Im Museum ist die berühmte zweiundvierzigzeilige Bibel zu sehen, an der Gutenberg drei Jahre gearbeitet hat. 200 Exemplare gab es davon, jedes in einem Umfang von 1280 Seiten. Davon sind nur noch wenige erhalten, eines ist in Mainz.

Es ist gewiß nicht zufällig, daß wenige Jahre nach Gutenbergs erstem Bibeldruck Mainz eine Universität bekam. Sie existierte drei Jahrhunderte mit wechselvoller Geschichte und spielte vor allem als Sitz humanistischer Studien eine Rolle. Ihre Tradition wurde nach 1804, als sie geschlossen war, durch das Priesterseminar der katholisch-theologischen Fakultät bewahrt.

Hier konnte die am 22. Mai 1946 gegründete Johannes-Gutenberg-Universität anknüpfen. Sie verfügt über alle Fakultäten, und es ist unverkennbar, daß sie das geistige Leben der Stadt wesentlich mitprägt. Die Nachbarschaft der Städte Mainz und Wiesbaden war früher gekennzeichnet durch einen Vorsprung Wiesbadens. Von der einstigen preußischen Staatsoper, überhaupt vom Musikleben der Stadt ging ein nachhöfischer Glanz aus. Mainz, gemütlich, proletarisch und malerisch, stand im Schatten der jüngeren Nachbarin. Als der Krieg dann in Mainz weit mehr zerstörte als in Wiesbaden, schien die Stadt noch weiter zurückgeworfen. Die Grenze zweier Besatzungszonen trennte die Städte, und die rechtsrheinischen Gemeinden, die jahrhundertelang zu Mainz gehört hatten, wurden abgetrennt. Das geschah mit dem Gleichmut der Sieger gegenüber deutschen Empfindlichkeiten. Selbst der lokale Verkehr von Stadt zu Stadt war blockiert. Es gab in den ersten Jahren nach dem Krieg nur eine Pontonbrükke, und Passierscheine wurden kleinlich und mit kurzer Gültigkeit ausgestellt. In Wiesbaden saßen die Amerikaner, in Mainz die Franzosen, und die Beziehungen zwischen ihnen waren frostig.

Die Franzosen indessen, die immer eine gefühlsmäßige

Beziehung zu Mainz hatten, mag sie in früheren Jahrhunderten strategisch und politisch begründet gewesen sein, bemühten sich, der ihnen anvertrauten Stadt in ihrem trostlosen Zustand zu helfen. Was sie wirtschaftlich nur in weit geringerem Maße als die Amerikaner vermochten, glichen sie durch geistige Hilfe aus. Sie kümmerten sich um das Kulturleben der Stadt, die Gründung der Universität ging auf ihre Initiative zurück.

Als beide Städte wieder auf eigenen Füßen standen, wurden sie Landes-Hauptstädte. Das hat ihre kommunale Potenz gestärkt, aber es veränderte auch ihren Charakter. Das Weltbad wurde ein Verwaltungszentrum, sein künstlerisches Leben, sein kultureller Rang erscheinen dadurch nicht gestärkt. Bei Mainz ist es anders. Die etwas schläfrige Provinzialität wich einem beinahe jugendlichen Elan. Man nutzte die Chance des neuen Wirtschaftsraums im rheinhessischen Hinterland und am linken Flußufer, man aktivierte die geistigen Kräfte der Stadt.

Der Musikverlag von B. Schott's Söhne sitzt seit über 200 Jahren am Rhein, noch heute in der Straße Am Weihergarten, in der Altstadt unterhalb der Stephanskirche, die hoch über der Stadt liegt. Von ihrem Turm hat man einen prachtvollen Blick nach Rheinhessen, in den Rheingau, zum Taunus hinüber und in das untere Maintal. Den Hauskomponisten von Wagner bis Hindemith sind Erinnerungsstätten eingerichtet: Briefe, Notenblätter, Porträts. Im Hof des biedermeierlichen Hauses gibt es an Sommerabenden Serenaden-Konzerte.

Der Besucher geht durch die stille Straße, an der das langgestreckte Haus liegt, und er stellt sich vor, wie Richard Wagner, immer in Geldnöten, von Biebrich, auf der anderen Rheinseite, wo er in einem Haus, das noch steht, an den »Meistersingern« arbeitete, bei seinem Verleger die Goldtaler holte, um weiterarbeiten zu können ... Die Schott's werden es später um ein Vielfaches wieder zurückbekommen haben.

Ein Schüler des Karlsruher Baumeisters Weinbrenner, der Darmstädter Georg Moller, ist der Architekt des klassizistischen Theaters, das seit den dreißiger Jahren des vorigen Jahrhunderts zusammen mit Thorwaldsens Gutenberg-Denkmal der hier erweiterten Ludwigstraße so etwas wie einen kulturellen Stadtmittelpunkt gibt. Zuckmayer beschreibt in seinen Erinnerungen, wie es da um 1900 aussah: Bild des Friedens, des Wohlstands und der Lebenslust.

Das Zweite Deutsche Fernsehen, für viele Menschen einfach das »Mainzer Fernsehen«, wuchs in jahrelanger Bauzeit in die weite Hügellandschaft südwestlich. Es erbrachte der Stadt nicht unerheblichen ideellen und materiellen Gewinn, förderte ihr Wirtschaftspotential und ihre Publizität.

Der Gast hört sich an, was die Bürger sagen. Er versucht sich daraus eine Meinung zu bilden. Und er entdeckt eine Fermate, die noch einmal zusammenfaßt, womit diese Landschaft die Menschen beschenkt. Es ist eine Briefstelle Heinrich von Kleists, des Preußen. Die Wendung, der Rhein mache hier »zwei Paradiese zu einem«, enthält, wenn man so will, sogar einen aktuellen Bezug, den die Fusionisten bestätigen könnten: »Mit welchen Empfindungen ich Mainz wieder erblickte, das ich schon als Knabe einmal sah, wie ließe sich das beschreiben? Das war damals die üppigste Sekunde in der Minute meines Lebens! Vor mir blühte der Lustgarten der Natur – eine konkave Wölbung, wie von der Hand Gottes eingedrückt. Durch ihre Mitte fließt der Rhein, zwei Paradiese zu einem zu machen. In der Tiefe liegt Mainz, wie der Schauplatz in der Mitte eines Amphitheaters. Die Terrassen der umschließenden Berge dienten statt der Logen. Wesen aller Art blickten als Zuschauer voll Freude herab und sangen und sprachen Beifall – oben in der Himmelsloge stand Gott.«

Gabrielle Wittkop-Ménardeau

Hoffnungen und Pleureusen

Bad Homburg – Frankfurts feine Vorstadt

Nachts schneidet jedes der vier leuchtenden Zifferblätter des Bahnhofturms Fratzen. Von Kubin sicherlich erträumt, sind Giebel und spitze Dächer autonom und ohne Beziehung zur Stadt. Davor ein Platz mit Busstation, Hochhäusern, Blumen in Zementkübeln um das Rathaus. Der Bahnhofsplatz erzählt nicht von der poésie des départs, nicht einmal von der Faszination der Öde, sondern von Veränderlichkeit und Gleitbarkeit der Provinz. Es ist aber gar nicht sicher, ob Bad Homburg zur beispielhaften Provinz gehört. Inmitten ausgedehnter Gebiete, die ganz amorph sind, hat sich in Bad Homburg die eigentliche Provinz auf einige Inseln reduziert, auf Enklaven inmitten eines förmlichen no man's land. Diese Verteilung ist willkürlich, die Grenzen sind fließend. So wie Bamberg etwa war die Stadt niemals, wuchs sie doch unmittelbar aus Agrarstrukturen zur calvinistischen Handelssiedlung der Hugenotten. Es fehlt ihr arg an Genie, an bissiger Brillanz, an Witz, aber nicht an Weltoffenheit und Aufnahmefähigkeit. Der Fremde gehört zum Stadtbild. Insofern ist Homburg atypisch.

Auf verschiedene Zonen verteilt, hat sich also Bad Homburg ganz verschiedenen Entwicklungsprozessen unterzogen. Manche Viertel wechselten vom kleinen Idyll zur grauen Wohn- und Konsummaschine, andere fielen von bescheidener Pracht in halb ländliche Vergessenheit. Wie überall genießt das Kurgebiet einen Spezialstatus, obwohl es auch Wertminderungen unterworfen ist – ein geläufiges Zeitphänomen.

Es gibt ein Residenzviertel, die Hardtwaldsiedlung, wo viele Neureiche wohnen. Man erkennt sie an ihren Fenstergardinen; die anderen erkennt man an gar nichts.

Wer in den Parks und Anlagen von Bad Homburg tiefatmend spazierengeht, freut sich, etwas für seine Gesundheit zu tun, Kräfte zu sammeln, die er in ungesünderen, dafür interessanteren Ortschaften ausgeben kann. Eine kluge Ökonomie, mag auch Edward VII. anderer Ansicht gewesen sein. In London hat er sich oft gemopst, in Bad Homburg dagegen ein köstliches, amüsantes und sehr bewegtes Leben geführt, wenngleich die Bewegung stets dieselbe war.

Bad Homburg, wo Roulette und Rubel rollten, zog damals nicht nur die Hälfte der Welt, sondern auch die Halbwelt an. Die Damen kamen mit Geldsorgen und Riesenkoffern, mit Hoffnungen und Pleureusen, mit Zofen, die ihre jüngeren Schwestern waren, und Leihmüttern. Trotz an den Ecken abgerundeter blaßrosa Visitenkarten und trotz orthographischer Unsicherheit hatten manche von ihnen etwas wie Stil. Den Stil Kokotte als Perversion des weiblichen Dandysmus. Andere, deren Fähigkeit der Selbstdarstellung noch nicht genügend ausgereift war, fühlten sich gezwungen, ihre Künste direkt anzubieten, und so konnte man in den Kurnachrichten lesen, daß Mademoiselle L'Absolue – siehe da! aus Paris mit reichem Troß im Hotel Victoria – honny soit qui mal y pense – gerade angekommen war. Gut, sehr gut, ist doch der Skandal der Erbauung unerläßlich. Und da außerdem die Halbwelt nicht nur an Verkauf, sondern auch an Konsum dachte, ging der Homburger Handel nicht leer aus. Die kosmopolitische gute Gesellschaft kam ebenfalls zu Spiel und Kur in diese genüßliche, mondäne Badestadt, die immer ein wenig rustikaler und hausbackener als zum Beispiel Baden-Baden blieb. Bad Homburg florierte.

Dostojewski – auch er wohnte im Hotel Victoria – hatte die Stadt mit Bitterkeit und Verachtung gemessen, wie sie in einer stilisierten Beschreibung erscheint. Von hier aus schrieb der arme Spieler ergreifende Briefe. Er blieb aber nicht lang.

Um diese Zeit war die sogenannte Lästerallee neben dem Spielkasino besonders reich an Bäumen, was oft von großer Bequemlichkeit für restlos ruinierte Spieler war. Ob sie in kluger Voraussicht den Strick mitbrachten oder man ihn in speziellen Kiosken mieten konnte, bleibt im dunkeln. Heute ist die Lästerallee für Hunde verboten, sicherlich aus Pietät diesen schicksalhaften Bäumen gegenüber, die sowieso weniger zahlreich sind als zum Fin de siècle. Es macht aber nichts, denn seit dem Verschwinden der russischen Gesellschaft sind die Spieler kaltblütiger geworden.

Glanzlos, mit blasiger Furnitur, bleibt die alte Roulette aus der Zeit der Brüder Blanc ein magischer Gegenstand, obgleich ihre – verführerische kleine – Elfenbeinkugel von zweifelhafter Authentizität sein mag. Das Heimatmuseum birgt nicht nur Erinnerungen an die Spiel- und Kurgeschichte, sondern auch eine sehr eigentümliche Hutsammlung: archäologischer Plunder, Nekropole bestickter Hauben, Florentiner mit Plüschblumen, Kapotthüten aus Atlas, welk gewordenen Tüllgebilden, alle einst stürmisch begehrt, kurz geliebt. Männliche Kopfbedeckung auch: Gibus, Mütze, radgroße Trachtenhüte, sogar ein staunenswerter chapeauparasol mit Scharnieren und zusammenfaltbaren, grünen Fledermausflügeln, eine französische Erfindung, der, wie das Schildchen es verkündet, kein Erfolg beschieden war. Und allein in einem Glaskasten – mondän, edwardian, leicht lächerlich – der Homburger Hut, spätes Produkt der hugenottischen Filzindustrie.

Als das Edikt von Nantes, das den Calvinisten Religionsfreiheit garantiert hatte, aufgehoben wurde, flohen viele aus Frankreich nach Hessen, wo der Landgraf Friedrich II. von Hessen-Homburg ihnen Asyl und Schutz gewährte. Mit sich brachten sie die Kunst, Zwieback zu backen und Filzhüte von besonderer Qualität zu fertigen. Der Prinz von Homburg, übrigens von ganz anderem Charakter, als Kleist ihn gezeigt hat, war nicht nur ein Kriegsherr, sondern auch ein gutmütiger Despot, sehr auf die wirtschaftliche Entwicklung seines Ländchens bedacht. In den französischen Flüchtlingen sah er tüchtige Kolonisten. »Lieber will ich mein Silbergerät verkaufen, als die Leute ohne Unterstützung lassen«, kann man auf seinem Denkmal lesen, wobei es sich nicht um Tafelsilber, sondern um die silberne Beinprothese Friedrichs handelt. Der schreckliche Apparat steht in einer Vitrine im Schloß, das der

Landgraf mit dem Vermögen seiner ersten Gemahlin, Margarethe Brahe, zweimal verwitwete Oxenstierna und Hofdame der Königin Christine, erbauen ließ. Der Bergfried der ehemaligen Ritterburg blieb inmitten des Schloßhofs stehen. »Morgennebel, Lila, / Hüllen deinen Turm um...«. Goethes Lila hieß Louise Friederike von Ziegler und war früh an den Homburger Hof »unter kalte Seelen« gekommen. In Wirklichkeit war die Begegnung zwischen dem Dichter und ihr äußerst flüchtig, wenn auch ebenso schwärmerisch. Im Mai 1772, gerade zwei Jahre vor ihrer Hochzeit mit einem preußischen Offizier, sah Goethe den Homburger Turm noch einmal und Lila zum letzten Mal.

Das Schloß hat etwas Helles und Sprödes, beinah Ländliches; jedenfalls ohne Prunk, trotz wilhelminischer Vorliebe zum Bombast. Es hat auch etwas vom Direktionsbüro einer Gerberei oder einer Wildbretgroßhandelsfirma wegen der langen beklemmenden Galerie, wo die Wände entlang Hirsch- und Rehgeweihe von stumpfsinniger Lust am Töten zeugen.

Hier war die Sommerresidenz des letzten Kaisers, hierher kam er alljährlich nebst Gattin, Nachkommenschaft und Gefolge; hier ersann er die Rekonstruktion eines römischen Kastells auf der Saalburg und beschloß den Bau der Erlöserkirche, einen byzantinischen Alptraum in Gold. Die kaiserlichen Wohnräume dagegen muten wirklich sehr bieder an. Es gibt in den Schränken keine Skelette, sondern nur Klosetts. Warum gerade immer im Schrank, bleibt rätselhaft; doch wie kurios muß es gewesen sein, den hohen Herrn aus der Täfelung wie eine Kirchturmfigur herausspringen zu sehen. Er selbst war provinziell par excellence. Naiv vermengte er jämmerlich das Konkrete und das Abstrakte, glaubte, daß ein als Hocker umfunktionierter Pferdesattel ihm unweigerlich Rittergedanken und Reckenimpulse entlang dem Rückenmark bis zum Hirn hinaufleiten werde; rittlings wollte er seine Befehle erteilen. Auch die flauen Urteile: »Die ganze Richtung paßt mir nicht...«

Zum Schloß gehört ein Park. Die Burgansicht von Merian zeigt ihn noch nicht, nur den Weiher, einen Laubengang, einen Obst- und Küchengarten. Im 18. Jahrhundert ließ der Landgraf Friedrich V. das Grundstück und den Weiher in englischem Stil herrichten; später, 1820, wurden die Libanonzedern vor die Schloßterrasse gepflanzt. Jedes Jahr verzaubert ihr Wohlgeruch den ganzen Sommer, und ihre Früchte erinnern an bizarre Sandrosen. Ende des Winters, wenn die Dohlen in den Bäumen des unteren Parks rufen, ein weißer Himmel sich in den Pfützen spiegelt, kann manchmal das Morgenlicht zum Wunder erwachen. Im Herbst fliegt der Blick kurz vorm Regen ganz weit über die Hänge des Taunus, um dort ein Bleu zu entdecken, das nicht von dieser Welt zu sein scheint. Auch das gehört zu Bad Homburg.

Außer Goethe-Reminiszenzen inspiriert die Stadt die Kulturbeflissenen zu Reflexionen über Hölderlin; hier hat er beim Glasermeister Wagner in der Haingasse für 70 Gulden jährlich gewohnt, hier hat er den zweiten Teil seines »Hyperion« geschrieben. Und hier salbten ihn seine Spezialisten genüßlich, mit schrägen Blicken auf fremde und sakrilege Einmischung lauernd: Die Wechselwirkung zwischen deutscher Innerlichkeit und deutscher Provinz bewirkt ebenso den hohen Flug zur Mystik wie die Vorliebe zur Reformkost und Zimmerlinde.

Vom Homburger Hut abgesehen hat die Stadt keine Spezialität, keine Leckerli wie Basel, keine Lebkuchen wie Nürnberg, nicht einmal einen international bekannten Mörder wie etwa Peter Kürten oder Landru. Ach ja, natürlich gibt es die Brunnen, die Heilquellen. Nun, wie überall, jetzt hat der Kurort sich zum Sozialbad gemausert. Die britische High-Society kommt nicht mehr, um sich zusätzliche Kilos wegmassieren zu lassen und im Kasino zusätzliche Pfunde loszuwerden. Ziellos und immer in Gruppen, die ganze Breite des Bürgersteigs einnehmend, langsam, aber laut, schlendern die neuen Kurgäste, betrachten weder die Russische Kapelle noch das Tempeltor, das vom Siam-König Chulalongkorn gestiftet wurde; sic transit gloria.

Bis zum 1. Weltkrieg waren fast alle Häuser der Louisenstrasse angesehene Hotels. Später verbürgerlichte sie, und vor dreißig Jahren gab es dort viele kleine Läden mit weißlackierter Täfelung, bimmelnder Glocke und drei Stufen vor der Eingangstür. Niemand sprach von Nostalgie. Vielleicht war es provinziell, aber die gesichtslose Kaufader heute ist trotz italienischer Kleider, französischem Käse und amerikanischer Zeitschriften ebensowenig großstädtisch wie eine Nebenstraße des 14. Arrondissements in Paris. Sogar der Verkehr ist erloschen; man hat ihn nämlich sinnigerweise in die zentralen Wohngebiete abgeleitet, wo er Tag und Nacht hindurchdonnert.

In Bad Homburg schaut man durch die Vorhänge, um zu sehen, wer auf der Straße vorbeigeht; man tut es auch in Paris. Berufsmäßige Gattinnen treffen sich, um sich etwas zu erzählen. Sie sprechen nicht über die Trübsal ihres intimen Ehelebens, wie man es bei französischen Frisören oft mithören kann, sondern von Kindern, von Schul- und Sozialproblemen, von Kindern und Krankheiten, von Kindern und von Theaterbesuch. Niemals sprechen sie von Heinrich Heine oder von Max Ernst. Desto besser... Trotzdem übt die Mediokrität keine direkte Diktatur aus, wenn man genug Charakter hat, um sie sich vom Leib zu halten. Jeder lebt hier, wie er will, und dadurch, daß die Stadt immer Offenheit besaß, erstickt man nicht.

Die Altstadt ist renoviert worden: nett, ordentlich und völlig geistlos nach erprobten Schablonen der Fachhandwerkerschaft. Gartenmauern aus grauen Steinen, zwischen die sich Moos und Pflanzen klammern, würde man vergeblich suchen, sie sind verpönt. Zum Glück gibt es noch eine inoffizielle Altstadt, und niemand kümmert sich um sie. Ein Haus zum Beispiel: 1858 im Auftrag des Metzgers Samuel Lang gebaut, mit schmuckloser Fassade, Holztreppe, nicht allzu großen Räumen, das Bad nachträglich aus einem Zimmer gewonnen. Der Putz bröckelt, und Schwalben nisten unter dem Dach. Im Hof ein Birnbaum, Flieder – ein wenig anämisch zwar –, die Mülltonne neben dem Holzschuppen, Farne und vom Wind herangewehte, unbekannte Kräuter. In einem solchen Haus gibt es viel Platz für Bücher und für Bilder; man kann um sechs Uhr früh musizieren; man kann im Treppenhaus verruchte Poster aufhängen; man kann feiern, man kann alles. So etwas gehört zu den Geheimnissen von Bad Homburg. Es gibt deren viele. In einem versteckten Rosengarten sitzen Gipsputti auf den Torpfosten. Orthopädische Geräte, die den Landgraf Friedrich II. mit Neid erfüllt hätten, sehr abstrus, sehr makaber, hängen in den Fenstern eines neogotischen Häuschens mit Windfahne und Butzenscheiben. Es gibt ein klassisches Tempelchen in einem Hinterhof der Promenade. Die vier Jahreszeiten tanzen, graziös und biedermeierlich, unentwegt an einer Fassade der Elisabethenstraße. In einem schmalbrüstigen Antiquitätengeschäft in der Wallstraße kann man schrullige Spiegel und wunderschöne, alte Gläser finden. Sprach ich von Charme?

Es wäre töricht, Großstadtallüren annehmen zu wollen. Hier kann man nicht fiebern, und warum sollte man es auch? Dafür gibt es überall Auswege, Wege. Und übrigens, die Bad Homburger Friedhöfe – einer liegt sogar an der Friedensstraße – sind im Sommer äußerst angenehm.

Friedrich A. Wagner

Zweimal Gaudeamus igitur

Heidelberg und die Romantik

Im Schloßhof zu Heidelberg wird alljährlich im August an den Wochenenden ein amerikanisches Musical aufgeführt. Das Podium für das Spiel ist vor dem Brunnen aufgeschlagen, und als Kulissen gruppieren sich die Renaissancefassaden des Ottheinrichsbaus und des Friedrichsbaus um die Szene. Wenn die Sonne untergeht, leuchten ihre roten Sandsteine kostbar auf, und später heben Scheinwerfer sie sanft aus dem Nachtdunkel heraus – romantischer Hintergrund für das Musical, das eine gefühlvolle Romanze aus Großväters Tagen ist. Sie ist in Heidelberg angesiedelt, dort freilich bei der jüngeren Generation nahezu unbekannt, eine vergessene Berühmtheit, von der in Deutschland nicht einmal Klavierauszüge in Musikbibliotheken existieren.

Das Musical ist süß und traurig, wie das Operetten an sich haben, die vor einem halben Jahrhundert geschrieben wurden. Es erzählt von der Liebe des Erbprinzen Karl Franz zu der munteren Kellnerin Kathie, vom gebrochenen Herzen und der Staatsräson. In den wilhelminischen Tagen alter Burschenherrlichkeit hatte das sentimentale Märchen als »Alt-Heidelberg« (von Wilhelm Meyer-Förster) einst rauschende Erfolge erzielt, und in den zwanziger Jahren hatte es Sigmund Bomberg unter dem Titel »The Student Prince« für den Broadway ins Amerikanische übertragen. Dort in der Neuen Welt hält es sich nun, die Gefühlsromanze als wackeres Streitroß, auf dem die Muse der populären Musik seit Jahrzehnten über internationale Bretter trabt. Es ist verlockend, über Handlung und Thema, über Szenerie, Personage und besonders über die routinierte Musik heute zu lächeln, wenn sie bei Strauß und beim Studentenlied allerlei Anleihen macht. Aber sentimentaler ist das alles gewiß nicht als das beweinenswerte Schicksal eines einsamen Zarewitschs, der hierzulande als Titelheld einer Operette die Herzen rührt. Es gibt in diesem Musical Publikumswirksames zu hören, ein paar spritzige Studentenchöre und ein paar eingängige Songs wie das Lied von den »Golden days« oder das Liebesduett »Deep in my heart«. Sie sind dem Publikum im nächtlichen Schloßhof zu Heidelberg wohlvertraut.

Die Besucher kamen meist im Omnibus angereist, Amerikaner auf ihrem Europa-Trip und amerikanische Familien, Angehörige der Streitkräfte, die in der Stadt oder rings in den vielen Orten der Pfalz stationiert sind. Sie hocken auf ziemlich harten Stühlen, und ihre Sehnsucht nach Illusionen wird gleich doppelt gestillt: durch die musikalische Demonstration einer vergangenen Welt, die mit ihrer Glorifizierung alter Burschenherrlichkeit einen geradezu exotischen Charme für sie haben mag; und durch die nächtliche Unwirklichkeit der Ruinenarchitektur ringsum und das Bewußtsein, am Schauplatz der sentimentalen Handlung zu sein, in der besungenen Stadt, die sich, wie Thomas Mann sagte, bei den Amerikanern eines romantischen und fast mythologischen Ansehens erfreut. Das Musical von der prinzlichen Studentenliebe im Schloßhof zu Heidelberg – welch authentische Erfüllung von Illusionen.

Die Heidelberger Touristikwerber wären töricht, soviel Gefühlskapital nicht flott auszuwerten. Sie haben vor ein paar Jahren den Anstoß zur Gründung eines feinen Clubs in New York gegeben, des Heidelberg Student Prince Clubs, dem vierzig ausgewählte Mitglieder angehören: Führungskräfte aus dem amerikanischen Tourismus-Business. Einmal im Jahre versammeln sie sich zu einem Heidelberg-Mahl, eine deutsche Delegation vom Neckar reist dann über den Ozean, mit dem Oberbürgermeister, versteht sich, und Stadtvertretern. Und die Stars des Heidelberger Musicals singen die Songs, die alle kennen.

In der Pause strömt das Publikum auf den großen Altan, die breite Terrasse mit dem Blick auf das verwinkelte Häusermeer im Lichterglanz, auf den schimmernden Fluß, auf die Alte Brücke. Vor genau hundert Jahren, im Sommer 1878, hat Mark Twain Heidelberg besucht und die nächtliche Stadt, diese »vom Himmel gefallene Milchstraße«, als äußerste Steigerung der Schönheit geradezu hymnisch gefeiert, dieser Reiseschriftsteller von drüben, der sonst einen so kühlen Kopf und einen so trockenen Humor besitzt. Mit dem verzückten Preisen steht er da in einer langen Reihe von Lobrednern, von Dichtern und Malern, Gelehrten und Globetrottern, die von Heidelberg schwärmen und sich ihrer Verzauberung nicht genieren, während ihnen eine gleich heftige Schwärmerei über eine ebenso deutsche und ebenso romantische Attraktion, nämlich den Rhein mit seinen Burgen und Rebhängen, nicht ohne leichte Genierlichkeit über die Lippen käme.

Romantischen Empfindungen am Neckar freien Lauf zu lassen entschuldigt hier den gelehrten Kopf und das empfindsame Herz, den Kenner der Geschichte und den Freund der heiteren Natur. Gleich gute Vorwände für ihre Zuneigung liefern Tal und Hügel, Stadt und Wälder, Jugenderinnerungen und unzerstörte Gegenwart. Jeder meint die gleiche Stadt, aber jeder meint ein anderes Objekt seiner Wünsche und Vorstellungen, seiner Erlebnisse und Erfahrungen. Hölderlin hat Heidelberg eines seiner schönsten Gedichte gewidmet, Eichendorff und die Romantiker samt aller Nachromantiker haben Alt-Heidelberg mit Versen bedacht bis hin zu den Kommersliedern der Burschenschaften. Ruhm in Wort und Ton fiel auf die Stadt, einschließlich eines Schlager-Evergreens. Hält er stand bis in unsere Tage, da das alte, urbane Gemeinwesen, das heute zwar zu fast einem Fünftel von studentischer Jugend bewohnt wird, aber sein Geld durch eine tüchtige Industrie verdient, ein »Facelift«, eine kosmetische Korrektur seines architektonischen Gesichtes, vornimmt, wie die New York Times schrieb?

Ruhm kommt in dieser vielbesungenen Stadt aus ihrer Schönheit. Aber er fließt ihr noch mehr zu aus den Illusionen ihrer Besucher, die von allen als Realität erlebt werden. Man kann sie, die italienischste Stadt des deutschen Nordens, am ehesten mit Salzburg vergleichen. Doch schon stockt man. Mit dem architektonischen Glanz, wie ihn Kathedrale und Kirchen, Plätze und Paläste an der Salzach verschwenderisch präsentieren, kann man am Neckar nicht mithalten, ein wenig bürgerlich-provinziell, ein bißchen eng und trocken, wie es hier im Ensemble von Gebäuden und Attraktionen gegenüber der österreichischen Prachtentfaltung zugeht.

Man muß die ganze Szenerie nehmen, den Zusammenklang, das Gefüge von Natur und durch Menschenhand Gebautes. Dies alles wirkt gleichsam von großer Hand komponiert und stilisiert, ein Tableau für das Auge und das Gemüt, wenn es dem Romantischen eher zuneigt als dem Rationalen. Darin liegt wohl auch die große Chance Heidelbergs in einer Epoche des Überdrusses an der architektonischen Glas- und Betonkonfektion, von der man leider in den vergangenen Jahren auch hier allzu bereitwillig fatale Beispiele errichtet hat.

Und als Krone der komponierten Szenerie das Schloß, präziser gesagt: die Ruine, das alternde Riesenbild, die gigantische, schicksalskundige Burg, nieder bis auf den Grund von den Wettern zerrissen, wie es bei Hölderlin heißt. Trümmer des Vergangenen, zerborstene Säulen und Gewölbemauern ohne Dach, leere Fensterhöhlen und efeubewachsene Turmreste – wo in aller Welt sind nicht solche Zeugen der irdischen Vergänglichkeit die großen Sehenswürdigkeiten und die Ziele für Touristen. Das waldumrauschte Schloß in Heidelberg steht da in der vordersten Reihe. Romantische Ruinenseligkeit strömt ihm zu, an Wochenenden in Form von Menschenscharen, die den Schloßhof zu einem Rummelplatz machen.

Durch das Tor fluten die Reisegruppen, die Familienspaziergänger und die jungen Globetrotter in Jeans und mit den roten Huckepack-Traggestellen, die Deutschen und die Ausländer, die Kundigen, die Staunenden, die bloß Neugierigen. Eine dunkelhaarige Spanierin sagt zu ihrem deutschen Gastgeber in französisch, man höre ja hier mehr Englisch als Deutsch. Ein junges japanisches Ehepaar schließt sich der – deutschsprachigen – Schloßführung an, der Vater trägt auf dem Rücken den kleinen Buben, der mit schwarzen Augen verwundert das Gewimmel ringsum betrachtet. Die junge

Frau, kluge Augen hinter moderner Drahtbrille, verfolgt mit der japanischen Schloßbeschreibung in der Hand aufmerksam den Rundgang. Am Tag vorher waren sie, wie sie sagen, mit dem Schiff von Koblenz nach Mainz gefahren. »Beautiful«, sagen sie. Rhein und Heidelberg sind gerade auch im Fernen Osten die großen Magneten, die nach Deutschland locken. An den Schaufensterscheiben im Andenkenladen am Schloßeingang sind Reisehandbücher angebracht: in japanischer Sprache, nicht in Englisch.

An sommerlichen Wochenenden hat die stattliche Kompanie der Schloßführer alle Hände voll, nein alle Münder voll zu tun. Ein rundlicher Guide mit kahlem Schädel und einem vertrauenerweckenden Embonpoint begrüßt seine amerikanischen Schutzbefohlenen zuerst mit einem joke, indem er sie im Chor »Good morning« sagen läßt und gleich hinzufügt, daß sein Englisch nicht gerade vollendet sei, aber bestimmt besser als das Deutsch seiner Zuhörer, was sie mit schallendem Gelächter quittieren. Vor dem Eingang zum Perkeo-Keller und zum Großen Heidelberger Weinfaß singt ein schlanker, bärtiger Schloßführer, der aussieht wie ein Privatdozent für Kunstgeschichte, seiner zusammengewürfelten Ausländerschar von Holländern, Italienern, Franzosen, Südamerikanern das Studentenlied mit dem Refrain »...alles wieder voll gewest« vor. Sie schmunzeln und klatschen Beifall. Die junge Abiturientin, Aushilfskraft in der Sommersaison vor dem Beginn ihres Sprachstudiums, führt ihre deutsche Hundertschaft durch die Historie mit jugendlicher Begeisterung und ohne Routine – im großen Betrieb herrscht also große Vielfalt.

Unten im Tal schmiegt sich die zusammengepferchte Stadt an die Flußufer, ihre wettergegerbten Giebeldächer überragt vom Turm der Heiliggeistkirche. Das Facelifting, von dem die New York Times schrieb, erkennbar an zahlreichen Baukränen, bedeutet einen Einschnitt in ihrer Historie. Wenn alles fertig ist, wird sie so proper aussehen wie wohl nie vorher in ihrer Vergangenheit. Die Öffentlichkeit nimmt Anteil, etwa bei der Diskussion über den Ausbau des Kornmarktes. Manchmal stolpern die Touristen über Baustellen. Aber sie genießen bereits die fertige Fußgängerzone im Stadtzentrum, schlendern die kilometerlange Hauptstraße entlang und lesen, unbehindert von Straßenbahn und Autos, die Schilder an den Häusern: »In diesem Haus wohnten Achim von Arnim und Clemens Brentano, dichtend und sammelnd an des Knaben Wunderhorn 1808«. Und ein paar Häuser weiter: »In diesem Hause hat Kirchhoff 1859 seine mit Bunsen begründete Spektralanalyse auf Sonne und Gestirne angewandt und somit die Chemie des Weltalls erschlossen«. Ein paar Schritte nur in Heidelberg von romantischer Dichtung zu exakter Naturwissenschaft – kein Wunder, daß es hier soviel verschiedene Gründe zum Schwärmen gibt.

Drei Millionen Tagesgäste kommen alljährlich, so schätzt man. Und mehr als eine halbe Million Übernachtungen weist die Statistik aus. Es würde ein schiefes Bild ergeben, hielte man nicht nachdrücklich fest, daß fast fünfzig Prozent deutsche Gäste die Hotels füllen, gefolgt von den Amerikanern und den Japanern. Natürlich wollen sie auch aufsuchen, was das Musical besingt, die Spuren und Reste der »alten Burschenherrlichkeit«. Kommers und Salamander, Mensur und Mütze, die schon damals in den zwanziger Jahren mehr Tradition als wirkliches Leben in einer veränderten Zeit waren. Sie pilgern abends in die zahlreichen Studentenkneipen, sitzen an den Holztischen mit den zerkerbten und zerschnitzten Platten, in den verräucherten, niedrigen Gaststuben, wo Trinkhörner von der Decke baumeln und die Wände über und über bedeckt sind von Fotos, Gruppenaufnahmen, geklauten Tür- und Warnungsschildern, Mensurwaffen und alten Krügen auf langen Borden.

Um acht Uhr erscheint der Stimmungspianist, ein dürrer Musikstudent, klimpert erst etwas lustlos den Schlager vom Herzen, das einer in Heidelberg verlor. Um zehn Uhr hat er das ganze Lokal in Schwung gebracht, zwei Mal schon donnerte »Gaudeamus igitur« durch den dicken Rauch, und sogar die Schweden beginnen zu schunkeln, die kaum ein Wort Deutsch sprechen, aber alle Texte der Schunkellieder kennen. Um halb elf Uhr scheidet die japanische Gruppe und verabschiedet sich mit einem heimatlichen Lied, von zarten Stimmen gezwitschert. Um elf Uhr klappt der Pianist den Deckel zu und geht.

Hat dieses abendliche Sing- und Stimmungsritual noch mit Alt-Heidelberger Studentenromantik zu tun? Natürlich nicht. Es ist auch kein Scharfsinn nötig zu durchschauen, daß sich hier vor der Kulisse des längst Vergangenen der wohldirigierte Ausbruch der sogenannten deutschen Gemütlichkeit abspielt, mit dem gläsernen Stiefel voll schäumenden Bieres, der in der Runde kreist, angepaßt dem Genius loci, ohne Studenten, freilich in Traditionskneipen der ältesten deutschen Universität, daher weniger derb und – wie es beim Schwärmen für Heidelberg auch der Fall ist – weniger genierlich. Die Studenten von heute an dieser Universität, die in ihrer glanzvollen langen Geschichte so glanzvolle Namen aufweist, hocken derweil in kleinen Kneipen, die in Nebengäßchen liegen, reden über Politik, Gott und die Welt und die nächste Seminararbeit. Das sentimentale Musical vom Student Prince bedeutet ihnen nichts weiter als exotische Vergangenheit, die sie nicht einmal belächeln.

Johannes Roth

Weinberge und Weinkeller

Im fränkischen Rebland

Wir schwenken das Fernglas vom Würzburger Stein, wo wir am Steilhang eine Häckerkolonne bei der Arbeit in den Rebzeilen beobachtet haben, zum nahen Rundsockel des alten Kranen am Mainkai. Auch dort ist eine bunte Truppe am Ausschwärmen.

Die beiden Damen vorneweg, das sind die fränkischen Weinprinzessinnen für diesen Jahrgang, Sigrid im blauen Selbstgehäkelten, auch Hannelore nicht im Dienstkleid, dem Dirndl. Doch sie nehmen ihr Ehrenamt ernst, erwandern sich die Bocksbeutelstraße. Die Herren in Kniebundhosen und süddeutsch zugeschnittenen Joppen und Jankern, das sind Weinbau-Amtsräte und andere diplomierte Fachleute, denen die Weinseligkeit von Berufs wegen in den runden Gesichtern steht. Haben sie jetzt schon, am frühen Vormittag, das Frankenlied auf den Lippen? Sie werden es erst am Abend in Sommerhausen singen. Und bis zum heil'gen Veit von Staffelstein werden sie nicht pilgern. Sie wandern nur zwei Tage und kommen, wegen der Kellerbesichtigungen, bloß bis Sulzfeld. Immerhin. Das sind, alles eingerechnet, an die dreißig Kilometer, also fast fünfzigtausend Schritte.

Deshalb sitzen wir jetzt auf dem Verdeck der »Fortuna« und stellen das Fernglas wieder scharf. Auf der ersten Etappe nach Randersacker wollen wir unser Schuhwerk schonen.

Bis das Schiff ablegt, sind die Prinzessinnen samt Gefolge schon unter der Alten Mainbrücke hindurch, an der Marienfeste vorbei und gegenüber dem Käppele dort angelangt, wo die Südostvorstadt ans Rebgelände stößt. Abtsleite heißt die Lage, nicht so bekannt wie Stein oder Leiste, aber nicht geringer: bei gleichem Mostgewicht gilt die Abtsleite als anschmiegsamer, also weiblicher; auch ist sie früher reif. Nach einem Seitenblick richten die Herren Weinbaufachleute die Augen nun nach oben und erläutern den Sinn der dort silbrig spielenden Wasserspeier:

Das Weingut Würzburger Bürgerspital hat hier mit anderthalb Millionen Mark ein Experimentierfeld eingerichtet, befeuchtende und klimatisierende Beregnung werden erprobt. Ein eigner Brunnen schickt das Wasser aus dem Mainvorgelände auf den Berg, Computer der Bayerischen Landesanstalt für Wein-, Obst- und Gartenbau speichern die Daten, errechnen den Nutzen. Die Prinzessinnen, Winzertöchter aus Thüngersheim und Wipfeld, machen ernste Mienen: In den Steillagen muß rationeller, effektiver gearbeitet und produziert werden; der eh schon teure Frankenwein wird sonst unbezahlbar.

Die »Fortuna« überholt die Gruppe unter dem Teufelskeller, schon auf Randersackerer Gemarkung, wo die Wanderer wieder stehenbleiben: Zerfurcht und kahl neigt sich der Berg mit fast siebzig Prozent Gefälle zu Tal, ein Bulldozer schiebt vorsichtig eine Trasse in den Hang, Flurbereinigung ist sichtbar im Gange. Balthasar Neumann hat sich hier vormals Weingärten erheiratet und zwei Gartenpavillons gebaut. Einer soll noch erhalten sein. Unauffällig, so lesen wir später, steht er an der Durchgangsstraße in Randersacker.

Dort treffen wir die Wanderer im Hof der früheren Zehntkellerei, wo jetzt die Winzergenossenschaft ihren Sitz hat. Der Vorsitzende, ein rüstiger Zweiundsiebziger, führt durch Scheunen und Keller: »Und das is mein privater Weinkeller, der is damals unterm Urgroßvadder 1839 ausgemauert worden von drei Würzburger Maurern. Die hent aber so gsoffe und so schlecht g'arbeit daß die Hälft vom Gwölb wieder eigfalle ist.«

Zwei Stunden später, nachdem uns der geschäftsführende Kellermeister bei einer fränkischen Brotzeit beinah die Hälfte seiner drei Dutzend zum Verkauf stehenden Weine vorgestellt hat, merken wir, daß die Maurer damals durchaus Meister ihres Fachs gewesen sein konnten. Nur den Randersackerer haben sie halt nicht bemeistert. Der heißt heute Ewig Leben, das ist die Großlage, oder eben Teufelskeller, sodann Sonnenstuhl, Marsberg, Dabug und Pfülben.

Am Ende der Weinprobe, nach den frischen Tisch- und den stoffigen Kabinettweinen, die auf der Zunge immer noch zunehmen, gar nicht runterwollen, nach den Spätlesen und Beerenauslesen, stellt sich die Frage, ob denn mit solch schweren Gaumenschmeichlern überhaupt fertig zu werden sei. Darauf der stattliche Kellermeister hinter seiner schweren Lederschürze: »So gut, wie wir den Wein getrink könn', kann er gar net gewachs!«

Von Randersacker nehmen wir beim Abmarsch nicht mehr viel wahr, obwohl an jedem zweiten Giebel eine Hausmadonna strahlt. Erst vor den drei Toren und fünfzehn Türmen Eibelstadts sind wir wieder empfänglich für historische Lektionen. Das Stadtwappen, 1434 von Kaiser Sigismund verliehen, zeigt den böhmischen Löwen mit einem Rebstock in den Pranken. Die Eibelstadter Weine heißen Mönchsleite und Kapellenberg. Und stehen im Saal des barocken Rathauses zum Probieren bereit. Zuvor erwandern wir uns den allzu großen Marktplatz des Ackerstädtchens, der wohl nur beim Straßenweinfest wirklich genutzt wird, rundherum um die Mariensäule.

Während nun die amtierenden Prinzessinnen nicht so sehr den wiederum ansehnlichen Kellermeister taxieren als vielmehr die noch unmündigen Zwillinge, die da als Mundschenk fungieren und in fünf Jahren vielleicht die Rolle der Fränkischen Weinkönigin doppelt spielen – während der Herr Bürgermeister wie ein Pfarrer spricht und der Herr Pfarrer am liebsten für diesmal oder immer beim Traminer bliebe, scheint uns, wie schon in Randersacker, nicht der Müller-Thurgau oder Silvaner der Ausbund und Inbegriff des Fränkischen, sondern die Sorte Kerner, wenn sie auch eine württembergische Züchtung ist. Und wie wir noch grübeln, warum die einst so trockenen Frankenweine immer harmonischer, immer lieblicher werden, zieht draußen in der Rathausdiele einer am Seil der Steuerglocke, nicht säumige Eibelstadter

Schuldner zu mahnen, sondern die Weinwanderer wieder auf die Beine zu bringen.

Die wackeren Prinzessinnen haben schon einen Häckerweg auf halber Höhe durch die Mönchsleite eingeschlagen. Das Wandern durch die Weingärten, sagt der Weinbau-Amtsrat und will uns die zwei Kilometer nach Sommerhausen schmackhaft machen, sei noch weit gesünder als das Spazierengehen im Wald: Im Rebgelände werde das Zweieinhalbfache an Sauerstoff freigesetzt.

Sommerhausen hat eher noch mehr Tore und Türme in seinem Mauerring. Keine Zeit zum Zählen, der größte Weinhändler und Essigsieder am Ort hat in seiner Probierstube ein Programm mit sechzehn Nummern vorbereitet. Die Sommerhäuser heißen Ölspiel, das ist wieder die Großlage, und Steinbach oder Reifenstein. Doch nach der Lage, so erklären die Amtsräte, müsse man beim Frankenwein nicht so sehr fragen, auch nicht ängstlich nach dem Jahrgang schielen; die Sorte sei entscheidend, auch der Boden, hier im Maindreieck ist es der Muschelkalk. In einem früher gering geachteten Gewann könne die richtig eingesetzte Rebe achtbare Weine bringen. »Sortentypisch« ist ein Lieblingswort der Kellermeister, die zwar stolz sind auf gepflegte Holzfässer, sich jedoch wegen der Glasbetontanks gar nicht genieren: darin baue der Wein gradsogut aus, aber neutral, eben sortentypisch; das Holzfaß präge den Wein doch. Die Sorte, die für Sommerhausen spricht, heißt Scheurebe. Hier entfalte sie ihr Bukett noch feiner als auf den Böden der Nachbarn.

Doch Sommerhausen heißt auch und vor allem Torturmtheater, Luigi Malipiero. Die winzige Bühne vor den fünf Stuhlreihen freilich ist leer, der Meister ist tot. Man hat ihn auf den Friedhof getragen, zwei Schritte gegenüber. Im Torturmgehäuse hängen noch seine Zeichnungen. Kürzlich wurde ein Gedächtniskonzert gegeben.

Endlich ist das Sommerhäuser Übel beseitigt worden: Für die Bundesstraße 13, die sich durch die schmale Hauptstraße quält, wurde eine Umgehungsstraße zum Main hin gebaut. Nein, kein zweiter Fall Eltville. Im Gegenteil. Die Stadtmauer auf der Mainseite wird bei der Gelegenheit von störender Verbauung befreit. Die Tortürme werden jetzt nicht mehr von Panzern auf die Schulter genommen, nicht mehr von Lastzügen zerkratzt, die Gäste nicht mehr vom dröhnenden Durchgangsverkehr morgens um fünf geweckt.

Durch die in weiten Wellen am Gleithang des Mains hinschwingende Lage Steinbach geht es am nächsten Vormittag hinauf auf die Höhe, wo Kirschgärten in den Wald überleiten. Ein Blick zurück über das großflächig geglättete, dabei leider von allen Weinbergsmäuerchen befreite Gelände: Seit der Befreiung von der Leibeigenschaft, sagt der Sommerhäuser Winzer, hätten die Weinbauern keinen vergleichbar revolutionären Schritt getan als jetzt mit der Flurbereinigung. Vor zwanzig Jahren sei die Flucht der Jungen vom elterlichen Hof in andere Berufe selbstverständlich gewesen, nun sehe es ganz anders aus.

Der Mainwanderweg am Rand der Hochfläche ist mit der japanischen Sonnenflagge markiert. Wir tauchen in die Laubwälder am Zeubelrieder Moos. Am Weg blühen Knabenkraut und Frauenschuh. Der Kuckuck ruft. Es ist hoher Mittag. Wir müssen schneller gehen. Drunten in Ochsenfurt erwartet uns der Bürgermeister auf der Freitreppe seines Rathauses; drinnen ist der silberne Kauzenpokal mit dem Willkommenstrunk gefüllt. Drei Maß faßt das Eulengefäß; wer es auf einen Zug leerte, durfte sich einst ins Kauzenbuch eintragen. Wir nippen nur, schauen uns flüchtig um, wollen uns die Stadt und den Riemenschneider in der Pfarrkirche fürs nächste Wochenende sparen.

Von Ochsenfurt nach Frickenhausen ist es nur ein Katzensprung. Die Marktgemeinde liegt abseits vom Fernverkehr, vergessen, unversehrt. Mauern, Tore, Türme, Mariensäule, Weinstuben, Fachwerk: In Frickenhausen drängt sich auf engstem Raum, was am »Altfränkischen« gefällt. Im Rathaus hängen die altersschwarzen Dielen einen halben Meter durch, doch die meisten Bürgerhäuser und die vier Tore sind schon vorbildlich restauriert. Unsere Prinzessinnen werden vom Bürgermeister und der hier beheimateten Weinkönigin empfangen, sodann auf den Kapellenberg geleitet, wo neben der Valentins-Wallfahrt überm Holzkohlengrill Bratwürste brutzeln. Der Wein zur Wurst ist natürlich auch auf dem Kapellenberg gewachsen.

Das vormals ansbachische Segnitz hat auch Weine, den Zobelsberg und den Pfaffensteig, ist jedoch unten im Mainknie von Kohlrabifeldern und Gewächshäusern umgeben, ein freundliches Gemüsebauerndorf.

Gegenüber, jenseits des Flusses liegt Marktbreit, geschützt im Zwickel von Wald und einigen Reben, in der Abendsonne. Der Marktbreiter Wein heißt auch richtig Sonnenberg. Ansonsten dämmert der Ort im Schatten seiner Geschichte. Der Kranen an der Mainlände, die starke Befestigung des Marktfleckens, die reichen Renaissance-Erker vor dem Fachwerk des »Löwen«, des zweitältesten Gasthofs in Bayern, verweisen auf den einstigen Reichtum eines abgestorbenen Handelsplatzes.

Wie wir in Sulzfeld ankommen, werden dort schon die Lichter angezündet. Der Lehrergesangverein summt den Kammerton a, stimmt an »Schenk ein den Wein«. Über den Sulzfelder Kreszenzen vom Maustal und vom Cyriakusberg beschließen wir, unsere Weinwanderung bald fortzusetzen, von hier flußaufwärts zur Volkacher Mainschleife, dabei dieses Sulzfeld bei Licht und nüchtern nochmal genau zu betrachten. Nicht nur, weil auf dem Luftbild im Ortsprospekt der Mauerring die Umrisse eines Bocksbeutels nachzieht.

Ursula Binder-Hagelstange

Serenaden des Barock

Banz und Vierzehnheiligen

Wenn man die steingrauen Festungen des Mittelalters besucht hat, die sich zwischen Franken und Thüringen erheben wie ein anachronistisches Pendant zur DDR-Grenze, die Veste Coburg, die Veste Rosenheim im Lucas-Cranach-Städtchen Kronach, die Plassenburg, die Burg Lauenstein oben im »Norden«, und dann am Abend müde, überfüttert von Sehenswürdigkeiten, auch niedergeschlagen vom Anblick der häßlichen Stacheldrahtverhaue drüben im Thüringer Wald, der verminten Gräben und der herausfordernden Parolen – wenn man dann auf der B 137 durch das breite obere Maintal fährt und plötzlich des alten, barocken Benediktinerstiftes Banz ansichtig wird (man verpaßt darüber Vierzehnheiligen auf der anderen Seite), dann erscheint Banz, das spätere Schloß, hoch und breit überm Wald gelagert, das Konventsgebäude mit der Stiftskirche und den beiden Zwiebeltürmen wie ein Asyl, wie ein rettender Hafen in der Luft, eine Endstation Sehnsucht. Es ist dann jedenfalls mehr als nur das vorgesehene Nachtquartier. Während der Wagen sich um den Banzer Berg herumwindet, den Main überquert, das Städtchen Staffelstein passiert, dann zwischen Pappeln und steilen Wiesen hochkriecht und richtig hineinrollt in den großen Kloster- oder Schloßhof – ist im stillen der Entschluß gefaßt, am anderen Morgen nicht gleich wieder aufzubrechen.

Noch liegt ein blaßgelber Abglanz vom Sonnenuntergang auf den Fentsern des Abteigebäudes, während die Türme schon schwarz vorm Himmel flammen. Wunderbares Gefühl: drinnen zu sein, aufgehoben und umgeben von einem intakten alten Gefüge. Fehlt nur noch, daß ein Pförtner erscheint, um mit einem kolossalen Schlüssel das Tor abzuschließen, damit wir merken, daß es da draußen und da unten eine böse Welt gibt mit Tod und Teufel und allerlei Gesindel. Statt des Pförtners tritt der Wirt aus der erleuchteten Türe des Eckpavillons; er sieht mit Brille und Bundhose aus wie ein Intellektueller in der Sommerfrische; ein Südländer ergreift unsere Koffer und trägt sie zwei Stockwerke hoch.

Denn in Banz gibt es keine Aufzüge. Und was die Treppenstufen betrifft: sie sind zwar flach und bequem geschnitten, aber im Laufe der Jahrhunderte von Benediktinermönchen und Wittelsbacher Höflingen weidlich ausgemuldet und »ausgelatscht« worden; sie sind in ihrer Art Musterbeispiele für »Prozeß-Art«: die vergangenen Jahrhunderte kommen als Negativform zum Vorschein, man tritt in die Fußstapfen der Geschichte.

Historisch ist auch die wohltuende Raumverschwendung überall. Die Gänge: breit, flachgewölbt, mit großen, unebenen Steinfliesen und dem unbeschreiblichen Geruch, der sich im Lauf der Zeit dort angesammelt und abgelagert hat; hier und da ein »alter Meister«, Blumen, die aus Bodenvasen emporsprossen; einmal tritt man auf eine Art Perserbrücke. Das sind schüchterne Versuche, dem Gasthof einen feudalen Anstrich zu geben, weil die Leute das heute am liebsten haben.

Zum Schloß-Image gehört auch das Hochzeitszimmer mit der großen Hufeisentafel und den barocken Polsterstühlen. Wenn schon heiraten – dann in Banz! Doch gibt es, gottlob, noch ein paar Bremsen auf dem Weg zum Palast-Hotel; einige Zimmer sind, weil die Wasserleitung noch nicht zu ihnen vorgedrungen ist, beim altmodischen Waschtisch mit obligater Porzellangarnitur geblieben, und treuherzig hängen die Handtücher überm braunen, wackligen Holzständer. Doch alle Stuben, ob mit oder ohne »fl. Wasser«, sind hoch und geräumig; man hängt die Kleider in Schränke, die die bayrische Bezeichnung Kasten verdienen, man hat alte Truhen im Zimmer, in denen der Holzwurm tickt, Untiere von Sesseln. Die Fenster haben weiße Schalgardinen und manchmal noch kleine gewölbte Scheibenquadrate. Was die Drehfenster in modernen Häusern seit langem verhindern: das unschickliche Im-Fenster-Liegen – in Banz wird's wieder möglich, man kann hier stehend mit aufgestützten Ellenbogen vom Fenster zum Wald hinüber oder auf den Ehrenhof hinunterschauen.

Der junge Kofferträger war übrigens ein Spanier. Der Wirt, der aus Schlesien stammt, hat eine Spanierin geheiratet: daher wohl die Invasion einer spanischen Gruppe im Sippenverband, unter der Führung eines gesetzten Mannes und Familienvaters, der einen beinah soldatischen Ernst entfaltet. – Daher der »Greco« draußen im Flur; und die mittelmeerische Farbenpracht, mit der die jungen Männer das Mainboot anstreichen, das in einem abgelegenen Wirtschaftshof aufgebockt ist. Daher wohl auch die kunterbunten Klöchen, hineingeheimnist in die dicken Außenmauern: orange Wände, Klobrillen und Deckel zitronenfarben gestrichen! – Manchmal ertönen auf einem fernen, verstimmten Klavier Flamencos oder wild-traurige Weisen à la »el paso del Ebro«.

Wenn man aufwacht in Banz, weiß man zuerst nicht, wo man ist. Die langen weißen Gardinen bauschen sich im Frühwind, im Frührot. Man ist aufgewacht von dem verrückten, schrillen Gezwitscher der Mauersegler, die am Dach entlang ihre Nester gebaut haben; und schläft wieder ein, bis sich das melodische Gebimmel von Kuhglocken in die Träume mischt. Eine Prozession von braunscheckigen Klosterkühen schreitet feierlich quer über den Klosterhof und spaziert dabei unter einem lateinischen Spruch am Torscheitel hindurch, der in Übersetzung etwa lautet: »Unser Lobpreis sei wie der Morgenstern, der die Finsternis auslöscht.«

Vielleicht gegen halb neun hört man die Stimmen der Kinder; sie laufen mit ihren Papiermühlen gegen den Morgenwind, kreischend wie Mauersegler, turnen auf der sonnengefleckten Treppe herum, die Balthasar Neumann so elegant dem ansteigenden Gelände des Hofes angepaßt hat. Unterdessen hat die Gemischtwarenhandlung ihre Fensterläden aufgeschlagen, ebenso das kleine Museum; es verwahrt eine Petrefakten-Sammlung, versteinerte Riesentiere, die man in nächster Umgebung im Kalk gefunden hat. Außerdem einige Ägyptica, Mitbringsel des Herzogs Wilhelm in Bayern von einer Ägyptenreise, damals noch eine abenteuerliche Unternehmung! Eigentlich handelt es sich bei dem Museum um ein fürstliches Raritätenkabinett, in dem sich Ichthyosaurus und Krokodil als Kuriositäten entsprechen.

Annettchen und Steffen dürfen mittlerweile der alten Frau zur Hand gehen, die Devotionalien, Souvenirs und Eis in ihrer Bude neben dem Tor verkauft; sie tragen Kartons mit goldenen Kuhglocken heraus, Diapositive, Kerzen, das Eisfähnchen, Ständer für Windmühlen oder Spazierstöcke; denn hier wird viel gewandert! Nun saust Herr F. mit dem rotlackierten Auto zum Tor hinaus. Er bringt Post fort zur Bahnstation Lichtenfels, holt andere dort ab. Zu bestimmten Zeiten sieht man Herrn F., der ein Doppelleben führt, höchstamtlich mit der blauen Postlermütze auf dem Kopf hinterm Schalter des winzigen Banzer Postamts thronen; dann wieder verwandelt er sich in einen fixen, hin und her sausenden Taxiunternehmer, der Gäste abholt, fortbringt oder sie nach Staffelstein fährt, dem Adam-Riese-Städtchen, wo hübsche Fachwerkhäuser im modernen Verkehr erzittern.

Aber dieser kleine Hofstaat könnte einpacken und seine Fensterläden für immer verrammeln, wenn nun nicht draussen Omnibusse vorführen, stoppten und Touristen auskippten. Die mit dem thüringischen Zungenschlag kommen von der »Grenze«, haben einen Ausflug hierher gemacht, die anderen kommen aus aller Welt.

Von der Fensterloge aus blickt man mit leichtem Ingrimm auf die Eindringlinge hinab. Gestern noch selbst Tourist, heute – vorübergehend – inkorporiert in die Sehenswürdigkeit, sieht man sich wie ein Benediktinermönch des 18. Jahrhunderts um seinen Traum von Abgeschiedenheit betrogen und diese durch buntes Leben ersetzt. Auch die Touristen überqueren den Hof, nur in umgekehrter Richtung wie die Kühe, denn die Besichtigung beginnt bei der Kirche und endet auf der großen rückwärtigen Mainterrasse.

Wenn die Besucher zurückkommen, lassen sie sich gerne zur Erinnerung knipsen, besonders, wenn es sich um Vereine handelt. Die Reihen, die sich da hintereinander auf der Freitreppe staffeln, sind bunt, aber der Mittelpunkt ist immer schwarz und geistlich. Beispielsweise schart sich ein Frauenverein um den heimischen Dorfpfarrer. Eros hat hier nichts zu suchen und rächt sich durch unziemliches Gekicher der Frauen, durch heimliche Püffe und verlegene Ellenbogenstöße. Im allgemeinen bildet der Bruder, der die Führung gemacht hat, das Zentrum, ob es sich um einen Verein mit Wallfahrerfahnen handelt oder um eine Pfadfindergruppe mit Horrido-Wimpeln.

Denn Banz ist seit 1933 wieder Ordensbesitz. Nach der Säkularisation war das Stift in den Besitz des Herzogs Wilhelm in Bayern übergegangen (»Herzog Wilhelm in Bayern, wer war das noch?« fragt jemand die Kustodin des Museums. »Der Vater von der Sissy!« gibt sie, liebreizend lächelnd, zurück, »gelt, jetzt wissen'S?«) – Eine Tafel im Entree des Hauptbaus verkündet: Dieses Besitztum wurde mit Mitteln erworben, welche Bischof Xaver Geyer bei den katholischen Auslandsdeutschen von Nordamerika durch Predigten und Vorträge gesammelt hat. Auslandsdeutsche Mission der Gemeinschaft von den heiligen Engeln. Neunzehnhundertdreiunddreißig (ausgerechnet 1933!). »Um uns steht es nicht gut«, sagt der Bruder, der den sogenannten Kaisersaal im ersten Stockwerk mit seinen schönen, aber ausbesserungsbedürftigen Stukkaturen von J. J. Vogel zeigt. »Wir haben keinen Nachwuchs.« Der Orden lebt von den Führungen.

Zwei Brüder aus der bayerischen Familie der Dietzenhofer haben diese nur noch mit dem Stift Melk an der Donau zu vergleichende Klosterburg geschaffen: Leonhard die Conventsgebäude (Beginn 1695), Johann die Kirche (Beginn 1710). Dazu kommen Entwürfe des großen Balthasar Neumann für den Ehrenhof (1552) mit dem plastischen Torflügelgebäude und den Flanken. Auch die doppelläufige Treppe – ihre Baluster sehen aus wie chinesische Buchstaben – geht auf Neumann zurück. Er hat auch den Mittelrisalit fertig gebaut, der über hohen, glatten Pilastern einen mit üppigem Muschelwerk gefüllten Giebel trägt.

Die Kirche bezaubert schon in der Silhouette mit ihrer auffallend schlanken, leicht geschwungenen Fassade, die nichts von dem ungemein komplizierten räumlichen Innenleben der Kirche verrät. Das Längsschiff verschränkt nämlich verschieden große ovale Raumabschnitte und bringt dennoch, trickhaft, den Eindruck eines Zentralraums zustande. Der Grundriß läßt sich nicht mehr an der Gewölbezone ablesen, die Lust des Barocks am Paradox meldet sich in dieser Trennung, Spannung wird kunstvoll hergestellt.

Auch der Bildhauer Balthasar Esterbauer versteht sich auf Tricks. Sein heiliger Dionysos, der Kirchenpatron, ist so geschickt in eine Nische der Fassade hineinkomponiert, daß der Betrachter erst beim zweiten Blick gewahr wird, daß der heilige Bischof seinen Kopf in den eigenen Händen trägt. Es handelt sich um den Pariser St. Denis, der 280 nach Christus auf dem Montmartre enthauptet wurde, dann aber seinen abgeschlagenen Kopf ergriff und ihn, von Engeln begleitet, ein Stück Wegs weitertrug.

An der Südseite der Kirche und die Rückfront der Abtsresidenz ist eine wahrhaft fürstliche Aussichtsterrasse angegliedert. Der Blick schweift ungehindert über die flache, helle Landschaftsmulde des oberen Maintales und die waldigen Anhöhen des linken Flußufers. Der Staffelberg ragt mit einer flachen, von senkrechten Kalksteinsäulen getragenen Kanzel ins Maintal vor. Wie sang Victor von Schaffel? »Zum heil'gen Veit von Staffelstein komm' ich emporgestiegen und seh' die Lande um den Main zu meinen Füßen liegen. Von Bamberg bis zum Grabfeldgau umrahmen Berg und Hügel die breite, stromdurchglänzte Au – ich wollt', mir wüchsen Flügel.«

Der andere Blickpunkt ist die Basilika der Vierzehn Heiligen Nothelfer, die mit dem Instinkt des Barocks für Landschaftsregie auf einem Wiesen- und Waldhügel thront, vom Nachmittagslicht goldgelb angeleuchtet, bekrönt mit schlanken, hellgrünen Türmen. – Man kann von Banz aus hinüberpilgern, in etwa drei Wegstunden, zunächst waldabwärts. (Dem begegnen dort schon einmal Rehe oder der Herr Müller vom Postzweigamt in Freiburg-Herdern; sonst freilich niemand, da alle Leute Auto fahren.) Im Sommer kann es eine Strafe sein, zwischen schattenlosen Pappeln Vierzehnheiligen entgegenzuwandern, aber im Herbst ist es eine Lust.

Es macht Balthasar Neumanns Genie aus, daß er den gigantischen Dimensionen dieser Basilika und Wallfahrtskirche, die zehntausend Menschen fassen kann, eine so beschwingte, elegante Harmonie geben konnte. Das Innere wirkt wie ein herrlicher Festsaal, durch dessen Fenster die zage Sonne des späten Herbsthimmels eindringen kann. Der Grundriß, komponiert aus Ovalen und Kreisen, verwandelt sich in schwingende, sich weitende Räume, in einen wahren Tanz von Räumen, die eine Wandschale zusammenhält, während sie in den oberen Regionen im Grenzenlosen der Malerei verschweben.

Wieder: ein Zentralraum (nur viel grandioser als in Banz), dem Längsschiff zum Trotz. Dies paradoxe Ziel wird auch durch den Umstand gefördert, das der Gnadenaltar, der wie eine graziöse Kutsche aussieht, nicht unter der Vierung, sondern im Mittelschiff seinen Platz gefunden hat. Neumanns dynamische Raumphantasie und Bachs Musik entsprechen einander; beide Meister des Barocks sind Zeitgenossen. Die Ausstattung der Kirche gehört dagegen schon dem Rokoko an; Küchel und Feichtmayr sind an ihr beteiligt, an den sparsamen Rocaillen, den hingerissenen Heiligenfiguren, dem höfischen Sankt Wendelin, den schönbeinigen schwebenden Engeln; auch den biskuitweißen Beichtstühlen, in denen ein rotes Lämpchen diskret die Anwesenheit des Beichtvaters signalisiert. –

Nie sah man so zartes Marmorgeäder, pastellfarben, auf schimmernden Säulen und Pilastern. Indessen gibt es in der ganzen Basilika keine einzige Säule aus echtem Marmor! Es handelt sich um polierten Stuck, modelliert aus farbigen Gipsteigen, nach dem gleichen Prinzip, nach dem man Marmorkuchen bäckt...

Wen es nach weiteren großen Barockanlagen in der oberfränkischen Landschaft gelüstet, der braucht nicht weit zu fahren, in südlicher Richtung. Da ist das wuchtig gegliederte Schloß Seehof bei Bamberg, das noch an den Typus der Wasserburg erinnert, da ist Bamberg selbst, eine Stadt, die nach Werner Hager noch am ehesten mit Prag zu vergleichen ist. Südwestlich liegt Ebrach, die ehemalige Zisterzienserabtei, die teilweise nach Neumanns Plänen erbaut wurde und ein berühmtes Treppenhaus enthält. Treppenhäuser entwickeln sich im Barock zu selbständigen Repräsentationsräumen (Bonn profitiert davon in Brühl!), um deren Galerien herum gespeist, gespielt, getanzt wurde. Das Vorbild des Ebracher

Stiegenhauses befindet sich im prunkvollen Schloß Weißenstein ob Pommersfelden (gesprochen »Pommäsföldn«), der Sommerresidenz des Grafen Lothar Franz von Schönborn, der Erzbischof von Mainz gewesen ist, zugleich Kanzler und Kurfürst des Heiligen Römischen Reiches Deutscher Nation, auch Bischof von Bamberg et cetera. Es handelt sich um die berühmte Familie Schönborn, die auch Balthasar Neumann entdeckt, gefördert und im Fall Vierzehnheiligen diktatorisch gegen einen anderswollenden Abt durchgesetzt hat.

Lothar Franz aber ist nicht nur Auftraggeber von Pommersfelden, sondern auch entwerfender, mitschöpferischer Architekt: das phantasievolle Treppenhaus, doppelläufig in einen drei Stockwerke hohen Raumquader hineinkomponiert, ist seine Idee. Vor zwei Jahren beim 250. Geburtstag des Schlosses gefeiert, erwachte dieses Treppenhaus noch einmal zu festlichem Glanz: die Gäste teilten und vereinigten sich auf der im Kerzenglanz erstrahlenden großen Stiege, sie füllten den Marmorsaal, die Prunkräume, die langgestreckte und bedeutende Gemäldegalerie; sie lauschten dem Festvortrag des Freiherrn von Aufsess über »Franken und die barocke Welt«. »Barock« und »fränkisch« ist nach seiner Definition ein und dasselbe, Barock aber sei Rückgriff auf mittelalterliche Frömmigkeit, Bejahung heidnischer Sinnenlust und schöpferischer Optimismus.

Im verwilderten Schloßpark traben Rehe und Hirsche frei herum oder äsen friedlich zwischen den Teichen. Aus den Fenstern der Gartenfront kann der Besucher Streicherklang vernehmen, bisweilen in Orchesterstärke. Junge, begabte Musiker, Gäste des heutigen Grafen Schönborn, üben im Verband des »Collegium musicum Pommersfelden« für das nächste Konzert im Marmorsaal.

Johannes Roth

Tausend Jahre und ein Tag

Bamberg

Am zweiten Tag sieht Bamberg dann ganz anders aus. Als wir aus den Turmfenstern des Geyerswörth-Schlosses mit dem Weitwinkelobjektiv jenen Teppich sonnenwarmer Giebel zu fassen suchen, vom Fluß unter uns hinauf zu den schiefergrauen Dachflächen der Neuen Residenz, des Doms und der anderen Kirchen auf den benachbarten Hügeln – da haben wir es doch, das große alte Bamberg, das tausendjährige Reichskleinod, das fränkische Rom, Florenz, Prag oder was auch immer, ein Stadtprosket jedenfalls, der Eindruck macht.

Erst nach dem Objektivwechsel, als wir mit langer Brennweite das Alte Rathaus anvisieren, jenes Rokoko-Schiff mit dem Fachwerkbug mitten im schäumenden strudelnden Wasser der Regnitz, sind die Autos wieder da: Sie stauen sich von einer Ampel am Obstmarkt über die zwei Stücke der Oberen Brücke unter dem Rathaus hindurch weit ins Gassengewinkel der geistlichen Stadt hinein.

Am Abend zuvor, an einem ganz gewöhnlichen Donnerstag, hat uns Bamberg sein mörderisches Gesicht gezeigt mit von Abgasen und Blech gefüllten Altstadtgassen – einheimisches Blech und alles auswärtige der Pendler und der Besucher dazu.

Abgespannt von der Autobahnfahrt nahmen wir den Schirm, denn es goß, als läge die Stadt vor einer Hochgebirgs-Barriere und nicht zwischen den sanften Kuppen des Steigerwalds und der Fränkischen Alb. Wir suchten einen Platz im weltberühmten »Schlenkerla«, wo die erste Spezialiät der Stadt, das braune Rauchbier, ausgeschenkt wird. An den langen Tischen unter den mit Ochsenblut getränkten Dachbalken war kein Platz mehr frei. In der Toreinfahrt standen Unschlüssige. Sollten sie wieder gehen oder warten. So schnell steht aber keiner auf, der mal beim Rauchbier sitzt.

Beinahe dasselbe Gedränge in den anderen Kneipen die Dominikaner- und Sandstraße hinauf und herunter, wo wahrscheinlich nur in jenen Häusern kein Bier ausgeschenkt wird, die von einem Antiquitätenladen besetzt sind.

Diese vollen Häuser machen nicht ärgerlich. Beneidenswertes Volk, das so gesellig beeinanderhockt. Doch durch die schmale Einbahnstraße schießt und spritzt und dröhnt der Blechstrom; am Abend sind es vor allem die Vehikel der jungen Leute aus dem Umland, die sich zum Bamberger Bier drängen, tagsüber spürt man, daß hier eine Bundesstraße ihren Engpaß hat. Der lästige Unsinn innerstädtischer Autofahrerei geht uns in Frankfurt schon lange auf den Nerv, in den engen Gassen Alt-Bambergs, wo jeder Wagen wiederhallend rasselt und röhrt wie ein ganzes Panzerregiment, empfindet man das infernalische Elend erst richtig und weit fürchterlicher als jemals auf der Zeil.

Wir werden das beruhigende Bier im Hotelrestaurant trinken. Zuvor zum Domplatz hinauf, von dem es heißt, er sei die großartigste Anlage Deutschlands, vielleicht Europas. Nachts, unter den neuen Scheinwerfern, den Bogen von der Romantik und Gotik des Doms hinüber zur Renaissance-Front der Alten Hofhaltung und weiter zur Barock-Masse der Neuen Residenz ziehen, Jahrhundertprofile im Scherenschnitt, was muß das für ein Bild sein. Nichts da! Oben wehte zwar der Regen zwischen den Türmen in prachtvollen Wellen durchs Licht, doch die untere Hälfte, die riesige, schräge Pflasterfläche, war bis auf den letzten Quadratmeter mit Automobilen zugestellt. BA lasen wir auf den Schildern. Der schönste Platz Europas, den Bambergern ersetzt er das Parkhaus.

Auf dem Schillerplatz gibt es außer Parkflächen auch Grün und ein paar alte Bäume aus der Zeit, als der Platz mit dem Theaterchen noch Zinkenwörth hieß. Gegenüber am Haus Nummer 26 eine Tafel: »Der Dichter, Componist und Maler

E. T. W. Amadeus Hoffmann wohnte in diesem Hause 1808–1813.« Ein Zettel an der Tür mit den Öffnungszeiten. Wir kommen zu gelegener Stunde. Dennoch auf das Läuten keine Reaktion. Wir schauen an der schmalen Fassade hoch. Schmaler ging's wohl nicht. Nur zwei Fensterstöcke, aneinandergedrängt, keine Handbreit Mauer dazwischen. Im zweiten Stock, so beschreiben es ältere Bambergberichte, solle eine männliche Puppe hinter der Gardine herunterblicken. Nichts dergleichen.

Doch jetzt ein Geräusch. Der Kustos des Hoffmannschen Dachstübchens, atemlos nach Ingangsetzung eines Kassettenrecorders im Dichterzimmer, ist glücklich über den Besuch. Noch im Flur erläutert er die seinerzeit recht diffizilen Toilettenverhältnisse. Oben das Übliche: Faksimiles an den Wänden, Vitrinen mit Erstausgaben. Der Tisch, der Stuhl, das Bett. Unterm Dach das Kater-Murr-Fenster seitlich zum First des Nebengebäudes. Mehrmaliger Hinweis auf das Haustelefon in Gestalt eines verschließbaren Lochs in der Decke zwischen Wohnstübchen und darüberliegender Schlafkammer.

Das Nachbarhaus ist von einer Möbelfirma besetzt. Knarr der Name. Knallige Plakate an den Fenstern. »An diesen Preisen führt kein Weg vorbei.« Doch von der Barockfassade blättert die Farbe. Es fiele nicht auf, wären die Häuser rundum nicht vorbildlich restauriert.

Das war endlich ein gutes Wort über Bamberg in seinem schweren tausendsten Jahr. Es ist genug gemäkelt.

Wir saßen im Rosengarten der Neuen Residenz vor den steinernen Göttinnen, die Ferdinand Dietz gegen Ende des 18. Jahrhunderts mit unerhörten Armen und Schenkeln ausgerüstet hat; auf dem jenseitigen Hügel ragt St. Michael, vormaliges Benediktinerkloster, Dietzenhofer-Barock. Die Wohngebäude beherbergen jetzt ein Altersheim. Der Hof wird sogar von Omnibussen befahren. Innen wirkt die Kirche dann auch deswegen so heiter, weil die Deckengewölbe aller drei Schiffe mit Kräutern bemalt sind, ein fränkisches Herbarium als Himmel über den Betern.

Auch im »Schlenkerla« fand sich schließlich ein Platz. Den Namen hat das Haus von einem vormaligen Wirt, der sein verunstaltetes Bein beim Gehen seitwärts schlenkerte. Und das Rauchbier dort heißt nicht von ungefähr so, es schmeckt nach Rauch. Das Malz wird über dem Feuer drei Jahre gelagerter Buchenscheite nicht einfach getrocknet, sondern regelrecht geräuchert. Wie das geht? Man kann sich's zeigen lassen in der Brauerei am Oberen Kaulberg. Im Schlenkerla muß man auch etwas Kräftiges essen, Bratwürste zum Beispiel auf dreierlei Weise: gebraten oder als »Blaue Zipfel« im Essigsud oder als geräucherte »Bauernseufzer«. Sofern einer vor 18 Uhr einsitzt, darf er sogar Mitgebrachtes auspacken, fränkischen Leberkäs, roten oder weißen Preßsack, dazu Sauerteigkipfla oder Zwiebelbrot aus der Bäckerei nebenan.

Unser kulinarisches Spitzenerlebnis hatten wir jedoch – wenn wir das Majoranfilet und die Kalbsvögele im ersten Haus am Ort vergessen – in einem Landgasthof vor der Stadt. Es war noch nicht die Karpfenzeit, es gab zum ungespundeten, gutgehopften Lagerbier als Vesper wahlweise Ziebalaskäs, das ist mit Zwiebeln, Kümmel, Pfeffer und Salz angemachter Quark, oder Zwetschgäbaames (Zwetschgenbaumiges): roh geräuchertes Rindfleisch vom Schlegel, dessen rötliche Farbe an Zwetschgenholz erinnert.

Bamberg hat viele Stadtführer und zwei professionelle. Wir gingen mit Wolfram Steinert, der einer Mädchenklasse mit Nonne den Dom erklärte. Zuerst, als er seine Schäflein auf der Treppe der Neuen Residenz versammelte und mit Heinrich und Kunigunde anhub, verstanden wir nicht alles. In den Verkehr über den Domplatz mischten sich laut Armeelastwagen. Es erfordert Aufmerksamkeit, dem engagierten Manne durch die Geschichte zu folgen, sosehr er seine historischen Rösselsprünge auf die jeweilige Zuhörerschaft zu münzen bemüht ist. Uns erklärte er alles aus den deutschen Böden, religiöse Männergrillen und die Beschaffenheit von Frauenfüssen. Der heiligen Kunigunde wird die Schuhgröße 41 nachgesagt und an der Gnadenpforte des Doms sogar ausgewiesen.

Im Dom vor Riemenschneiders Grabmal der Stadtgründer muß der Führer wieder die Stimme heben, nahegelegene Beichtstühle werden mit einem Mammutstaubsauger gesäubert. Unterm geheimnisvollen Reiter gottlob andächtige Stille. Als Steinert mit seiner Gruppe beim schwarzdunklen Veit-Stoß-Altar anlangt, ist der Staubsauger auch wieder da.

Die schönsten pädagogischen Momente ergeben sich nebenan im pflastergebuckelten Geviert der Alten Hofhaltung, wo sich im kleinen zeigt, wie sich der Stadtinnenraum des großen Domplatzes unverstellt entfalten könnte. Steinert erzählt nebenher, wie sich E. T. A. Hoffmann unglücklich verliebt habe in eine Bamberger Bürgerstocher, darüber sei er zum Dichter geworden. Und Hegel sei in dieser Stadt kurze Zeit Redakteur, aber auch für ein halbes Jahr Lehrer einer Mädchenklasse gewesen, darüber sei er zum Philosophen geworden.

An der Ecke gegenüber dem Domkapitelhaus bietet Frau Steinert im Torbogen Bamberg-Literatur, Stadtpläne und Postkarten an. Vor ihren Steckregalen werden die Lücken unserer Bamberg-Erfahrung offenbar. Das Karl-May-Museum nicht besucht zu haben, wäre wohl noch das geringste Versäumnis. Auch die Parkwege des berühmten Hains an der Regnitz sollen einheimischen Verliebten und den Kinderwagen überlassen bleiben. Von Kirchen und Museen haben wir im Augenblick genug. Der überlebensgroßen Kunigundenfigur, die wieder auf das neue Betonbrett der Unteren Brücke gestellt wurde, werden wir am Abend begegnen, wenn wir der Aufforderung »Beleuchte Klein-Venedig!« Folge leisten: Fünfzig Pfennig in den Schlitz gesteckt und eine Scheinwerferbatterie taucht die Uferlände regnitzabwärts hinter Kunigundens Rücken in grelles Licht. Die Bewohner der alten Fachwerkhäuser am Wasser, sagt man, ließen sich's gern gefallen.

Wer Bamberg auch von oben gesehen haben will, muß auf der Altenburg gewesen sein. Die Fluchtburg aus der Jungsteinzeit über der Stadt ist nach Zerstörung und Verfall um die Jahrhundertwende historisierend restauriert worden. Vom Bergfried hat man Bamberg aus einiger Distanz, Bamberg in der Mulde zwischen den Waldgebirgen, dazu ein Bamberger Gleichnis. Unterm Turm, in einem viel zu engen Zwinger, schlurft immer noch, wie viele Jahre schon, der Braunbär Poldi mit steifen Hinterfüßen hin und her, die Besucher anbettelnd. Gekochte Eier hat er am liebsten, bis hundert am Tag. Die Zeit verrinnt. Vielleicht sollten die Bamberger, außer auf die gewiß dringend nötige Hilfe von außerhalb zu hoffen, selbst rasch etwas Entscheidendes tun für ihre Stadt. Der Gast, der in einem altbambergischen Hotel den Geräuschen lauscht, von den Autos und dem geistlichen Gegenlärm, dem Läuten der reichlich vorhandenen Glocken morgens um sechs um den Schlaf gebracht, grübelt nach dem Grund. Was denken die Glöckner in ihren christlichen Herzen? Vielleicht gar nichts. Sie halten an überkommenen Rechten fest, wie die Autofahrer. Wann wird man ihnen wehren?

Renate Schostack

Ein pirgigs Ländl

Über die Schwäbische Alb

Wie eine Bühnendekoration zum »Parsifal« liegt die Hohenzollernburg am Westrand der Schwäbischen Alb, eine Gralssucher-Feste, das Denkmal einer Dynastie, deren Wahlspruch »Vom Fels zum Meer« in schier unleserlich stilisierten Buchstaben in den Eingangsbogen gemeißelt ist. Die Besucher, an schönen Sommertagen Tausende, schlurfen, nachdem sie den steilen Berg erkraxelten oder sich von einem Minibus für eine Mark vierzig herauffahren ließen, über Parkett- und Marmorböden, lauschen dem Singsang der Führerin, die Bilder und Möbel erklärt, sie probieren die Minnesängerbänkchen in den Fensterbögen, von denen sich das schwäbische Land bequem von oben betrachten läßt. Der Ort ist ein Aussichtsplateau, ein Luginsland, auch auf die Ironien der deutschen Geschichte.

In der Schatzkammer liegt, überflüssig geworden, die Preußenkrone. In der blau-golden ausgemalten Christuskapelle, die eine russische Ikone schmückt, stehen unter verblichenen Fahnen, flankiert von zerfetzten Standarten, die Sarkophage der größten preußischen Könige, Friedrich Wilhelms I., des Soldatenkönigs, und seines Sohnes Friedrichs des Großen. Sie wurden nach dem Zusammenbruch 1945, der die Auslöschung Preußens bedeutete, auf abenteuerlichen Wegen ins Württembergische gebracht. Ein Eishauch weht in der Grabeskirche. Die milde Abendröte über den Tafelbergen der Schwäbischen Alb, die wie gestrandete Boote dunkel nebeneinander liegen – dem Schriftsteller Gustav Schwab erschienen sie gar wie Särge –, illuminiert einen deutschen Untergang.

Wie anders der Lichtenstein, auch ein Wahrzeichen dieser Landschaft. Eine Spielzeugausgabe von einer Burg, artig anzusehen, neckisch thront sie auf ihrer Felsnadel über dem Tal, eher an Moritz von Schwinds Märchen als an Richard Wagners Tragödien erinnernd. In der winzigen Kapelle hängen ein paar gute spätmittelalterliche Tafelbilder, in den heimeligen Zimmern steht schönes altes Gerät. Die Trinkstube mit ihren getäfelten Wänden, den hölzernen Tischen, dem grünen Kachelofen ist so gemütlich, daß man sich am liebsten niederliesse und einen Schluck nähme aus einem der zinnernen Becher, der böhmischen Gläser, die einladend auf Regalen an der Wand stehen. Märchenverwunschenheit auch um das Schloß herum. Hexenhäuschen im Gebüsch, ein Gewölbe voller Haubitzen, eine Blumenwiese, herrliche, mit Kunstsinn angepflanzte Parkbäume, wie es sie im aufs Nützliche bedachten Schwabenland selten gibt.

Das architektonische Phantasiegebilde entsprang einer fürstlichen Laune, die sich an der Imagination eines Dichters entzündet hatte. Nachdem der Herzog von Urach den 1826 erschienenen Erfolgsroman »Lichtenstein« von Wilhelm Hauff gelesen hatte, eine in dieser Gegend spielende historische Romanze, kaufte er von seinem königlichen Vetter in Stuttgart den Felsen, auf dem damals ein Forsthaus stand, um dort, wie sich der Schloßführer ausdrückt, »eine deutsche Ritterburg in der edlen Schönheit des Mittelalters zu errichten«.

So abwegig ist es nicht, einen Bericht über die Schwäbische Alb, das württembergische Kernland, mit Schlössern zu beginnen, die der romantischen Suche nach den Ursprüngen, der Sehnsucht nach dem Mittelalter entsprungen sind. Diesem Boden, dem alten Schwaben, das allerdings andere Dimensionen hatte als das, was man heute gemeinhin unter dem Wort versteht, entsproßten die geschichtsmächtigsten deutschen Dynastien: außer den Zollern die Staufer, die Welfen, auch die Habsburger. Von ihren Stammburgen blieb freilich nichts zurück. Über das Schloß auf dem Hohenstaufen schrieb der Tübinger Professor Martin Crusius schon am Ende des 16.

Jahrhunderts: »Alles ist verschwunden, hinweggeflogen wie ein Vogel.« Das Land zerfiel, von der Geschichte erschöpft, in Klein- und Kleinstherrschaften, deren Enge den schwäbischen Charakter mitprägten. Kleinlichkeit und Starrsinn, aber auch Wanderlust und Ausgriff in die Welt machen die Schwaben zum spannungsreichsten, kompliziertesten deutschen Stamm. So jedenfalls sah es einer, der es wissen mußte: Theodor Heuss.

Blick von der Achalm nach Reutlingen hinunter. Akkurate Gärten, Fabriken im Karree; die Geräusche der Arbeit dringen gedämpft zu dem sonnendurchglühten Berg herauf. »Schwäbischer Fleiß« heißt eine Industrieausstellung in Balingen. Erfahrungen von Trossingen bis Heidenheim, quer durch das ganze Gebiet: also hier wird die Mundharmonika X, die Küchenwaage Y, die Watte Z hergestellt! Von den Zement- und Bausteinwerken am Südrand der Alb abgesehen, sind viele Produktionsbetriebe klein und fein, manche geradezu adrett. Von anderem Kaliber und heute fast schon museumsreif sind die alten Spinnereien, Webereien, Papiermühlen: roter Ziegel, hohe gemauerte Schlote, Fenster wie in Kathedralen. In der Tat machen sie den finsteren gotischen Kirchen, die in Reutlingen, Pfullingen, Metzingen das städtische Zentrum markieren, selbstbewußte architektonische Konkurrenz.

Der Boden der Schwäbischen Alb, früher auch Rauhe Alb genannt, ist karg. Ein »pirgigs, stainigs, rauchs ländl« nannte es Ladislaus Suntheim, Hofgeschichtsschreiber des Kaisers Maximilian, und er fährt fort: »Man braucht zur Bestellung des Ackers 12, 14, 16 Ochsen und ein Roß oder zwei vor einen Pflug wegen der Steine, die ohne Zahl die Äcker bedecken.« Der Fluch des Landes war zudem ein Erbgesetz, das die Bauerngütlein nicht einem Nachkommen zusprach, sondern sie auf alle verteilte. Das ergab zum Leben zuwenig und zum Sterben zuviel. Schaffen, Sparen, Hausen, Haushalten also wurde zu einem Prinzip des Überlebens.

Früh entstand dort, was man modern »Erwerbsbauerntum« nennt. Zum Acker und der Kuh kam der eigene Webstuhl. Schon Ende des 16. Jahrhunderts wurde in Urach eine »Leinwandhandlungs-Compagnie« gegründet. Der Tübinger Theologie-Student Friedrich August Köhler beschreibt im Journal seiner »Alb-Reise im Jahr 1790«, wie die Lebenswirklichkeit dort aussah: »Der Leinwandhandel der Stadt ist bekandt als sehr gros, schade nur daß er ein Monopol weniger Kaufleute ist, die dadurch den vielen Webern der Gegend die Preise nach Belieben sezen, wenn auch die Materialien, aus denen letztere die Leinwand... verarbeiten, noch so sehr im Preise steigen. Deswegen sind auch die Weber meist arme Leute, die zum Theil durch erhaltenen Geldvorschuß, dazu sie die Noth treibt, noch mehr an die Kaufleute gefesselt werden.«

Damit verglichen sieht die Symbiose von Dorf und Industrie heute idyllisch aus. Nehmen wir als Beispiel Oberstetten, irgendwo auf der inneren Hochfläche der Alb gelegen. Am Ortseingang ein niederer, in die Landschaft eingebetteter Bau, in dem, wie ein Schild besagt, »moderne Maschenstoffe« produziert werden. Ein Neubaugebiet drückt Wohlstand aus. Doch sonst sitzen die Misthaufen noch vor den Bauernhäusern, Wäsche trocknet auf Schnüren an der Hauswand, Scheiterholz ist mannshoch aufgetürmt. Aus den offenstehenden Stalltüren das Muhen der Kühe. Über den Stiefmütterchen auf dem Friedhof summen die Bienen. Die Kirche ist, wie in altprotestantischen Gegenden üblich, verschlossen.

1534 hatte Herzog Ulrich in Württemberg die Reformation eingeführt. Wurde die neue Lehre irgendwo ernster genommen als in diesem Land, wo das Sinnieren die Uniform des Denkens ist? Der Schwabenkenner Thaddäus Troll schiebt alles schwäbische Ungemach auf die Pfarrer. Sie hätten, behauptet er, seinen Landsleuten die Lebensbejahung, die Farbenfreude abgewöhnt und aus Württemberg ein »lutherisches Spanien« gemacht. Der Pietismus, der zweihundert Jahre später ins Land kam, verschärfte die Absage an Lebensgenuß und Sinnlichkeit. Jeder Schwabe, so Troll, habe neben dem Bauer einen Stundenbruder im Stammbaum. Die Verbindung von Armut und Fleiß, Frömmigkeit und Mißtrauen gegenüber dem unnützen Schönen ergab eine explosive Mischung. Sie brachte Theologen, Philosophen, Dichter – die oft das Land verließen, um sich selbst zu finden – sowie tüchtige Hausfrauen, geduldige Tüftler, Erfinder hervor. Die Musen hat sie verjagt. Als die »Amerikaner Europas« bezeichnete der schwäbische Verleger Ernst Klett maliziös seine Landsleute.

Schwäbischen Protestanten mußten sie ein Dorn im Auge sein, die golden schwebenden Engel, die tanzenden Putti, die farbigen Deckenhimmel, die ganze schwingende, züngelnde, lodernde Barockwelt von Neresheim, Obermarchtal, Zwiefalten, die am Rand der Schwäbischen Alb den Sieg der Gegenreformation verkündete. Obwohl dies Gebiet im Mittelalter zu Schwaben gehörte, trugen die katholisch gebliebenen Landstriche zur heutigen schwäbischen Stammesmentalität nichts bei. Theodor Heuss nennt die Schwaben »undekorativ«. Der Sinn fürs Spielerische geht ihnen ab. Etwas zum puren »Basledo«(vom französischen »passer le temps«), also Zeitvertreib, zu tun, gilt als schimpflich.

Nein, sie beten nicht, sie simulieren auch keine Arbeit, die nackten Stuck-Knäblein, die an den Altären der Abteikirche von Zwiefalten ihr Wesen treiben. Sie spielen mit Spruchbändern und Weihrauchfaß Priester, sie spielen mit Pfeil und Augenbinde – horribile dictu – Amor. An der Decke schäumen die Wolken, braun, goldgelb, Gewänder fliegen, Balustraden kurven, Treppen strudeln herab. Obwohl die Seitenaltäre zwecks Restaurierung zur Zeit entfernt sind oder unter grossen staubigen Plastikbahnen verschwunden, möchte man stundenlang hier sitzen und auf visuelle Entdeckungsreise gehen.

Mit diesen Erzeugnissen der Kunst können die »Rettiche, Schwarzwurzeln, Spargel«, das »Spiegelei« und der »Florentinerhut« nicht konkurrieren, die wir am Vormittag zusammen mit Arbeitern, die einen Betriebsausflug machten, in der am Ostrand der Alb gelegenen Charlottenhöhle gesehen hatten. Die Höhle ist ein leicht ansteigender, ehemaliger Wasserlauf triefend und glitschig, die Temperatur beträgt neun Grad Während der Führer die Tropfsteingebilde mit der Taschenlampe anleuchtet, habe ich über die seltsame Natur der Speläologen nachgedacht, die freiwillig durch die finstere, kalte Nässe im Schoß der Erde kriechen.

In dieser Landschaft des porösen Gesteins kommunizieren Stein und Wasser auf geheimnisvolle Weise. Den Felsabstürzen und Klüften, den Erdlöchern und Höhlen – an die zweihundert sind bekannt, ein Dutzend etwa zugänglich – entsprechen die Wasserfälle und Wassertöpfe, in denen das ar der Oberfläche versickerte Naß wieder zutage tritt. Mörike besang beide, Fels und Wasser, im Gedicht »Besuch in Urach« und in dem Märchen »Historie von der schönen Lau«.

Die Schwäbische Alb, die der Reisende gewöhnlich von den Staus auf der Autobahn am Drankensteiner Hang kennt, ist auch ein altes deutsches Sehnsuchtsgebirge. Wenn Hölderlin, von Griechenland träumend, nach Südosten blickte, sah er die Alb. Mörike besang die liebliche Magie der schönen, blauen Glasberge, hinter deren Mauern er »der Königin von Saba Schneckengärtlein« vermutete. HAP Grieshaber nannte das Gebirge, dem er besonders zugetan war, »grob, fein und göttlich«. Einen Blick in seine geistige Dimension, in die Erdgeschichte, tut man im Museum Hauff in Holzmahden. Dort sind, vorzüglich arrangiert und erklärt, die Funde zu besichtigen, die in den Ölschieferbrüchen der Umgebung gemacht wurden: versteinerte Saurier und Fische, Schneckengewinde und »Seelilien«, wie sie in dieser Pracht und Wohlerhaltenheit nirgends sonst auf der Welt zu sehen sind.

Man könnte diese Landschaft auf der – nicht immer ausreichend beschilderten – Schwäbischen Albstraße, die von Tuttlingen nach Nördlingen führt, an einem Tag mit dem Auto durchqueren. Doch für dieses Gebirge sollte man sich Zeit lassen. Man muß durch seine Täler mäandern, in alten Städtchen und Dörfern halt machen, zum Beispiel in Blaubeuren. Das Wasser des Blautopfs, auf dessen Grund die schöne Lau sitzt – »mit langen fließenden Haaren, ihr Leib war allenthalben wie eines schönen, natürlichen Weibs, dies eine ausgenommen, daß sie zwischen den Fingern und Zehen eine Schwimmhaut hatte, blühweiß und zärter als ein Blatt vom Mohn« –, ist blau wie Zyankali und dort, wo sich die Buchen und der spitze Turm der Klosterkirche spiegeln, grün wie Kupfer. In den Bauerngärten, die noch, wie es sich gehört, hölzerne Staketenzäune haben, röten sich die Johannisbeeren. Ans Gewölbe des Klosterchors sind die Wiesenblumen der Alb gemalt. Die zwölf Apostel auf der Predella des Hochaltars tragen kantige, ausdrucksvolle Gesichter, wie man ihnen draußen auf der Straße begegnen kann.

Spektakulär der Donaudurchbruch hinter Sigmaringen. Zwischen abstürzenden Laubwäldern nackte Felswände, von einer Riesenfaust auseinandergerissen, um dem Wasser des grün sich dahinschlängelnden Flusses einen Abzug zu verschaffen. Vom Kloster Beuron, das wie eine Geistesfestung inmitten eines natürlichen Felstheaters liegt, geht es hinauf zur Burg Wildenstein. Sie ist kein romantisches Phantasieprodukt, sondern eine echte mittelalterliche Wehranlage. Trutzig ruht sie mit ihrem blendend weißen Rundturm, den schmalen Querschlitzen im sechs Meter dicken Mauerwerk auf den Felsen über dem Tal. Die Schenke im inneren Burghof ist geschlossen. »Heute Ruhetag« steht an der Tür. Buben in der Einheitskluft der Jugend, T-Shirt und Blue jeans, rennen mit Decken über die hölzerne Zugbrücke und hinauf zu den Wehrgängen. Die Burg dient als Jugendherberge. Geschwader von Hubschraubern, die in Dreierformationen über die Bäume rattern, werfen bizarre Schatten auf die Landschaft. Die Alb ist Fliegerland, beliebt bei Seglern und Bundeswehrpiloten.

Alle Straßen der Schwäbischen Alb führen nach Urach. Das schmucke Städtchen, heute auch Thermalbad, bietet mit Renaissanceschloß und gotischer Kirche, mit sauber hergerichteten Fachwerkhäusern, Gassen und Durchschlupfen, mit Spinnerei und Brauerei ein geschlossenes Ensemble altwürttembergischer Art. Bis vor einigen Jahren befand sich im ehemaligen Kloster neben der Kirche das evangelisch-theologische Seminar, das wie die Seminare von Blaubeuren und Maulbronn zu den Pflanzstätten schwäbischer Gelehrsamkeit gehörte. In der düsteren Stadtkirche sind noch die Seufzer des jungen Mörike zu hören. Hinter dem Taufstein ein Epitaph, auf dem ein ganz unschwäbisch gravitätischer Herr, der die Halskrause nach spanischer Manier trägt, einen Zweig Maiglöckchen zierlich zwischen den Fingern hält. Von überraschender Eleganz sind die wiederhergestellten Säle des alten herzoglichen Residenzschlosses. Palmfresken, geschmiedete Blumenleuchter, Stukkaturen in Weiß, Gold, Mauve zeugen von Weltläufigkeit und Prunkliebe.

Spaziergang zum Wasserfall. Der schattige Weg führt an einem Bach entlang, der so ist, wie Bäche sein sollen: eingefaßt von Vergißmeinnicht, Storchschnabel, Butterblumen, durchsichtig bis auf den Grund, mit hellen, sandigen Wannen, in denen die Forellen stehen, mit bemoosten Steinen und hölzernen Staustufen, über die das Wasser laut plätschernd hinunterfließt. Der Strahl des Wasserfalls schießt zwischen ausgebleichten Wurzeln, in der Nachbarschaft heller Steinwände und grüner Buchen, mitten aus der Bergflanke hervor. In wehenden Schleiern fällt er herab, tost in milchigen Strähnen über moosigen Felsgrund, ehe er sich im Bach sammelt.

Ein Bild zum Malen: vor der altertümlichen Silhouette von Trochtelfingen, dem hellen Treppengiebel des Schlosses, der hochragenden Kirche, dem runden Geschützturm eine Schafherde an der Stadtmauer, weißgefleckt von Lämmern. Der Schäfer im grünen Umhang, den zotteligen Hund zur Seite, stützte sich auf seinen Stab, selbstbewußt, als wisse er, daß er hier Landschaftspflege betreibt. Die mit Wacholderbüschen, Schwarzdorn, Silberdisteln geschmückte Parklandschaft, wie sie die Hochfläche der Alb charakterisiert, ist den Schafen zu verdanken.

In gemächlichen Windungen fließt die Lauter durch saftige Wiesen, an Dörfern und Burgruinen vorüber. Am Himmel dicke Gewitterwolken. Auf einer Bohlenbrücke, die ohne Geländer den Bach überspannt, lassen kleine Mädchen, Kränze aus Löwenzahn im Haar, die Füße im Wasser baumeln. Es ist beschlossen, wiederzukommen, wenn das Buchenlaub sich färbt, die Wiesen zum zweitenmal gemäht, die Äcker gestürzt sind.

Friedrich A. Wagner

Unter dem Großen Wagen

Nachts im Schwarzwald

Wie finster eine Sommernacht im Schwarzwald sein kann, wenn der Mond noch nicht aufgegangen ist! Als ob wir durch schwarze Watte tappen, ging es mir durch den Sinn. Die Wandervogelregel aus Jugendtagen, hinauf zum Himmel zu sehen, um an der Lücke zwischen den Waldbäumen den Verlauf des Weges unten auf der Erde zu finden, half nicht gerade viel. Natürlich war oben das Firmament heller, und man sah das Flirren unzähliger Sterne, aber die Füße schlurften durch einen lichtlosen Schlund. Zum Glück ging es bergab. Wir waren auf unserer Nachtwanderung auf dem Rückweg vom Mooskopf und der Kornebene ins Tal. Einige in der Gruppe ließen hin und wieder ihre Taschenlampen aufleuchten, aber gleich rief einer barsch: »Licht aus!« Und das war nur recht. Das Auge mußte sich an die Schwärze gewöhnen, das Licht störte nur.

Die nächtliche Wanderung hatte in Gengenbach begonnen. Doch es muß, der Wahrheit halber, hinzugefügt werden, daß es noch hell war, abendlicher Abgesang eines strahlenden Sommertages, und daß wir die ersten paar Kilometer bis zum Parkplatz im Wald mit dem Bus zurücklegten. Die Gruppe, ein reichliches Dutzend tüchtiger Wanderer, zünftig bekleidet mit kräftigen Schuhen, die beiden Jüngsten um die Zwanzig, der Älteste wohl Mitte Sechzig, hatte sich vor dem Verkehrsamt am Marktplatz versammelt.

Sie musterten sich neugierig und bestiegen den Bus, der am

Marktbrunnen parkte, gleich vor dem steinernen Ritter, der in der Hand so selbstsicher die Dokumentenrolle mit den Reichsstadtprivilegien hält.

Wir fuhren ins Tal der Haigerach hinein und durch eine Landschaft, die nicht nur bei romantischen Prospektverfassern das Beiwort lieblich oder anmutig erhält. Hinten im Bus saß Sammy und schlug ein paar Klampfenakkorde an. Daß sie ihn Sammy nennen, erfuhr ich erst später, jetzt sah ich nur ein dichtes Gewirr von Haupt- und Barthaar, in dem zur Not noch Stirn, Nase und Augen zu erkennen waren. Vor einem Haus mit vielen Bäumen hielt der Bus, und Sepp stürzte aus der Tür, ein kräftig gebauter Wandergefährte Ende Dreißig und mit einer blonden Locke auf dem Kopf. Sepp war der Führer auf dieser Nachtwanderung, ein passionierter Bergsteiger, wie wir bald merkten, mit dem zähen Schritt des Geübten, im Zivilberuf Angestellter beim Verkehrsamt unten in Gengenbach. Als einziger hatte er auf dem Buckel einen Rucksack, aber was da drin war, erfuhren wir erst später.

Am Parkplatz im Wald holten alle erst mal tief Luft: Ah, richtige Schwarzwaldluft. Es roch kühl und nach Nadelbäumen, und wir stapften los. Bald verließen wir den Fahrweg und nahmen Pfade bergauf, die abkürzten und gelegentlich ein wenig steil waren, so daß einige zurückblieben und einen einfacheren Anstieg zu unserem nächtlichen Ziel wählten. Noch war die Sonne nicht untergegangen, aber Dämmerung fiel ein, jenes sanfte Zwischenlicht vor der Nacht, das im Sommer lange währt. Wir kamen an einen Sattel und zu einem kleinen Platz im Walde, der eigentlich eine ausgedehnte Wegespinne war. An den Bäumen meldeten die Zeichen und Wegweiser, wie weit es hierhin und dorthin ist, nach Offenburg zum Beispiel oder in die Weindörfer der fruchtbaren Ortenau. Unter den Bäumen stand ein steinernes Mal, viereckige Felsstücke mannshoch übereinander. Inschriften darauf erinnerten an den berühmtesten Weinwirt der Ortenau, an den Pferdeknecht und Landstörzer, den Regimentssekretär und Dichter Hans Jakob Christoffel von Grimmelshausen, der am Ende seines Lebens Schultheiß in Renchen bei Kehl war, nicht weit von hier. Der Historische Verein von Mittelbaden hatte vor drei Jahrzehnten diesen Gedenkstein gesetzt und darauf vermerkt, daß Grimmelshausen seine autobiographische Romanfigur Simplizius Simplizissimus hier am Fuße des Mooskopfes im nördlichen Schwarzwald das Ende seiner abenteuerlichen Irrfahrten als Einsiedler sein Dasein fristen ließ.

Jetzt aber g'schwind auf den Mooskopfturm, ehe es ganz finster ist, trieb uns Sepp an. Oben auf der Aussichtsgalerie hätte jeder am liebsten »Ah« gesagt, aber alle blieben minutenlang still. In blaßblauen Wellen schwangen sich die Hügel und Berge rundum der Nacht entgegen, schweigend und wie schon erstarrt im ersten Schlaf. Ein falber Schleier hüllte dort, wo die Rheinebene sich ausbreitet und Straßburg liegen mußte, den Horizont ein. Hinter dunklen Abendwolken schimmerte rot das Licht der sterbenden Sonne. Ein kühler Lufthauch wehte durch die Wipfel der Bäume unter uns, wir fröstelten und legten den Anorak um den verschwitzten Rücken, bis wir die steile Turmtreppe wieder hinabstiegen.

Ehe die Nacht vollends hereinbrach, hockten wir dichtgedrängt auf rohgezimmerten Bänken, in der Holzhütte am Fuße des Mooskopfturmes. Sepp öffnete seinen geheimnisvollen Rucksack und holte drei Flaschen Rotwein heraus und ein paar Gläser mit der Aufschrift »750 Jahre Gengenbach«. Das Städtchen, liebevoll restauriert, ein urbanes Schmuckstück weitum im Schwarzwald, hat eine alte Geschichte, und in dieser Vergangenheit entstanden auch manche Sagen und Legenden. Eine Wandergefährtin aus Gengenbach las aus einem Buch die Sage vom »Moospfaff« vor, einem Mönch im Mittelalter, der hier »auf der Moos« geistert, ruhelos und unstet, weil er aus Neid darüber, daß er nicht zum Abt des Benediktinerklosters unten im Tal gewählt wurde, Hand an sich selbst gelegt hatte. Nun erscheint er nächtlichen Wanderern und lockt sie in die Irre. Ja, ja, sagte der Sepp, auf der Moos da geht es seltsam zu, da haben sich schon manche verlaufen. Der rundliche Kölner hielt von solcher Gespenster- und Spökenkiekerei in einer Schwarzwaldnacht absolut gar nichts. »Kennt ihr den schon?« sagte er, und die gruselige Stimmung zerbrach in einem Lachen.

Es war nun finster, und wir brachen auf. Manche wanderten schweigend, andere dämpften die Stimmen beim Reden, doch völlig still war nur der Wald, kein Windhauch rührte sich. Warum, so dachte ich, tun wir das? Was treibt eine Handvoll Urlauber aus den lauten Städten dazu, unter der Führung und Begleitung von drei, vier wegekundigen Einheimischen durch die Nacht zu ziehen, einer Hütte auf dem Kornboden entgegen, wo ein Dutzend jugendlicher Nachtgäste im Freien sitzt und mit reichlich falschem Gejohle die Stille des Waldes zerreißt, und wo wir drinnen mit anderen Wanderern ein Bier trinken und einen Wein und Sammy, der Bärtige, mit seiner Klampfe und seinen Liedern fast so etwas wie »Hüttenzauber« erzeugt, gäbe es dazwischen in den Pausen nicht immer wieder dieses ewige »Kennt Ihr den?« – gefolgt von dummen Witzen.

Warum also wandern in so vielen Orten an der See und im Gebirge die Leute nachts auf den Dünen oder über finstere Waldpfade? Mitternacht war vorbei, als ich eine Antwort zu erahnen meinte. Beim Abstieg von der Hütte war unsere Gruppe auf eine Lichtung gelangt. Über dem waldbestandenen Hang drüben leuchtete der Große Wagen. Der Himmel verlor ein wenig von seiner Schwärze, bald mußte der Mond aufgehen. Alle verhielten die Schritte. Ein schönes Lied, Sammy, sagte einer. Der Bärtige schlug ein paar Akkorde auf seiner Klampfe, und die ganze Gruppe sang leise »Kein schöner Land«, die Alten, die Mittelalterlichen und die Jungen – alle gemeinsam.

Der Wald stand schwarz und schweigend. Doch kaum war der letzte Ton in der Nacht verklungen, da hieb der Bärtige in die Saiten der Gitarre. Es war, als ob er sich geniert, wegen unserer romantischen Anwandlungen. »Schrumm« und »schrumm« schlug er Marschmusikakkorde. Wir nahmen den Weg unter die Füße. Es wurde ein fröhlicher Heimweg, zwei Stunden das Tal hinab. Wir hörten den Bach rauschen, und dann warf der aufgegangene Mond silbernes Licht über die Berge und die Wälder.

Ursula Binder-Hagelstange

Gewölle mit Kirchturmspitzen

Das Markgräfler Land

»Markgräfler Land« – der Name ist eine historische Reminiszenz. – Im Jahre 1444 war dem Markgrafen von Baden-Durlach, im Zug dynastischer Landverteilung und -vererbung, ein Teil der oberrheinischen, von Schwarzwald und Strom begrenzten Landschaft zugefallen, ein Gebiet, das im geographischen Sinn nichts anderes ist als die Fortsetzung des Breisgaus in südlicher Richtung, von Freiburg bis Basel. Müllheim, die Metropole des Markgräfler Landes, ist genau in der Mitte zwischen diesen beiden Städten gelegen.

Als 1555 ein anderer Markgraf von Baden-Durlach zum Protestantismus übertrat, konvertierte das Markgräfler Land – cuius regio, eius religio – mit ihm zusammen. So kommt es, daß die Kinder in Freiburg zur Kommunion gehen, während sie in Müllheim oder Lörrach konfirmiert werden. Die Markgrafen und ihre Nachfolger, die Herzöge und Großherzöge von Baden, haben dem Markgräfler Land keine spektakulären Residenzen beschert. Die sehenswerten Architektur-Monumente sind eher geistlicher Art, eine Hinterlassenschaft der Orden. Zum Beispiel St. Trudpert im Münstertal, ein imposanter, im wesentlichen barocker Kloster-Komplex, erbaut von Peter Thumb auf Vorarlberg, bestehend aus Kirche, Klosteranlage, Terrassenfriedhof und älterer St.-Trudpert-Kapelle (auf den grünen Hängen ringsum sind zuweilen schneeweiß gekleidete Ordensfrauen mit der Heuernte beschäftigt). Der heilige Trudpert, ein irischer Missionar des 7. Jahrhunderts

n. Chr., soll hier von seinen Knechten erschlagen worden sein. Vielleicht wollten sie nicht länger roden, oder sie erlitten einen Rückfall in den Glauben an die keltische Waldgöttin Abnoba.

Das einst immense Wasserschloß Heitersheim – es sind nur noch Restbauten erhalten – ist Residenz der Fürst-Äbte des Johanniter- und Malteser-Ritter-Ordens gewesen, die hier eine Kommende und viele verstreute Besitzungen hatten. Und das entzückende, von Bagnato erbaute, auf einer Aussichtsterrasse des Blauen gelegene Bürgeln war seiner Bestimmung nach kein Lustschlößchen, sondern eine Propstei des Klosters St. Blasien. Einer der drei Bauherren, der berühmte Abt Gerbert, ist in der Bildergalerie des Schlößchens zu sehen, ein schmales, geistvolles Antlitz.

Heutzutage beruht das Renommee des Markgräfler Landes auf einem ganz anderen Faktor, auf dem Wein. Gutedel und »Markgräfler« sind fast identisch. Aber auch Müller-Thurgau, Silvaner, Riesling, Gewürztraminer werden angebaut und der phantastische Spätburgunder »Weißherbscht«, der die Farbe von Quittengelee hat. Diese Weine gedeihen, weil ein breiter Streifen von Jurakalk, auf dem sich hohe Lößschichten abgelagert haben, den Boden durchzieht. Reben wachsen auf dem Batzenberg wie auf dem Staufener Schloßberg, auf dem Badenweiler Römerberg wie auf dem Zunzinger Rosenberg, auf diversen Ölbergen, den Olivenbergen der Römer sowie auf den Hängen von Auggen und Schliegen – auf all den großen und kleinen Bergwellen, mit denen die Urbewegung, als sie Schwarzwald und Vogesen auseinanderriß und dem Rhein ein Bett grub, in der Tiefebene verebbte.

Das Licht stürzt im Frühling und Sommer mit blendender Fülle auf diese Landschaft herab und auch auf die hügeligen, parkartigen Wiesengründe, die, hier und da von Pappelgruppen akzentuiert, von Bächen durchschlängelt werden. Bleiben die Wälder. Spender von Schatten und Kühle. Es ist lang her, daß Kaiser Julian den Schwarzwald für unwegsamer befunden hat als den Taurus, und daß er sarkastisch von dem grölenden Gesang berichtet, mit dem die Barbaren ihre wilden Lieder aus den Wäldern erschallen ließen. Doch die ganze, lange Schwarzwaldkulisse ist mehr als nur eine Zuflucht vor der sengenden Sonne. Wer an schönen Sommertagen oder Abenden an ihr entlangfährt, spürt, daß sie einen wesentlichen Anteil an der Schönheit dieser Landschaft hat.

Exaltationen und Sensationen, wie sie spanische Sierra-Horizonte mit ihren bizarren Einzelmotiven bieten, fehlen ganz. Die Gesamthöhe bleibt einigermaßen konstant, aber die Kammlinie beginnt mit immer neuen Ansätzen, flutet zügig dahin, in einem beschwingten, melodischen Rhythmus. Mit dem Zeichenstift müßte man den weich gebrochenen Diagonalen im Auf und Ab der einzelnen Bergketten nachgehen; besser noch mit einem lavierenden, plastisch abschattierenden Pinsel, denn es handelt sich ja nicht um eine plane Gebirgswand. Selbst der Belchen, mit 1414 Metern der zweithöchste und formschönste Berg des Schwarzwaldes, zeigt, wenn er hinter einer Biegung des grünwandigen Münstertals auftaucht, mit seiner breiten, nackten Kuppe und den beiden Trabanten (Eberhard Meckel hat ihn einmal mit einem gehörnten Stiernacken verglichen) abgerundete Formen. Und der Blauen, die südlichste Erhebung in der Schwarzwaldkette und der eigentliche Hausberg des Markgräfler Landes, erhebt sich als eine Waldpyramide mit sehr sanften, weitausschwingenden Flanken über breiter Basis.

Freilich »schwarz« ist der Schwarzwald nicht. In der Nähe nehmen sich seine Wälder aus wie grünblaues Gewölle, in der Ferne verschwimmt die Gebirgskette in einem einheitlichen, milchigen Blau.

Die Dörfer des Markgräfler Landes schauen häufig nur mit der Kirchturmspitze aus der Landschaft heraus. Sie haben sich in geräumigen Erdmulden eingegraben – auch, um vor den Winden der Burgundischen Pforte geschützt zu sein. Ich denke an ein kleines, von Müllheim eingemeindetes Winzerdorf, dessen Namen auf »ingen« endet – Garantie für alemannische, wenn nicht gar keltische Abstammung. Ins Dorf hinein beziehungsweise hinab führt eine Schlucht, auf deren Lößwänden man hoch oben Rebstöcke flimmern sieht. Dann bahnt sich eine Hauptstraße – sie heißt natürlich Winzerstrasse – in lässigen Windungen den Weg zum Ausgang des Dorfes, der wiederum von einem Hohlweg gebildet wird; seitwärts zweigen Sträßchen ab und ein kleiner Rathausplatz. Vormittags, wenn das Rathaus und der einzige Kaufladen (neben dem Spritzenhaus) stundenweise geöffnet sind, spielt sich hier das kommunale Dorfleben ab, nachmittags ist der Platz vom Geschrei der Kinder und der Schwalben gefüllt. Das Ambiente läßt sich mit einem Wimpernschlag erfassen: da der Brunnen aus rotem Sandstein und die Brunnensäule mit der plastischen Kugel obenauf (ein Wappen am Säulenschaft beurkundet, daß das Dörfchen im 18. Jahrhundert zur Herrschaft Badenweiler gehört hat) und dort das weiße Rathaus, ein Ableger jenes deftigen, zum Biedermeier tendierenden Klassizismus, der ein Vermächtnis Weinbrenners, des Karlsruher Architekten, ist. Die barocke, ehemalige Posthalterei gegenüber scheint dem Verfall preisgegeben. Jedenfalls reckt der schmiedeeiserne Adler den Hals ins Leere; an seinem Schnabel baumelt kein Wirtshausschild mehr, das früher einmal die Doppelfunktion des Gebäudes als Posthalterei (an der Pferde gewechselt wurden) und als Gastwirtschaft angezeigt haben mag. Der Hintergrund hat etwas von der naiven Anmut Hebelscher Gedichte: Ein von zwei Ulmen markierter Weg führt jenseits des Baches schräg hinauf zu der kleinen, spätgotischen Kirche, die für Taufen an Katholiken ausgeliehen wird. Sie ist glücklich restauriert und frisch geweißt worden. Ein Viereckturm bildet die plastische Westfassade. Unterm roten Turmhelm leuchtet das Zifferblatt der Turmuhr in kräftigem Blau.

Alle Kirchen dieser Region – auch die von Betberg, Sankt Ilgen, Britzingen – besitzen solche Einturmfassaden. Ihr Vorbild ist der Westturm der romanischen St.-Cyriaks-Kirche in Sulzburg, ihr Ausklang und letzte Steigerung der gotische Turm des Freiburger Münsters. – Gleich hinter der Kirche fängt die Landschaft wieder an mit gerasterten Rebhängen und dem blauenden Schwarzwald. Am Sonntagmorgen kann es sein, daß Pferdegetrappel plötzlich die absolute Stille unterbricht. Eine Kavalkade von vier, fünf Reiterpaaren kreuzt unseren Weg, um hintereinander im nächsten Hohlweg unterzutauchen.

Mir haben es auch die sieben hundertjährigen Linden vor der Kirchhofmauer angetan (wie die Leute es verstanden haben, Bäume zu setzen) und eine uralte, aus Haussteinen aufgeschichtete Mauer neben dem Dorfbach; der verwunschene und verwilderte Garten dahinter, das halb aufgesperrte Scheunentor in diesem Garten. Ich weiß jetzt auch warum: weil sich die Erinnerung stimuliert durch ungefähre Ähnlichkeiten, zurücktastet in die Kindheit: auf senkrechten Sprossenleitern sind wir in der dämmrigen Scheune bis zum zweiten Stockwerk hinaufgeklettert, um im Heu zu toben und nachher mit Geschrei herunterzuspringen – wir müssen Schutzengel gehabt haben – auf den hoch mit Klee beladenen Wagen da unten. Sind wir nicht alle immer auf der Suche nach dem »Verlorenen Hain«, wie Raffael Alberti das Erinnerungsbuch an seine Kindheit und Jugend genannt hat?

Nichts Besonderes, mag man denken. Und doch sind alle diese Weindörfer etwas Besonderes, weil in ihnen jene »Verlorene Einheit« weiterlebt (oder etwas davon), die Kristian Sotriffer in seinem gleichnamigen Buch an Hand von großartigen Beispielen aus dem Alpenraum herausstellt. Hier ist es noch vorhanden: das Gefühl für Verhältnisse, für glückliche Plazierungen, für das Einbinden des Teils in das Ganze; der Handwerk-Sinn. Wer kann heute noch einen Schopf (das ist ein Schuppen) aus Holz konstruieren und ornamentieren? Wer käme auf so reizende Ecklösungen an Gebäuden, die ein Empfinden für Straßen- und Platzräume voraussetzen?

Sotriffer nennt sein Buch einen Abschied; und darum geht es wohl auch in den Dörfern des Markgräfler Landes. Der Strukturwandel ist, wie überall, im Gange.

Ich habe einmal über der schmalen Nebenpforte einer Gasthofmauer aus der Hermann-und-Dorothea-Zeit in der verblaßten Frakturschrift des 18. Jahrhunderts die Inschrift »Gäste-Stall« gelesen. Das war ein Hinweis darauf, daß die dazumal zu Pferd ankommenden Reisenden ihre Rösser durch diese Nebenpforte in einen Extrastall führen sollten, um nicht die Einfahrt von Getreide oder Weintrauben durch das breitere und höhere Tor daneben zu behindern. Es gibt sie noch, diese ummauerten Weinbauerngehöfte mit dem rundbogigen Doppeltor. Das Wohnhaus kehrt die Giebelfront zur Straße, hat eine Außentreppe an der Breitseite und gruppiert die Wirtschaftsgebäude im Geviert. Aber sie sind in der Minderzahl und haben die Ställe häufig zu Garagen umfunktioniert. Denn Weinbau ist oft nur noch ein Zusatzverdienst.

Man bleibt im Dorf wohnen, verdient sein Geld aber in der nächsten Stadt oder in mittelständischen, unauffällig in die Landschaft integrierten Industriebetrieben.

Bisweilen sind Künstler die Verschönerer oder Retter der alten Gebäude. Ein Musiker hat, als er noch in ...ingen wohnte, die Fensterläden seines Hauses weiß grundiert, dicke Notenlinien gezogen und dicke Noten hineingemalt. Schwarz auf weiß prangen jetzt Bachsche Fugen auf den Fensterläden eines Bauernhauses. Und in Efringen-Kirchen hat der Maler Karl-Heinz Scherer ein mittelalterliches Staffelhuus so großartig umgebaut, daß der Deutsche Werkbund kürzlich seine Tagung in der ehemaligen Scheune abgehalten hat.

Nebenbei: Ein Staffelhuus ist ein Haus mit einem Treppengiebel. Nicht daß Mundart – Alemannisch – im Markgräfler Land gesprochen wird, ist verwunderlich, sondern der Umstand, daß auch Gebildete sich auf alemannisch, also in der Sprache des Dichters Johann Peter Hebel, unterhalten, mithin keine Schwierigkeiten haben, sich mit den Baslern auf Schwyzerdütsch zu verständigen.

Ein paar Steinchen, aufgeklaubt im Geröll des Dorfbachs, erweisen sich als Partikel vom Urgestein, aus dem die Schwarzwaldberge bestehen: der Blauen aus Granit, der Belchen aus Gneis. Ein Stückchen poröser Lava dokumentiert Vulkanismus. Wenn dieser auch in einem frühen geologischen Zeitalter vor Jahrmillionen bereits abgeschlossen war, so hat er dem Land doch wertvolle Andenken hinterlassen, in Gestalt mineralhaltiger Thermalquellen, die warm aus dem Boden sprudeln, in Freiburg und in Bad Krozingen, in Bad Bellingen und im berühmten Badenweiler. Hier haben sich die Römer, vertraut mit dem Phänomen heißer Heilquellen aus dem Golf von Neapel – seinen Küsten und Inseln –, als Pioniere der Balneologie ein Denkmal gesetzt. Ihre opulente Badeanstalt, mit drei Becken, wird von Archäologen betreut und rekonstruiert; sie ist in den phantastischen, an tropischen Bäumen reichen und ehrwürdigen Kurpark integriert, in dem das moderne Kurhaus dem Gast mit vielen Sonnendächern einen Schatten aufspannt.

Das Musterbeispiel eines vulkanischen Kegelbergs steht, bekränzt mit Reben und bekrönt mit einer ansehnlichen

Burgruine, vor dem Städtchen Staufen, nahe dem Eingang zum Münstertal. In dem Haus, das sich der 1972 verstorbene Schriftsteller und Griechenlandfreund Erhart Kästner am Staufener Bötzenberg erbaute, werden die Glaswände zu Schaufenstern, die den zierlichen Vulkan rahmen, als sei er ein Motiv von Dürer oder Cranach.

Gen Süden folgen dem Staufener Schloßberg am Schwarzwaldrand, in der eigentlichen Vorbergzone, noch andere kleine Bergbuckel wie der Fahrenberg bei Ballrechten und der Kastelberg – auf dem einmal ein römisches Kastell gestanden hat. Der Weg führt in sanften Wellen und Schleifen durch die Landschaft, kurvt um Hügel und Berge herum. Die Rebzeilen drehen sich wie die Speichen eines Riesenrades. Hier und da ist eine Pappel wie eine Standarte aufgepflanzt. So anmutig-abwechslungsreich ist die Landschaft, daß einem das Wort von der »Toscana der Bundesrepublik«, kürzlich von einem Naturwissenschaftler geprägt, in den Sinn kommt.

Aussteigen, Blumen pflücken, sich in einer Staudengärtnerei umtun, dem Gesumm der Bienen lauschen – die »Heimlichkeit der Welt« empfinden, von der Achim von Arnim gesprochen hat. Oder aber hinaufsteigen zu einem der weißen Häuschen hoch oben in den Reben, in denen im Herbst der Bammert (Bannwart?) sitzt und aufpaßt; bewaffnet mit einer Flinte, um Spatzen zu schießen. – Von da, aus der Vogelperspektive, hinunterschauen auf die weite Oberrheinische Tiefebene, deren Ostwiesen und Weiden, Mais- und Getreidefelder, Äcker und Fluren schließlich zu einem einheitlichen Grün-Grau verschwimmen – hüben wie drüben. Der lange, dunkel-wellige Streifen in der Mitte – das sind die Auenwälder, hinter denen sich der deutsche Rhein und der französische Rhein-Rhône-Kanal verbergen. Und der schneeweiße Baukomplex, abgesondert aus den jenseitigen Auwäldern, das ist der elsässische Atommeiler von Fessenheim. Den Rhein selbst und seinen Seitenkanal kann man besser aus größerer Höhe, etwa vom Belchen aus, erkennen – wenn beide im Abendsonnenschein eine parallele Schleife »auf das Parkett legen«.

Bei gutem Wetter sind die Vogesen im Hintergrund der weiten Ebene nur in Umrissen zu erahnen, wie eine japanische Silberstiftzeichnung. Bei Wetterumschlag gewinnen sie dagegen eine dunkle Majestät und Würde – spiegelbildliche und wildere Entsprechung des Schwarzwaldgebirges.

Die wehmutsvolle Utopie von einer deutsch-französischen Verständigung, die René Schickele in sein Buch »Blick in die Vogesen« gelegt hat, ist gegenstandslos geworden. Man trifft auf den Schwarzwaldhöhen Franzosen, die sich in der Topographie der Berge und Täler besser auskennen als viele Einheimische, und ebenso bilden die Vogesen die Alternative für deutsche Ausflügler.

Kleine Städte wie Staufen oder Sulzburg wirken auf den modernen, an Uniformität gewöhnten Großstädter wie intime, historisch möblierte Interieurs unter freiem Himmel. Kostbare Zugabe in Sulzburg die frühromanische St.-Cyriaks-Kirche – schlichtes Pendant zu Sankt Michael in Hildesheim – sowie ein um 1550 angelegter Judenfriedhof mit vielen hebräisch beschrifteten Grabstelen; einst der zentrale Friedhof für alle Judengemeinden des Markgräfler Landes.

Staufen wiederum will der Ort sein, an dem Dr. Faustus vom Teufel geholt wurde. Ein Alchimist, der vermutlich bei einem Experiment, angestellt im uralten Gasthaus »Zum Löwen«, ums Leben kam, wurde von der Legende mit Dr. Faust identifiziert. Glaubt man der Zimmernschen Chronik, so hat »Mefistoffel« dem »Zauberer und Schwarzkünstler« im Jahre 1539 das Genick gebrochen, in eben dem Gasthaus »Zum Löwen«, das eine Ecke des reizenden Marktplatzes einnimmt. Johann Peter Hebel dichtete: »Z'Staufen uffem Märt / hen si, was me gert, / Tanz und Wi und Lustbarkeit, / Was eim numme's Herz erfreut, / Z'Staufen uffem Märt!«

Heute erfreut sich das ehemalige Ackerbürgerstädtchen eines beträchtlichen Kultur-Potentials. Hier lebte außer Erhart Kästner auch der vor zwei Jahren verstorbene Dichter Peter Huchel. Hier haben der Bildhauer Kurt Lehmann und der Naturwissenschaftler Hoimar von Ditfurth ihre Häuser. Und das Goethe-Institut gibt, dank seiner Studenten, einen leisen ostasiatisch-kosmopolitischen Hauch dazu.

Horst Krüger

Erinnerungen eines Liebhabers

Der Kaiserstuhl zur Herbstzeit

Solche Reisen haben nur eine Schattenseite: plötzlich sind sie zu Ende, zu schnell. Sie sind wie ein Traum, der verlorenging. Als ich jedenfalls heute morgen, wieder heimgekehrt, zum Haus heraustrat und die Herbstsonne spürte, so einen letzten, warmen, schon etwas gebrechlichen Altweibersommer, und als ich unser Auto vor dem Haus sah, noch etwas verwischt und verstaubt vom Löß des Kaiserstuhls, überfiel mich diese verrückte, spleenige Idee: Steig ein, fahr wieder hin! Von Frankfurt aus sind es kaum drei Autostunden. Du könntest zum Mittagsmahl schon in Bickensohl sein. Laß alles liegen! Was soll deine Arbeit, dein Terminkalender?

Es ist späte Zeit, Herbstzeit, Oktoberzeit, also Licht auf Abruf. Die Winzer rollen jetzt mit ihrem schmalen Motorwägelchen durch die Weinberge. Sie hocken mit ihren hohen Bütten zwischen den Reben und sammeln ein; die Lese beginnt: Spätlese, Auslese gibt das. Jeder Tag ist jetzt wichtig, und du müßtest ihn miterleben: Oktoberfest badisch, könnte man sagen. Ein ernstes Stück, nicht ohne Mühsal und Fleiß, das Fest der Weinlese. Aber wie es mit solchen Wallungen meist ist: ich tat es nicht. Ich kehrte pflichtbewußt in die Wohnung zurück, zurück an den Schreibtisch. Ich sagte mir: schreib etwas darüber! Versuche zu sagen, warum du jetzt gern am Kaiserstuhl wärst, was dir hier fehlt in Frankfurt, und was du dort hättest. Schreiben ist eine Art Wiederkehr. Schreibend kannst du die Reise noch einmal machen.

Man merkt: es war nicht irgendeine Reise. Es war etwas, das an die Nieren ging, sozusagen. Es war wie eine späte Liebe, die, lange aufgespart, plötzlich in Erfüllung ging. Wie lange? Im Grunde hat sie mich fast ein Leben begleitet: badische Sympathie, südbadische Liebe. Ich kam damals nach Freiburg, ein junger Student aus Berlin, flüchtig vor dem Krieg und den Nazis. Das ist über dreißig Jahre her. Ich ging wie berauscht und verzaubert durch Freiburgs Gassen. Wie weich und bunt die Welt war! Ich fuhr mit dem Fahrrad ins Glottertal. Ich schob es nach St. Peter herauf. Ich machte in einem alten Schwarzwald-Gasthaus Rast. Ich radelte oben glücklich nach St. Märgen weiter. Ich fuhr später zum Belchen hoch, schweißbedeckt. Schwer zu sagen, was den Reiz dieser Landschaft hier ausmachte. Es war nicht nur die maßvolle Höhe und tiefe Stille des Schwarzwaldes damals, seine Frische, seine Unberührtheit, eine Art grüne Keuschheit der Erde. Es war eine Ahnung von Süden, die mich im Markgräfler-Land oft überfiel. War es Phantasie? So zwischen Staufen und Breisach spürte ich in der Ferne immer die Toscana aufdämmern, als deutsche Vorahnung, Goethes Italiensehnsucht, wenn man will. In den Kaiserstuhl, merkwürdig genug, bin ich damals nicht gekommen.

Ich kam erst jetzt. Ich kam also mit dreißigjähriger Verspätung. Der Kaiserstuhl war wie eine Nuß, reif zum Knacken, überreif. Meistens sind solche späten Wunscherfüllungen ja Enttäuschungen – hier nicht. Es war schöner, reicher als erwartet. Man fährt in Riegel, also kurz vor Freiburg, von der Autobahn ab, und wenn man sich dann über Endingen Richtung Badberg langsam in diese stille, blaue Hügellandschaft hineingeschlichen hat, ist man sofort wieder gefangen vom Geist der Landschaft. Er ist hier anders als im Breisgau, in der Ortenau oder im Hochschwarzwald. Etwas Fremdartiges, Bizarres, Mondartiges weht einen an. Es gibt keine Wälder, kaum Bäume hier. Kahle Kulturlandschaft, nackte Bergkuppen, die griechisch anmuten. Gebändigte und zivilisierte Natur. Die Hand des Menschen ist überall zu spüren. Nirgendwo, außer in den Schloßgärten und Parks, eine so kunstvoll humanisierte Erde. Der Kaiserstuhl ist ein Kunstwerk – aus Menschenhand.

Im Zuge der Rebflurbereinigung ist hier in den letzten Jahren ein vollkommen neues, beinah abstraktes Landschaftsbild entstanden, ein Park für Winzer, ein Garten Eden für das Auge. Da wurde unsere uralte Mutter Erde planiert und glattrasiert, sozusagen. Das Ergebnis ist eine große Terrassenlandschaft, plan, weitflächig, leicht zu bearbeiten für die Weinbauern. Eine rationale Natur von fast mathematischer Strenge und geometrischer Schönheit. Ich liebe das: Klarheit der Linien. Darunter aber spürt man noch immer den Lößboden und darunter Vulkangestein, die heiße Kraft der Erde. Dies war einmal eine arme Gegend. Seitdem die Flurbereinigung vorangeschritten ist, ist davon nichts mehr zu merken. Der Anbau und die Pflege hat sich ausgezahlt. Es sind wieder freundliche, wohlhabende Dörfer geworden. Ihr Mittelpunkt ist nicht so sehr das Rathaus, die Kirche. Es ist die Winzergenossenschaft. Darüber noch später.

Was ist es, das mich hier entspannter, glücklicher macht? Ein Rest von Zauber geht um. Ist es die Sonne, die hier kräftiger und wärmer einstrahlt? Noch jetzt im Oktober gibt es hier Mittage von brütender Hitze. Jede Sonnenstunde bringt den Trauben etwas mehr Süße, auch Öchsle genannt. Es liegt ein Licht über der Landschaft, das südlich, also verschwenderisch, fast ausschweifend wirkt. Es liegt ein leichter Geruch von Obstgärten in der Luft. Etwas von Komposthaufen und spätem Dahlienduft mischt sich ein. Man riecht die Fülle, die Reife, und wie das dann übergeht in feinste Edelfäule. Und natürlich riecht man auch Frankreich, das hier randscharf am Rhein beginnt: seine schöne Verrottetheit, die von den Vogesen und von der Burgundischen Pforte hereinweht. Und die Schweiz ist zu spüren, ihre Ordentlichkeit, ihre Bravheit und leichte Pedanterie. Straßburg, Freiburg, Basel, drei Münster stehen um den Kaiserstuhl, behüten ihn im Geist der Gotik. Sagen wir es klar heraus: das hier ist Herz und Mitte Europas. Mehr noch: eine abendländische Landschaft. Der Kaiserstuhl ist modern und wirkt doch wie von alten Meistern gemalt.

Tiefe, lange Schatten der Geschichte – sie sind zu spüren, zu riechen. Das Erholsame ist, daß sie sich nicht aufdrängen. Die Geschichte droht und protzt hier nicht; sie bleibt zart im

Hintergrund. Jede Anmaßung von Größe fehlt. Es ist eher eine kleine, anspruchslose, sehr stille Welt, in die man gerät. Ein Paradiesgärtchen für Feinschmecker, nicht für jedermann. Der große Tourismus ist hier kaum eingedrungen, gottlob. Man bekommt kaum Ansichtskarten vom Kaiserstuhl im Kaiserstuhl, ein gutes Zeichen. Zeitungen sind Mangelware. Die meisten Gehöfte sind von mittlerer, eher rustikaler Güte. Es lohnt sich, gleichwohl zu bleiben. Die badische Küche ist voller Köstlichkeiten. Jedes Essen will seine Zeit und gerät wie in Frankreich zu einer ausschweifenden Gaumenorgie. Dem Gott der Kalorien sei es geklagt.

Jetzt im Oktober herrscht Wild vor: Fasanen, Hasen, Hirsch, dazu Trauben, Ananas, auch Nüsse. Und natürlich geht das Essen, mindestens abends, dann in ein sanftes, langes Besäufnis über. Viele Gespräche dabei, die badische Nachdenklichkeit. Am Nachbartisch manchmal ein Schweizer Laut, ein französischer Satz. Es sind zu viel Weinsorten, die hier geschmeckt, probiert, begutachtet sein wollen. Ohne einen leichten Glanz in den Augen, eine sanfte Schwere der Beine geht es nicht. Der Schoppen schimmert hellgelb, zartrosa, er ist von samtigem Dunkelrot, dann wieder von strahlendem Gold, der Farben der Reben. Die Wirtin trägt selbst auf. Sie setzt sich dazu, beginnt zu erzählen: Hajo und Hano. Der Geist Hebels und Hansjakobs geht um. Eine kleine, überschaubare, fast fromme Welt. Alemannische Gemütlichkeit ist in den Winzerstuben zu Haus.

Eine heile Welt? Eine biedere Landidylle? Von solchen romantischen Verklärungen kann nicht die Rede sein. Die Leute hier sind eher wach, schlau, auf Gewinn, Zuwachs und gute Geschäfte bedacht, wenn auch auf ihre langsamere, bedächtigere Art. Der Kaiserstuhl ist eine konservative Landschaft, aber echter, lebendiger Konservatismus heißt stets, sich dem Neuen, das erprobt und bewährt ist, öffnen, den Kopf dauernd voller vernünftiger und gewinnbringender Reformen haben. Das Wort »Vermarkten« hat bei den Winzern einen besseren Klang als bei unseren Literaten. Das Wort »Verändern« geht hier dauernd um. Die ganze Agrarstruktur dieser Region wurde in dreißig Jahren verändert, erprobt, erneuert, eine stille Revolution fand statt, die nur nicht so lärmt und schmettert wie die mit den windigen roten Fahnen. Besitzverhältnisse wurden neu reguliert. Wer weiß das eigentlich in Deutschland?

Wir waren zum Beispiel in Breisach. Für mich ist das immer die Stadt des Simplizius von Grimmelshausen. Die Schrecken des Dreißigjährigen Krieges, und was später alles noch an Heimsuchung hier stattfand. Eine geschundene, narbenbedeckte Stadt. Aber heute steht hier auch die Zentralkellerei der Badischen Winzergenossenschaften. Wir sahen eine riesige, moderne Fabrik, die dionysische Rauschmittel fabriziert, hochindustrialisiert. Es riecht in den Kellern nicht mehr nach Fässern und Rotwein. Der süße Duft ist verweht. Es war eher wie bei Mannesmann oder Krupp im Ruhrgebiet. Es gibt gigantische Vorratstanks, die mehr als eine Million Liter Wein fassen. Die Kellermeister tragen zwar immer noch lange, braune Lederschürzen. Aber sie sitzen meistens vor Datenbanken. Sie steuern vollelektronisch. Automation reguliert die sensiblen Gärungsprozesse. Bacchus in Breisach computergesteuert, ging es mir durch den Kopf.

Die Leute? Sie sind fast alle Weinbauern. Jetzt hocken sie also in ihren neuen, weiten Rebenterrassen, heimsen ein, lesen aus, fahren das kostbare Gut in großen Bottichen ratternd durch die Straßen. Tag und Nacht geht das jetzt: Oktoberlicht, Erntezeit. Sie stehen in langen Schlangen vor ihrer Genossenschaft. Sie rücken langsam vor. Ein Kran wird dann ihre Kübel ergreifen. Der Kübel schwankt und kippt und leert alles aus: Rebenausschüttung. Das fällt und fällt massenhaft und erzeugt einen Augenblick über sich eine merkwürdige, feuchte Staubwolke, die schon nach Most riecht.

Dann wird alles gepreßt, dann wieder gerissen, gelockert und neu gepreßt, bis auch der letzte Tropfen entwich. Sie stehen daneben. Sie gucken zu. Sie gehen an das Bürofenster. Eine Karteikarte wird herabgereicht. Schon hat der Computer das Rebgut berechnet, qualifiziert und den Wert austaxiert und gutgeschrieben. Schon kommt der nächste ran. Genossenschaft heißt das. Gemeinschaftsarbeit heißt das. Eine ernste Sache, eine strenge Zucht. Keiner darf aus der Reihe tanzen. Aber alle profitieren davon. Das Beste am billigsten produzieren, heißt die Devise. Dies ist ein neues Produktionsmodell, das jenseits von altem Privatkapitalismus und neuem Sowjetsozialismus sinnvoll und human heranwuchs. Privatbesitz und Gemeinschaftsgeist, Freiheit und Bindung – ich sah den Mechanismus funktionieren. Was wollen eigentlich unsere linken Ideologen? Sie sollten hier einmal an die Basis gehen, nach Oberrotweil oder Bischoffingen zum Beispiel. Moderne Marktproduktion auf alemannisch.

Wer das gesehen hat, weiß, was der Kaiserstuhl heute ist. Ein vernünftiger kleiner, grüner Kosmos. Er wird auch an sattes Grün denken, an Dunkelbraun, an zartes Blau, an weiße Nebel, die sich erst im Laufe des Vormittags langsam lösen und letzte Wärme freigeben. Die Trauben sollen süß werden; das Leben auch. Wer das gesehen hat, wird eine Art Treue bewahren, in der Liebe und Neugier gemischt sind. Wie ist das jetzt da? Wie sieht das nun aus in Bötzingen, in Ihringen, in Oberbergen? Ob heute gute Sicht ist von den Paßhöhen des Vogelsangs? Er wird vor allem an Burkheim denken. Ach, Burkheim, dieses uralte, herrliche Nest zwischen wilden Vulkan- und Lößbergen. Vom stillen Malerwinkel aus geht der Blick über den Rhein weit ins Elsaß hinein. Hier kann man noch leben, meditieren, etwas spinnen, über Gott und die Welt sinnieren. Hier könnte man Bücher schreiben. Burkheim ist wie eine versunkene Perle, die blinkt und fragt und lockt: wann kommst du wieder?

Dem Heimkehrer, dieses nun niedergeschrieben habend, bleibt im Augenblick nichts als der Griff zur Flasche: Trost aller Verlassenen. Ich werde also eine Flasche Käsleberg öffnen. Ruhländer. Riesling mit Silvaner, blauer Spätburgunder? Was es auch sei: ich werde den Kaiserstuhl auf der Zunge haben. Ich werde die Reise noch schmecken in vielen, kleinen Schlucken der Nachdenklichkeit.

Ursula Binder-Hagelstange

Das Münster ist die Hauptsache

In Freiburg leben

Der Kuckuck ruft überhaupt nicht mehr aus dem Wald. Diese Bemerkung, bekümmert vorgetragen, rief allgemeines Gelächter hervor. Wenn das denn das Schlimmste sein soll, daß der Kuckuck nicht mehr ruft!

Ich lachte mit, bis mir einfiel, daß der Kuckuck eine aktive Rolle gespielt hat, als mich der Zauber dieser Stadt zum ersten Mal getroffen hat. Wir waren damals eingeladen, das gerade fertig gewordene weiße Haus zu besichtigen, und der Kuckuck muß mich an jenem ersten Morgen geweckt haben. Die Sonne war aufgegangen und hatte den Raum mit goldenen Reflexen gefüllt. Eine Stimmung, ungefähr wie in Schwinds »Morgenstunde«, nur, daß statt des blauen Hochgebirges ein Wald- und Rebberg im Fenster stand. Hinein in eine Stille, in der man eine Stecknadel hätte fallen hören können, rief immer wieder – wo war ich eigentlich? – manchmal fünf-, sechsmal hintereinander – der Kuckuck, der lebendige, am Waldrand irrlichternde Vogel, den wir in Berlin vergessen hatten.

Natur, sagt Susan Sontag, ist heute eher Gegenstand der Nostalgie und der Entrüstung als der Kontemplation. Aber es handelte sich gar nicht um Kontemplation in jener frühen Morgenstunde, sondern um das Eintauchen in eine Art von Urzustand, in ein Ganzes, von dem der Mensch nur ein Teil ist.

Noch eine Premiere am gleichen Morgen: der Balkon! Er war einem in der Mittelachse des Hauses liegenden Zimmer vorgeblendet und vermittelte dem, der ihn betrat, da er nur durch ein Geländer von dünnen, weiß gestrichenen Eisenstäben begrenzt war, die Illusion, frei im Raum zu schweben – über einem großen Garten, begleitet zur Linken vom grünen Schloßberg, zur Rechten von den blauenden Vogesen. Es war Föhnwetter, mithin ein Tag von attischer Klarheit. Fluchtpunkt, auf den sich das ganze Panorama hinordnete, war das Münster. Rosa getönt, sichtbar bis zum Ansatz der Strebebögen, erhob es sich im Profil über den Dächern der Altstadt. Von links nach rechts, unter gewaltigen Walmdächern, Chor und Langhaus, die Hahnentürme und der berühmte Westturm, der schönste der Gotik. Elegant sich verjüngend, überschnitt er auf kühne Weise den diagonal ansteigenden Umriß des Schönbergs. Nahm man das Fernglas zur Hand, sah man die Wiesen und Wälder des breit hingelagerten Schönbergs in schmalen Streifen durch die hohen Fenster des Turm-Oktogons (für mich der schönste Raum der Welt) schimmern, während das Maßwerk des Turmhelms den Himmel zur Folie hatte.

Nebenbei bemerkt: daß die griechische Säule eine Schwellung, eine Entasis in der Mitte ihres Schaftes hat, daß die Stufen vom Unterbau des Tempels ganz leicht zur Mitte hin ansteigen (und wieder abfallen) – das weiß beinahe jeder. Aber wer weiß schon, daß der gotische Meister sich in ähnlicher Weise auf optische, Spannung bewirkende Tricks verstanden hat? Die steinernen Stege des Turmhelms sind nämlich nicht gerade, sondern mit einer sanft schwingenden Kurve konstruiert.

Damals hatte man sich einen Bauplatz auf den Hängen über dem einstigen Winzerdorf Herdern, dessen »Hauptstraße« auch heute noch zu einem großen Weingut führt, unter Ackerfluren und Rebstöcken auswählen können. Ein paar Beamte und Professoren, die sich wie Pioniere zu grüßen pflegten, hatten die Hänge als stadtnahen Wohnbereich erschlossen, und der Hausherr hatte die Wahl so getroffen, daß das Haus mit der Stirnseite aufs Münster gerichtet war – ganz einfach, weil das Münster die Hauptsache war, eine Art Schutzmacht. Die erste Bemerkung der alten Dame nach dem Fliegerangriff vom November 1944 war denn auch: »'s Münster steht!« Es stand, von Rauchschwaden eingehüllt und aller Dachziegel beraubt. Basel sprang ein als Retter in der Not, stiftete Dachziegel.

So zu leben wünschte ich mir an jenem ersten Morgen: in der Natur, aber stadtnah, mit dem Blick auf einen Riesen aus dem Mittelalter, wodurch ein Engagement für die Moderne nicht ausgeschlossen wurde. Damals war das eine Utopie. Es galt, sich von der Provinz abzusetzen, da Deutschland noch ein Zentrum hatte, in dem das Leben pulsierte. Freiburg galt als ein Pensionopolis der Millionäre, Ziel kunsthistorischer Exkursionen, verträumt und schläfrig. Der Zweite Weltkrieg und die Jahrzehnte danach haben die Situation von Grund auf verändert.

Und doch neigen sich gelegentlich Menschen aus dem hanseatischen Norden erbarmend zu uns hinab »Und da leben Sie nun in diesem abgeschiedenen Winkel?« So schlimm kann es mit der Abgeschiedenheit nicht sein, wenn man in drei Stunden in Frankfurt, in viereinhalb Stunden in Köln oder Paris, in fünf Stunden in München und in einer Stunde in Basel ist.

Da auch die Kultur mobil geworden ist, überschlägt kaum ein Star, kaum ein elitäres Gremium unsere Stadt. Das tägliche kulturelle Angebot ist derart vielfältig geworden, daß der Bürgermeister Graf Ausschau hält nach einem Manager in Sachen Kunst, der die Hydra bändigen könnte. Und es sind manch lokale Eigenleistungen darunter, die Aufsehen erregt haben, wie zum Beispiel die Entstaubung der Oper Lohengrin.

Letzte Neuheiten auf dem Gebiet der Architektur verdienen Güteschildchen: das Mineral-Thermalbad, das den Namen des Oberbürgermeisters Keidel tragen sollte, die Universitätsbibliothek von innen, die Jugendherberge. Das Niveau unserer öffentlichen Bildwerke, von Moore bis Lardera, von Stadler bis Schelenz, ist bekannt. Schade, daß gerade an einer urbanen, sehr wichtigen Stelle der Pferdefuß der Provinz doch noch zum Vorschein kommt; gemeint ist die Panne im Schnittpunkt des alten Zähringer Straßenkreuzes. Rom besitzt das Reiterstandbild des Marc Aurel, Verona das des Can Grande, Berlin das des Großen Kurfürsten. Für Paris reitet Henry VI., für Padua der Gattamelata – und für uns der Ritter

Berthold von Zähringen, hoch zu Roß, auf hohem, vom Wasser umspülten Podest – Ovation an die Herzöge von Zähringen, von denen einer (namens Konrad) die Stadt im Jahre 1120 gegründet hat – und Erinnerung an den zierlichen, zerbombten Bertholdsbrunnen. Ein Werk des verstorbenen, einheimischen Bildhauers Röslmeier – nicht Fisch, nicht Fleisch, nicht Abstraktion, nicht Gegenstand, nicht Proportion – eine Chimäre, die von der allgemeinen Unsicherheit in bezug auf moderne Kunst profitiert. Aber: das marmorne Duo auf der zur Universitätsbibliothek führenden Brücke ist in seiner Art nicht weniger komisch – und stammt doch von einem auswärtigen und anerkannten Bildhauer, von Joachim Schmettau. – Dreimal darf man sich vertun, sagt die Regel.

In der »Provinz« zu leben heißt nicht nur den Kulturpegel zu messen. – Wenn es denn das altmodische Vaterland nicht mehr sein kann, muß man sich der Heimat versichern, in die man verschlagen wurde, und da Sprache das tragende Element jeder, auch regionalen Kultur ist, muß man sie erlernen. Ich weiß jetzt, daß die zweite Etage hierzulande der dritte Stock ist, daß das Verbum »halten« durch das Verbum »heben« ersetzt ist, daß »heben« jedoch »lupfen« heißt. Ich weiß, welche Damentypen man »Spinatwachteln« nennt, welche Kinder »Schatzebobbele« sind; seller, selle, sell bedeutet: dieser, diese, dies, in Anlehnung an das französische Pronomen celui, celle. Das schlichte »so« kann potenziert werden zum »so-de-le«, und der Akkusativ gehört durch den Nominativ ersetzt. Etwa: »Ich wünsche Ihne ein schöner Abend.« Wenn die Kinder nicht bleiben können, weil sie zum »Kränzeln« bestellt sind, so weiß ich, daß es sich darum handelt, eine lange Girlande aus »stupfigen« Blättern zu winden für das uralte Brunnenfest, das in dem Markgräfler Dorf, in dem sie leben, noch gefeiert wird. Die Girlande wird spiralig um den sandsteinroten Schaft der Brunnensäule gewickelt und kringelt sich zu guter Letzt auf der dicken Kugel, die die Säule bekrönt. Ufuk und Abdul aus der Türkei tun übrigens beim Kränzeln mit.

Wenn man, ohne ein einziges Mal fragen zu müssen, mitkommt bei dem Schwank von Gustave Stoskopf: »Ins Ropfers Apothek« oder bei dem Kriminallustspiel »Der Josefin ihr

Testament« von Kurt Heynicke, der neunzigjährig im Vorort Merzhausen lebt – einstiger Träger des Kleist-Preises für expressionistische Lyrik –, dann hat man die Probe bestanden! Die Alemannische Bühne führt diese Stücke im Theatersaal der Insel-Gaststätten in der Gerberau auf. Man sitzt an Tischen, verzehrt etwas, trinkt einen Gutedel oder einen Weißherbscht und dringt, zur Bühne aufschauend, ein in die einheimische Mentalität. Grantiges Poltern gehört durchaus dazu, aber auch die Fähigkeit, sich einzurichten, sich abzufinden in gemütlicher Resignation. »s' losst noch« heißt eines der Couplets! Man will, ohne anzugeben, delikat leben, nicht so wütig-schaffig wie die Schwaben, sondern mit einer gewissen Kultur des Genusses, mit Blumen, Trink- und Eßkultur.

Es mag Trotz mitspielen beim Bekenntnis zum Dialekt als der eigenen Identität – all die Aufkleberle »Bi us cha ma au Alemannisch schwätze« –, ein Trotz, in dem das Provinz-Trauma noch nachzittert, aus der Zeit, da man sich des Dialektes schämte. Aber Mundart erlebt angesichts einer immer stärker verschludernden Sprache eine Aufwertung von der sprachschöpferischen, der literarischen Seite her. Sie kann ein Schlüssel zur Welt sein, wie André Weckmann, Hauptvertreter der jüngeren elsässischen Literatur, sagt. In Freiburg sammelt die »Muettersproch-Gesellschaft« Anhänger um sich, der die »Wyhl-Alemannen« allerdings zuwenig politisches Engagement vorwerfen. Martina, acht Jahre alt, berichtet aufgeregt, daß auf dem Rathausplatz eine große Fußwaschung im Gange sei. Leute hätten, wenn sie es wollten, von anderen Leuten in einem dort vorbeifließenden Bächle die Füße gewaschen bekommen. Das war, laut Zeitung, eine Werbeaktion der Muettersproch-Gesellschaft, ein Happening, das einem Beuys angestanden hätte.

Wirtlich, wohnlich und naturnah, wie die Innenstadt ist – der grün belaubte Schloßberg schaut auf den Münsterplatz hinab, den Reisenden, der mit der Bahn ankommt, empfängt schon nach hundert Schritten ein Weinberg –, regt sie zu Happenings und Environements förmlich an! Der »Erlebnissamstag«, ein Ausdruck, von einem Freiburger vor Jahren erfunden als Köder für den ersten verkaufsoffenen Samstag im Monat, dieser »Erlebnissamstag« hat sich längst zu einer

Dauereinrichtung ausgewachsen, die auf jeden Samstag oder auch Freitag paßt – weniger im Sinn des Konsums als des permanenten Straßentheaters. Ein buntes Völkergemisch mit exotischem Einschlag wallt dann durch diese Stadt, kreist um Münstermarkt und Münster – nicht ohne akustische Untermalung. Überall wird gefidelt, gedudelt, geflötet, sogar schwermütig Cello gestrichen – von Solisten, von Duos und Trios, Quartetten und Quintetten (wir haben eine Musikhochschule) –, und immer geniert man sich, einen Obolus in den Violinkasten oder die Mütze zu werfen.

Aus einer Nische erklingen schicke Jazz-Rhythmen; eine Ecke weiter wird vor dem Bankhaus Krebs auf einem Klavier eine Beethoven-Sonate vorgetragen – vierhändig, damit sie besser durchdringt und unsere Kultur verteidigt. Beim Regierungspräsidium singt ein Seelenfänger-Chor fromme und beschwörende Lieder. Auch Dudelsäcke quäken und jene historischen Dreh- oder Bettlerleiern, die Georges de la Tour seinen abgewrackten, blinden Modellen gern in die Hand gab; im 17. Jahrhundert beliebte Genre-Motive, gern gekauft von hochgestellten Sammlern, die sich an der pittoresken Armut der Musikanten ergötzten.

Selbstverständlich gibt es auch politisches Kabarett. Einer aus der Hausbesetzer-Szene, angetan mit langem, weißem Nachthemd und goldenen Flügeln, will, unterstützt von einem Kameraden mit Zeigestock und Moritatentafeln, Aufklärung geben – jetzt, nachdem für über 400000 Mark Fensterscheiben kaputtgeschmissen sind. Denn das große Divertimento ist bekanntlich in letzter Zeit wiederholt umgeschlagen in Krawall, Ausschreitung und Straßenschlacht. Auf die Idylle wurde ein Anschlag verübt, die »Provinz« geriet in die Schlagzeilen, und: »Hit Nommidag isch wieder e Demonschtration« murmeln die Leute und beeilen sich, nach Hause zu kommen.

Unsicherheit liegt in der Luft; schon seit Wyhl und Fessenheim. Um so dichter rückt man bei den Sommer-Hocks, die jeder Stadtteil von Jahr zu Jahr mit mehr Begeisterung feiert, zusammen. Unser Herdermer ist gerade im Gange. Ähnlich wie bei der Fronleichnams- und der Urbanprozession, bei der der Winzerpatron mit dem Traubenkranz im Haar auf den

Schultern seiner Bahrenträger leicht wankend die Runde macht, sind dünne Birkenstämme und Fahnen, darunter auch die Europa-Flagge, am Geländer des Glasdachs befestigt und Buden aufgebaut. Das Podest für »The Jazz Classics«, die sich mit der Feuerwehrkapelle aus Umkirch abwechseln werden, verdeckt schamhaft die notdürftig mit Spanplatten geflickte Schaufensterscheibe der Sparkassen-Filiale.

Obwohl die Häuser ihr Fachwerk unterm Putz verstecken, lassen sie noch einiges von den alten Strukturen erkennen. Sie stehen traufseitig zur Straße, haben eine vorgebaute Treppe, die zum Stockwerk unter dem tief heruntergezogenen Dach führt. Denn der Weinkeller mit dem rundbogigen Eingang braucht Platz. Ein paar neue schmucke Häuser haben sich in der Hauptstraße unter die alten gemischt – bis auf den Aushub eigene Handarbeit. Ganze Freundesbrigaden halfen bei der Dachdeckerei. Höhere Lebensqualität durch Fleiß und Initiative. Allerdings werden keine »Palmen« mehr zum Dachfirst herausgestreckt, lange, am Palmsonntag geweihte und mit Papiergirlanden umwundene Pfähle. Man hört die Kreissäge nicht mehr quietschend das Winterholz zerkleinern. Herr Keller, nach Statur und Stimme für die Oper geschaffen, kommt nicht mehr in den Garten da unten, um zwischen seiner Hans-Sachs-Arbeit eine Passage aus dem »Waffenschmied« zu schmettern. Und lang ist's her, daß in aller Frühe die Milchkannen vom nahen Hebsack-Gut leise aneinanderrumpelnd die Sonnhalde hinuntergefahren wurden. Bauer Leptig hat aufgegeben. Jetzt ist das klassizistische Gutshaus zur Gänze, mitsamt dem Wirtschaftsgebäude und sogar dem riesigen Kuhstall – Fachwerk unter barock geschweiftem Walmdach –, ein Ensemble aus Privatwohnungen. Überflüssig steht die kleine Hofkapelle da – Souvenir an Zeiten, da Herrschaft und Gesinde hier gemeinsam beteten.

Aber der Kuckuck – mag er in Littenweiler oder Günterstal verstummt sein – ruft bei uns immer noch! Ich habe ihn erst heute morgen gehört, entweder kam sein Ruf aus den hohen Bäumen heraus, die das Licht-, Luft- und Sportbad umgeben, oder aus dem Park des Kneipp-Sanatoriums. Es ist immer noch ein faszinierendes Schauspiel, wenn sich der Mond Millimeter um Millimeter zwischen den Spitzen der Tannen emporschiebt, und beim Kiesharken hören wir die Glocken von Sankt Urban den Sonntag einläuten.

Und er ist und bleibt tabu. Kein Mensch würde an diesem Tag Wäsche in den Garten hängen, und der Türke, der auch sonntags so fleißig einen Garten am Eichhalde-Hang bearbeitet, wird bestimmt noch einmal zur Strafe in den Mond versetzt.

Noch verwandelt sich der Balkon an Silvester in eine Proszeniumsloge, von der aus man das große Feuerwerk über Freiburg niedergehen sieht, mit Kometen, Sternen, Buketten aus Leuchtkugeln und den Nieten, die geräuschvoll lospreschen, um dann im Nichts zu verpuffen. Zum Schluß erstrahlt allemal das Schloßberg-Restaurant in roter, bengalischer Höllenglut, während alle Glocken, darunter die ganz tiefe des Münsters, die 1258 gegossene und nur an hohen Feiertagen geläutete »Hosanna«, langsam verklingen. – Noch gibt zum neuen Jahr die Badische Zeitung lobenswerterweise einen Kalender heraus, auf dem die Namenstage von 365 Heiligen den Daten zugeordnet sind. Und noch ist – aber nur von uns aus gesehen – das Münster die dominierende Stadtkrone. Wer sich Freiburg von der Autobahn her nähert, dem verstellen weiße Hochhaustürme, Betonbehälter für Menschen und Kliniken, die Sicht. Das Münster kommt erst ganz zuletzt zum Vorschein und steht dann altertümlich dunkelrot vorm Wald. Dieser rote Sandstein ist großenteils vor Ort gebrochen worden, am Lorettoberg. Aber auch der Schwarzwald selbst ist mit seinen kerzengraden Föhren für immer eingegangen in das Bauwerk, und dies nicht nur im wuchtig gezimmerten Glockenstuhl.

Horst Krüger

Bei glücklichen Kühen

Nach Bayern reisen

Wenn man die Reise hinter sich hat, hat man etwas zugelernt, wie meistens im Leben. Es kommt einem nicht mehr ganz so einfallslos, so komisch, beinah spießig vor: Mein Gott, nach Garmisch, nach Tegernsee, nach Bad Tölz sind die gefahren? Weiter nicht? Menschen, die ihren Urlaub in Oberbayern verbrachten, schienen mir früher immer als bemitleidenswerte, phantasielose Geschöpfe, als Minderbemittelte im deutschen Fernweh, etwas unterbelichtet im Weltbild. Na ja, sagte ich gern etwas hochmütig, die kennen die Welt eben nicht, die wissen nichts von Cap Sunion oder der Algarve. Die haben keine Ahnung, wo Kiruna oder Karthago liegt – oder? Provinz-Ameisen. Ich will sagen: Bayern schien mir nicht als ein Ziel, höchstens als eine erste Etappe, das Land der ersten Übernachtung. Man konnte da durchfahren, Richtung Süden. Aber bleiben?

Wie gesagt, wenn man es einmal versucht hat, wie ich jetzt, vergehen einem so schnelle und hochmütige Urteile. Man wird sehr viel milder. Sie stellen sich als ziemlich rüde Vorurteile heraus. Man muß sich korrigieren: Bayern ist eigentlich sehr schön, muß man sagen, heimkehrend. Was hast du nur immer? Es ist durchaus eine Reise wert. Es ist blitzblank, wie man so sagt. Es ist unendlich sauber, aufgeräumt und gastfreundlich. Es wirkt alles so neu wie aus dem Ei gepellt. Das Gras in Bayern ist noch richtig grasgrün. Die Wiesen sehen wie Kunststoffwiesen aus, so perfekt. Es liegen braune Kühe darauf, glücklich kauend, wie wir Städter sie nur von den Verpackungen der Schokoladetafeln kennen. Und wenn es nicht regnet, ist der Himmel gleich blitzblank, wie man es als Urlauber eben erwarten darf von der Schokoladenseite des Lebens. Die Häuser mit ihren breit hingestreckten Dächern, ihren kunstvoll geschnitzten Holzfassaden, ihren fromm bemalten Hauswänden sehen haargenau aus, wie man es kennt und erwartet. Von den Menschen, den Einheimischen, also den autochthonen Bayern, will ich erst gar nicht reden. Überall grüßt ein Brunnen, ein Kapellchen, ein Kruzifix, ein strahlender Gipfel. Was will der Mensch mehr im Urlaub als das perfekte Idyll?

Das Idyll hat Schönheitsfehler. Das ist einzuräumen. Wie überall in Deutschland leidet es unter Wachstumskrisen. Die bayerischen Glanzpunkte platzen aus allen Nähten. Es ist ein etwas zwiespältiges Vergnügen, in der Hauptsaison durch Bayern mit dem Auto zu fahren. Einerseits, wie gesagt, diese frische, knusprige, leckere Schokoladenlandschaft, die man durch das Fenster sieht, andererseits die Leiden des motorisierten Tourismus: verstopfte Straßen, überfüllte Parkplätze, Verkehrsampeln im grünen Idyll. Nachmittags um fünf zieht durch die Ortskerne ein nicht abreißender Autostrom, der durchaus an die Citys von München, Hamburg, Frankfurt erinnert. Die Überlastung der beiden Autobahnen nach Garmisch und Salzburg ist bekannt. Aber auch die kleineren Bundesstraßen Richtung Süden sind kein Fahrvergnügen. Sie sind oft sehr schmal, kurvenreich und manchmal in einem ärmlichen Zustand, den man von einem so hoch entwickelten Ferienland nicht erwartet. Die Einfahrt in Berchtesgaden wurde mir ungewollt gleich wieder zur Ausfahrt. Der Autostrom schob einen sanft, aber unerbittlich durch den Ort und dann wieder hinaus: kein Parkloch zu finden. Grotesker Höhepunkt dieser Schönheitsfehler: der Königssee, die Perle am Watzmann, wie man sagt. Es grüßten tatsächlich die Berge, die Almen, die Gipfel, nur von den Wiesen war wenig zu sehen. Die Bauern hatten sie überall zu Parkplätzen umfunktioniert. Zehntausende von Wagen standen da eng gedrängt wie Vieh auf der Weide. Sie strahlten, sie blinkten, sie wirkten auch glücklich wie Kühe, obwohl sie manchmal im weichen Weideland steckenblieben. Ich erinnerte mich, nur einmal in meinem Leben schon so viel Autos zusammen gesehen zu haben: Los Angeles, dachte ich: der Parkplatz vor Disneyland. Da wurde dir doch auch beinah schwindlig vor Autodächern? Parkplätze, die endlos sind, haben ja immer etwas Betäubendes, und überhaupt: Amerika und Bayern sind sich so fern nicht, wie man meint. Es gibt manche Parallelen, nicht nur Texas.

Es ist eben falsch, durch Bayern zu rasen. Man muß bleiben, verweilen, seßhaft werden, für Augenblicke. Man muß die erste Schwelle der Langeweile überwinden, die sich nach zwei oder drei Tagen natürlich einstellt in so perfekter Kultur. Wer kann das noch? Viele üben sich darin mit Erfolg. Menschen aus dem Ruhrgebiet, die hier einen sauberen Himmel, die kräftigen Farben der Voralpen finden. Kölner und Düsseldorfer beherrschen mit ihrem rheinischen Dialekt ganz eindeutig die Fremdenszene so rund um den Chiemsee. Sind es die älteren Damen, die in Garmisch-Partenkirchen in schmucken Hotelgärten sitzen, in Hollywood-Schaukeln wippen und von ihren Schwiegersöhnen plaudern, die in Hamburg groß ins Container-Geschäft stiegen? Die Damen erholen sich richtig. Man sieht es ihnen an, die Mühsal der Erholung. Oder ist es die Jugend, die hier mit der Besessenheit Spätpubertärer einsamen Bergwanderungen frönt? Ich traf sie immer wieder am Wegrand, Anhalter, einsame Zugvögel, und nahm sie mit. Der Wendelstein, das Wildalmjoch, die Kampenwand hatten es ihnen angetan. Jugend sucht immer Kampf, Bewährung, einsame Gefahr. Bayern bietet das. Das unter anderem.

Unsereiner, der nicht mehr so jung, so wagemutig und gipfelstürmend ist, ist gleichwohl nicht schlecht beraten. Bayern ist ja ein Kosmos, und ein Kosmos, man weiß das, bietet jedem das Seine. Was also mir? Was blieb denn? Ich denke zum Beispiel an Bad Tölz zurück. Ich vergesse die Autoströme, die Rotampeln und Verkehrsschilder, die auch hier das Leben bestimmen. Ich stehe auf der Isarbrücke. Ich sehe das Wasser der Isar, das hier tatsächlich noch hellgrün, klar und frisch schäumend rauscht. Als Frankfurter kann man nur staunen. Man meint immer, Forellen springen zu sehen in kleinen Fontänen. Von Umweltverschmutzung ist nichts zu sehen. Es kam ein Floß den Fluß herunter. Es trieb Richtung München. Menschen standen darauf, lachten, winkten, tranken Bier oder Cola. Es war Musik zu hören. Kein Jodeln, keine Schnaderhüpferlklänge: Jazz und Popmusik. Mir gefiel das. Ein richtiges Ferienbild, dachte ich. Ich dachte: Es muß schön sein, so durch Bayern zu reisen, so flußabwärts, musikbegleitet.

Weiter. Was blieb noch? Man wird mich doch nicht für einen Spottvogel halten, einen etwas frivolen Lästerer, wenn ich sage: Oberammergau ist für den Fremden schon sehenswert. Es ist ein starker Kontrast zu Frankfurt. Und Kontraste suchen wir doch, reisend. Ich sah auf der Straße nicht den Christusdarsteller, auch nicht die bärtigen Jünger. Der Bart ist ab am Ort. Erst später wird wieder gespielt. Die Stadt der Passionsspiele ist genau, wie man erwartet: würdig und emsig. Sie ist bienenemsig im Fremdengeschäft. Ganz Oberammergau schien mir wie ein Traum Luis Trenkers: die Welt – holzgeschnitzt. Man kann nicht nur die Leiden Christi, sondern auch Schlachtszenen aus den Napoleonischen Kriegen oder antike Epheben mitnehmen aus Oberammergau, holzgeschnitzt. Man kann sich sogar selber in Holz porträtieren lassen. Ich sah eine Amerikanerin, nicht mehr ganz jungen Alters, die sich modellieren ließ. Ich dachte: In Denver oder Oklahoma City wird sie diese Statue noch ihren Enkeln empfehlen. Irgendwie sieht man ja holzgeschnitzt immer etwas edler und vergeistigter aus: Souvenir aus Oberammergau.

Was weiter? Ich meine, der Chiemsee ist rühmenswert. Ich meine jetzt nicht die Herreninsel mit ihrer großen, unvollendeten Nachbildung des Schlosses von Versailles, die Ludwig II. hier bauen ließ. Dieser Ludwig, ach, sonderlicher Begleiter, einsamer Geselle, auf den man, in Bayern reisend, immer wieder stößt: überall Schlösser, phantastische Traumburgen, skurrile Grotten von Hohenschwanstein bis Linderhof – über ihn muß ich zuvor noch ein Wort sagen. Im Grunde war er ein ziemlich steriler und grotesker Anempfinder, ein ausschweifender Epigone, der unfähig war, für Bayern einen wirklich bayerischen Stil zu finden. Trotzdem muß man rückblickend sagen: Es hat etwas beigetragen zur Attraktivität dieses Landes.

Die Leute strömen zu den Schlössern, sie stehen und staunen und sind wie hingerissen von so viel monumentalem Kitsch. Er ist wirklich kolossal. Und was heißt schon Kitsch? Wir jetzt im Popzeitalter, Originalkunst und Imitation nicht mehr so blutig ernst unterscheidend, weil alles Imitation wird im technischen Zeitalter – wir Heutigen sehen das mitunter schon mit neuen Augen. Wir sagen: Camp. Das ist doch hinreißend falsch, also sehr gekonnt.

Jetzt auf den Chiemsee zurück. Als ich die Touristenmassen an der Anlegestelle von Herrenchiemsee dichtgedrängt stehen und warten sah, genügte mir ein Blick. Danke, nein, dachte ich, vielleicht später einmal. Man darf auch ein Prunkstück einmal überschlagen! Fahr lieber weiter zur Fraueninsel, ja?

Es hat sich gelohnt. Es waren die schönsten Stunden der Reise. Natürlich steigen auch hier Touristen ans Land, aber es sind weniger. Sie verteilen sich schnell auf die Gartenwirtschaften. Es wird wunderbar still, wenn man nur hundert Meter hineingeht in die Insel. Bauernhäuser, Fischerhäuser, die man wohl verträumt nennen sollte? Sie dämmern vor sich hin. Utopie aller Inselliebhaber: Ruhe, Frieden, Abgeschiedenheit, kein Streit der Welt, kein Autoverkehr. Niedrige und eingesunkene Häuser, an denen sich Blumen hochranken. Blühende Gärten, in denen Touristen sitzen, mit nichts als Kaffee und Kuchen befaßt. Wäsche im Wind, Boote, ans Land gezogen, einige Männer, die angeln, also richtige Ferienentspannung. Und natürlich: Das uralte Münster mit seinen romanischen Fresken ist zu besichtigen. Geschichte schlägt einem kühl ins Gesicht, wenn man durch das berühmte, eisenbeschlagene Portal ins Innere tritt. Geschichte, Verwandlung der Zeiten, was ist das? Man sitzt in einer Kirchenbank, spürt die Vergangenheit rauschen, denkt: Also wenn du einmal etwas Großes und Ernstes zu schreiben hast, vielleicht einen Roman – Frauenchiemsee wäre kein schlechter Ort dafür.

Schließlich, selbst Garmisch ist buchenswert, finde ich nach der Reise. Man sollte es kennen, sehen, vor allem des Nachts im festlichen Licht. Als ich dort einfuhr zum erstenmal, wußte ich nicht, daß Garmisch-Partenkirchen zwei sehr verschiedene Orte sind. Als Tourist sollte man sie unterscheiden. Partenkirchen ist jung, neu, modern. In seiner rechtwinkligen Straßenstruktur erinnert es fast an Amerika, von Block zu Block. Unser Ferienidyll, unsere Bayern-Postkarte ist in Garmisch bewahrt, weniger rustikal, weniger deftig als anderswo. Garmisch ist Badeort, also elegant. Ein Zug ins Großartige und Weltläufige ist zu erkennen. Ein Hauch von Weltbad weht mit. Nein, ich bin nicht auf der Zugspitze gewesen, unserem deutschen Gipfeltraum. Der Gipfel lag in tiefe, dräuende Wolken verhüllt. Es regnete sanft und beständig in Garmisch. Ich ging in die Spielbank statt dessen des Nachts. Kein guter Trost. Sie ist kaum der Rede wert – von innen. Wer aus Baden-Baden kommt, kann da nur müde lächeln: Mehr nicht? Es gehört wohl doch etwas französischer Geist zum Roulett, ein feinerer Einschlag des Frivolen, worin Bayern nicht Meister sind. Lautsprecher schreckten mich mitten im Spiel auf: »Die Omnibusse nach München sind abfahrbereit, bitte einsteigen!« – Natürlich kann man in so rüder Atmosphäre niemals gewinnen.

Also in summa? Was ist nun? Wie ist dein Urteil zurückzunehmen? Ich sagte schon: Das Land ist ein Kosmos. Es hat vielen vieles zu bieten. Man muß sich das Seine suchen: schwimmen, segeln, rudern, angeln, auf Bergen kraxeln, in Tälern wandern oder einfach nur Kaffee trinken im schön geschmückten Hotelgarten oder Kunst und Kirchen besichtigen oder einfach gut essen gehen, so kurz vor Kloster Ettal. Man wird alles sauber, freundlich und nicht einmal teuer finden. Es ist müßig, das Bier hier zu loben. Es gibt immer noch abgelegene Dörfer hier, stille Flecken, wo man für den Frankfurter Frühstückspreis (sechs Mark) eine sehr solide Übernachtung mit Frühstück findet. Zu raten ist jetzt die Herbstsaison. Ich stelle es mir im September, Oktober am Tegernsee, am Walchensee, in Benediktbeuren oder sonst in einem Nest eigentlich noch schöner, nachdenklicher und sicher stiller vor. Ich stelle mir vor, daß es nicht regnen wird, daß es nicht kalt und neblig sein wird wie an manchen Augusttagen dieses Jahres. Der Mensch lebt ja von solchen Visionen. Man nennt sie die Hoffnung.

Also noch einmal die Frage: Sind alle Irrtümer und Vorurteile ausgeräumt? Wirst du nun auch öfters nach Bayern reisen? Ich sage: Ja schon, ja sicher, vielleicht. Ich habe viel zugelernt. Ein winziger Rest allerdings bleibt, trotz allem. Darf ich ihn sagen? Es ist vielleicht etwas zu schön, zu puppenhaftperfekt, unser Bayernland? Ich frage ja nur. Alles ist hier von der Perfektion eines Reiseprospektes, tatsächlich. Er erfüllt jede Erwartung. Ob daher die unbestrittene Beliebtheit dieser Ferienlandschaft kommt, vor allem bei Amerikanern? Wo immer man hinkommt in Oberbayern, es ist immer haargenau so, wie man es erwarten durfte auf Grund der Versprechungen des Reisebüros. Ob man nun aus Gelsenkirchen oder Texas kommt – man wird nie enttäuscht, immer nur bestätigt: Es ist haargenau wie vermutet, nicht wahr?

Für feinere Seelen, die aber natürlich in Fremdenverkehrsstatistiken nicht zu Buche schlagen, bringt das auch eine Art Frustration mit sich. Es bleibt kein Rest des Erstaunens, Entdeckens, Suchens. Bayern ist vollkommen identisch mit unserem Erwartungsbild. Es fällt dem Urlauber fast mühelos in den Ferienschoß. Man geht immer an Almen, an Kruzifixen und Bierwirtschaften vorbei und sagt: Bitte, ist es nicht exakt, wie wir es hofften? Dieses Land trügt nicht. Es ist grundsolide. Es erfüllt alle Erwartungen komplett.

Natürlich liegt in so viel Erfüllung auch schon der Widerhaken. Es ist vielleicht gar nicht gut, den Menschen vollkommen zufriedenzustellen? Man möchte in Bayern immer »How lovely« sagen. Das ist der Haken.

Theodor Geus

Das bayerische Bacchanal

Auf dem Gäubodenfest in Straubing

Die Türme der Stadt liegen schon weit zurück, aber der Refrain dieses komischen Liedes will nicht aus dem Kopf: »Die Goas is weg.« Übersetzt heißt das nichts anderes als »die Ziege ist entlaufen«, aber so läßt es sich nicht singen. Die Goas is weg! Damit drängen sich lärmende Blasmusik und Menschen, die juchzend mit hochroten Gesichtern auf Bänken stehen, in die Erinnerung und Gedanken an einen heißen Sommertag unter einem weiß-blauen Himmel, an eine laue Nacht voll bunter Lichter. Aus dem Wein, heißt es, steigen die Geister und aus dem Bier die Gnomen. Jetzt fordern die heimlichen Zechgenossen eines jeden bayerischen Bacchanals ihren Tribut mit brummendem Schädel und schweren Augenlidern. Und nichts anderes ist das Gäubodenfest in Straubing – ein bayerisches Bacchanal, deftig, laut und überschäumend.

Gäubodenfest – das ist kein gewöhnliches Volksfest mit Karussell, Schiffschaukel und Schießbuden, sondern das Fest einer Landschaft mit fetter Erde, über die reiche Bauern fast wie Könige herrschen, und das Fest einer Stadt, deren stolze Silhouette sich hoch über die behäbige Donauebene erhebt. Und es ist das zweitgrößte Bayerns nach dem Oktoberfest, noch immer ganz anders als der riesige Rummelplatz auf der Theresienwiese im Schatten der Bavaria, nicht nur, weil hier Japaner und Amerikaner, Neger und Preußen fehlen, sondern weil es wie seit 168 Jahren am Ende der Erntezeit beginnt. Dies ist der rechte Augenblick. Die Sorgen des Alltags können vergessen werden, der Durst ist am größten nach den harten Tagen auf den Feldern und das Geld sitzt locker. Seine Majestät, Kronprinz Ludwig von Bayern, hatte es sich wohl etwas anders vorgestellt. Seine 700 Gulden, die er gnädigst opferte, sollten weniger der Lustbarkeit dienen als praktischen Zwekken. 1812 hatte er das Dekret erlassen, daß nach dem Muster des Zentralfestes in München auch in Straubing Preise verteilt werden durften »für die im Vaterland erzeugten und erzogenen sowie zur besten Zucht ausgezeichneten Viehstücke: Hengste, Stutten, Stiere, Kühe, Widder, Schweinsbäre und Schweinsmutter.«

Das übrigens ist ein wunder Punkt. Das Gäubodenfest ist zwei Jahre jünger als das Oktoberfest. Aber der Schmerz darüber, daß die Metropole wie immer vorne liegt, wird gemildert durch den Triumph, daß die Maß Bier hier eine ganze Mark weniger kostet als in München. Diesen Preis gilt es, so der Straubinger Oberbürgermeister, zäh zu verteidigen, und dieser Kampfruf bringt ihm ungeteilten Beifall ein. Kluge Kommunalpolitiker wissen halt, was sie dem Volk schuldig sind. Schließlich ist geschichtskundig, daß der Bierpreis in Bayern schon einmal Anlaß zu einer Revolution war. Und es tut wohl, daß zur Eröffnung des Festes gleich zwei Staatsminister und die ganze ländliche Prominenz herbeigeeilt sind, und daß die Münchner in Autobussen nach Straubing fahren, weil es sich hier besser trinken läßt unter ihresgleichen. So innerlich aufgerüstet, geht auch die Nationalhymne »Gott mit dir, du Land der Bayern«, die den Festakt im Festzelt beschließt, leicht von den Lippen. Sie ist nach dem Willen des Komponisten nicht fremdländisch Allegro, sondern »Hochgemut« zu singen.

Natürlich ist auch dieses Fest mit den Jahren ein wenig anders geworden, äußerlich vor allem. Die prallen Mädchen zwängen sich nicht mehr ins Mieder, sondern in Jeans und T-Shirt, und die Burschen haben die Lederhose mit der Rokkerkluft vertauscht, weil sie auch mit dem Motorrad und nicht im Pferdewagen aus den Dörfern anreisen. Auch die Schausteller sind andere. Statt der ehemaligen Gesellschaftsdame des Sultans Mulay Hafid, die, weil tiefschwarz, von den Taglöhnern, die aus dem Böhmerwald als Ernteknechte gekommen waren, wie ein Wesen von einem anderen Stern begafft wurde, dienen Auto-Skooter, Mondrakete und Hurrikanbahn der Belustigung. Nur der Vogel-Jakob, der dank seiner derben Witze stets ein großes Publikum findet, ist, obwohl recht alt geworden, immer noch da, aber auch er geht mit der Zeit: »Wos wollt ihr Bauern hier, schaut's daß ihr hoamkimmt, ihr müßt den Traktor füttern.«

Doch das ganze bunte Durcheinander eines Volksfestes mit Fahrgeschäften, Wurf- und Würstchenbuden, kandierten Früchten und Steckerlfisch – zusammen über 150 Etablissements – ist nicht das Wesentliche. Wichtig ist zuerst, daß das Bier schmeckt. Wenn die durch langjährige Volksfesterfahrung ausgewiesenen Kenner den ersten langen Schluck nehmen, ihn genüßlich die Kehle hinunterrinnen lassen und nach einer gebührend langen Pause ein zufriedenes »Guat is« murmeln, dann leuchten die Augen der Festwirte. Ein höheres Lob werden sie nicht bekommen. Sie haben nach der rechten Art gebraut. Um 1650 hatte es der Kapuzinerpater Germinianus Monacensis in einem geistlichen Donnerwetter von der Kanzel herunter seinen andächtigen Zuhörern eingeschärft. »Wisset ihr aber, was gehört zu einem guten Bier? Ein gutes Bier muß nach dem ABC kocht sein: A abgelegen, B aufs best gemacht, C clar und lauter.«

Wichtig ist danach das Bierzelt, wovon es auf dem Gäubodenfest sechs gibt. Eigentlich sind es sieben Zelte, aber das Weinzelt kann der Konkurrenz nicht standhalten. Wenn am Nachmittag die Losverkäufer in den spärlich besuchten Budengassen noch jedem einzelnen das Glück nachschreien und die gruseligen Figuren über der Geisterbahn müde mit den Köpfen wackeln, dann ist es hier schon voll. Im Dunst von gebratenen Schweinshaxen, Würsten und Hähnchen, durch den stramme Kellnerinnen mit liebevoll an die Brust gedrückten vollen Gläsern hasten, sitzt man dicht an dicht hinter dem Maßkrug. Hinter dem Maßkrug sitzen, das kann man nirgendwo sonst so gut wie im Bierzelt. Die Ellbogen gehören auf den Tisch, und der Kopf wird so weit gesenkt, daß die Augen und die weiße Schaumkrone über dem gelben Gerstensaft eine Linie bilden. Das ist die richtige Haltung für einen Blick in die Welt und für tiefe Gedanken über den Lauf der Zeit.

Es gibt keinen demokratischeren Ort in Bayern als das Bierzelt, weil es die Unterschiede zwischen arm und reich verwischt und sorgsam gehütete Standesdünkel aufhebt, was hier vor allem heißt, daß die armen Schlucker von den schönen, aber wenig ertragreichen Höhen des »Waldes« genauso Mensch sein dürfen, wie die Gäubodenherren. Und im Bierzelt darf über alles geredet werden, vornehmlich über das Wetter, über die verdorbenen Sitten und sogar über die Politik, über die richtige Politik natürlich nur, über die es in Niederbayern keinen Zweifel gibt. Sogar Fremde sind als neumodische Unsitte im Bierzelt zugelassen, wobei Fremde alle jene sind, die nicht hier wohnen. Ein freundliches »Grüß Gott, Herr Nachbar« verkürzt schnell den Abstand. Bis zum vertraulichen Du ist es dann nicht mehr weit. Dies allerdings gilt nur für den magischen Umkreis des Maßkrugs. Wer nicht mit den Sitten vertraut ist, dem kann es geschehen, daß er draußen zurechtgewiesen wird: »Jetzt koanst Du wieder Sie zu mir soagn.«

Es muß aber nicht unbedingt viel geredet werden mit dem Nebenmann. Es gibt auch das stumme Einverständnis über den Rand des Bierglases hinweg oder Dialoge von lakonischer Kürze: »Grüß dich, Schorsch. Wo sitzt denn Du?« – »Mir sitz'n do drübn und san bsoffn.« Die alte bayerische Maxime »leben und leben lassen« gilt vor allem für die Bierzelt-Familie. Sie gilt für jene, die beim »Ein Prosit, ein Prosit der Gemütlichkeit«, das die Blaskapelle alle zehn Minuten intoniert, aufspringen und die Krüge aneinanderkrachen lassen, und für jene, die still in ihr Glas schauen und irgend etwas Philosophisches denken. Das bayerische Bacchanal ist eben auch manchmal ganz leise und selten nicht sittsam. Und bayerisch betrunken ist anders. Die meisten, die über den Durst getrunken haben, werden traurig und vom Weltschmerz geschüttelt. Gerauft übrigens wird kaum mehr. Die Ausmaße des Ordnungsmannes ersticken jeden Streit, für den seit altersher sowieso nur stumpfe Waffen wie Fäuste und Stuhlbeine zugelassen sind, im Keim. Dafür gibt es andere Untaten: »Das Mitnehmen von Maßkrügen ist Diebstahl und wird als solcher verfolgt« steht auf einem unübersehbaren Schild.

Wenn das Gäubodenfest aufgeht, wie es hierzulande heißt,

dann meldet der Rundfunk Stauungen auf den Straßen ringsum. So wie früher von den kargen Hügeln des Bayerischen und Böhmischen Waldes die Familien ins Tal gezogen sind, um sich bei den Gäubodenbauern als Schnitter zu verdingen, kommen heute die Kurgäste und die Landwirte von weither. Für die einen ist es willkommene Abwechslung und für die anderen Pflicht. Das jedenfalls sagen sie ihren Frauen, die sie nicht gerne in die sündige Stadt ziehen lassen, wo die Versuchung groß ist. Es gibt da auch ein paar Bars mit Striptease. Mit dem Gäubodenfest ist als schönes Alibi eine Landwirtschaftsschau verbunden. Das Vergnügen soll auch einen praktischen Nutzen haben. Die Kinder mitgerechnet waren es im vergangenen Jahr 800000 Besucher. Getrunken haben sie über 600000 Liter Bier, gegessen mindestens 150000 Schweinshaxen und weit über 100000 Hähnchen. Bei den Bratwürsten versagt die Statistik.

Wenn das Gäubodenfest am Hagen, neben dem die Donau breit hinfließt, begonnen hat, wird es in der sonst so lebhaften Stadt mit ihrem herrischen Vierkantturm auf dem Marktplatz und den italienisch heiter von Barock- und Rokokogirlanden geschmückten Häuserfassaden fast still. Wirtshäuser und Biergärten kommen gegen die übermächtige Lockung nicht an, denn jetzt verlegen Stammtische ihre Residenz, und die Straubinger feine Gesellschaft badet sich Abend für Abend in einem Meer gemeinen Vergnügens. So ist es immer gewesen. In dieser anmaßend reichen Landschaft und in dieser anmassend schönen Stadt gerät auch das Feiern groß, zumal man doch immer noch unter sich ist in dem stolzen Bewußtsein »Mir san mir«, das allen Wandel der Zeit unbeschadet überstanden hat. Es ist keine bierselige Sinnestäuschung: Die Figuren aus dem römischen Schatzfund, der 1950 bei Straubing gemacht wurde, die Putti, die von den Kirchenhimmeln schweben, und jene fröhlichen Trinker im Bierzelt ähneln einander in ihrer Kraft und ihrer Lebensfreude.

Gabrielle Wittkop-Ménardeau

Ekstatische Engel

München nach dem ersten Blick

In Rocaille-Nischen – Kalkzacken, Korallenstacheln, Muschelzier – bereiten die schwarzen Büsten berühmter Römer ihre Orakelsprüche vor. An den getäfelten Wänden rollen enthauptete Hirsche die tränenschweren Porzellanaugen und das durch die flache Glaskuppel einfallende Licht bringt die kupfernen Tannenzapfen der Mantelständer zum Leuchten. Mysteriös auch die Toiletten in ihrer Duplizität – »Damen« an einer Tür, »Frauen« an der anderen, mit ihrer dunklen Eichentäfelung und Brillen aus Tannenholz wie die Guillotinen. Das Publikum im großen Saal ist fast ausschließlich männlich, außer ein paar gnomenhaften Ehefrauen, die schlückchenweise ihr Bier schlürfen. Den unfreiwilligen Manierismus dieses Augustinerbräus hatte Cocteau zu schätzen gewußt. Renaissance à la fin-de-siècle.

Der Nachgeschmack des Bieres ist wie unterirdisch. Geschmack nach Efeu. Der Muschelschmuck der Wände weckt den Wunsch nach Schnecken. Warum nicht? Schnecken zu Bier könnten durchaus schmecken. Auch sie bitter und irdisch. Sie werden von der schwarzgekleideten Saaldienerin, die einen mehr als zweiteiligen Busen besitzen muß, serviert. – Aber sie sind ja ganz ohne Knoblauch zubereitet! – Warum haben Sie es nicht gleich verlangt? fragt streng die Tempeldienerin, und der Besucher aus dem lateinischen Westen senkt stumm die Nase auf den Teller. Schnecken ohne Knoblauch sind eine wertvolle Erfahrung, und Erfahrung ist ja der Lohn allen Reisens. Zubereitet »mit Kräutern« sind sie, unbekannten Kräutern von fernem Geschmack, Kräutern, die an Regen und Wurzeln erinnern; auf einmal passen sie zum unterirdischen Duft, der Efeuwürze des Bieres. Gut so, so müssen die Dinge sein. Immerhin stoppt hier der Reisende die gastronomischen Reflexionen. Barmherzigkeit wirft den Schleier des Schweigens und die Asche des Vergessens auf die zufällige Begegnung von bayerischer Küche und fremdem Gaumen.

Trotz klassizistischer Fluchten von Arkaden und Kolonnaden bleibt München entschieden barock mit seinen grünen und rosa Himmeln, den barocken Gesichtern, dem barocken Dialekt, der Üppigkeit und Bizarrerie. München liebt leuchtende Nuancen, ausladende Gesten, spektakuläre Beispiele, auch die Exotik; so zeigt sich die Lust am Skurrilen selbst bis in die Schaufenster der Apotheken: statt Sonnenöl, Ginseng und Abführpillen auszustellen, hüten die Apotheker hierzulande noch die pittoreske Tradition der Kuriositätenkabinette, die im 17. Jahrhundert so teuer waren. Das Krokodil und die Äskulapschlange sind nicht ausgestopft wie etwa der Uhu beim Homöopathen, sie hausen vielmehr in einem bequemen Vivarium, während, auf rotem Samt nicht ohne Selbstgefälligkeit angeordnet, reichhaltige Steinsammlungen dem konsternierten Betrachter alle Arten von Gallen- und Nierensteinen, von Harnsand und Blasengrieß vorführen, wie sein Organismus sie, auch ohne besonders eingeladen zu sein, hervorbringen kann; es fehlen in der Sammlung nur die Perle, die schwarze Koralle und der Bezoar.

Außer den Auslagen, die solch betrübliches Memento austeilen, gehören die Münchner Schaufenster zweifellos zu den attraktivsten in ganz Deutschland: viel italienische Seide, viel erstklassige Antiquitäten. Schmucksachen in hervorragendem Stil. Und natürlich auch Überraschungen, etwa in der Passage beim Stachus das Geschäft für Brautkleider unmittelbar neben dem Laden für Umstandskleider; man könnte fast schwören, es sei zweimal dieselbe Firma: auch der Barock hat seine pantagruelische Logik; das Natürliche ist ihm nicht fremd. Man könnte sich durch die derbe Unbekümmertheit täuschen lassen und München für eine Provinzstadt halten, die die Hauptstadt spielt, während es in Wirklichkeit gerade umgekehrt ist. Die Hauptstadt der Löwen mit den weißblauen Rauten solidarisiert sich mit ganz Bayern, und was man für Provinzialismus halten könnte, ist eher Nationalismus. Ob dessen Früchte nahrhaft oder giftig sind, das steht hier nicht zur Debatte. Es handelt sich einfach um eine Tatsache. Das Hinterland befruchtet die Stadt, die ihrerseits in die kosmopolitische Welt ausstrahlt.

Franz von Stuck zum Beispiel hat es vom Müllerssohn aus einem niederbayerischen Dorf zum letzten »Malerfürsten« gebracht und sollte einen Kentaur im Wappen führen. Auf dem Gipfel des Ruhmes, des Reichtums und der Ehren, bewundert von der ganzen Welt, hat Stuck niemals aufgehört, hinter der Chimäre herzujagen. Der Geist Franz von Stucks in seinem Drang zur Erneuerung und geistigen Befreiung ist vielleicht mit dem der Renaissance vergleichbar und einer elektiven Aristokratie vorbehalten, die einzig im Dienste eines Schönheitsideals steht. Alle Energie ist dem Bild gewidmet. Dieses Bild hat von Stuck nicht nur in seinen von Dämmerlicht erfüllten Gemälden konkretisiert, auf denen der bleiche Fleck der Leiber leuchtet, sondern, wie Kublai Khan, der das im Traum gesehene Schloß erbauen ließ, ließ er seine Villa gleichzeitig als Wohnung und als sein Denkmal errichten.

Nach der Zerstörung durch Bomben restauriert, vermittelt die Villa indessen nur einen schwachen Eindruck von dem ursprünglichen Glanz, als zu den Zeiten der fürstlichen Diners Münchener Künstler und Studenten im Fackelzug defilierten, um von Stucks fünfzigsten Geburtstag zu feiern. Heute sind das römische Badezimmer und die mit strohgelbem Moiré ausgeschlagenen Stuben in einfache Ausstellungsräume verwandelt. Der Atem der großen, leeren Räume weht kalt; vielleicht war er immer so, in dieser einbalsamierten Villa, die sehr viel melancholischer wirkt als die kuchen- und rosenfarbenen, vom Gezirp der Zikaden erfüllten Ruinen Pompejis. Die Gemälde sind arm an Licht, und sie könnten enttäuschen, hätten sie nicht diese visionäre Tiefe; denn die Farben sind matt und dunkel, schwerfällig ist der Pinselstrich auf den bleifarbenen Flächen. Es mangelt an Glanz und Transparenz, den wesentlichen Eigenschaften großer Werke.

Der lateinische Betrachter – und hier wäre gewiß eine brillante Definition des lateinischen Betrachters angebracht, stellte sie sich dem Geist nur ein – der Betrachter also begegnet neben der altrömischen Antike, für die er das Monopol zu haben glaubte, einer bajuwarisch gesehenen Antike; ein Experiment, das betroffen macht und bei allem Unterschied an die knoblauchlosen Schnecken erinnert. Rom in München. Auch Süddeutschland gehörte zum römischen Imperium. Was jedoch von Stuck betrifft: wenn er kein Gustave Moreau ist, so weiß er doch ebensogut wie dieser, sich dem Betrachter, der einmal vor seinen Bildern gestanden hat, einzuprägen.

Auch Lenbach hat sich seine Villa erbaut, doch im Gegensatz zur Stuckvilla gehört sie nicht einmal mehr dem Phantom ihres Schöpfers, so daß der von der Manie der Nidifikation befallene Besucher in possessiver Laune, die ihn dazu verführt, sich vom Geiste unweigerlich als Inhaber jeder ihm angenehm vorkommenden Wohnung zu denken, sofort damit beginnt, den eignen Möbeln und Büchern ihren Platz in der Lenbachvilla anzuweisen; im Tagtraum dann in seinem Lieblingssessel sitzend, trinkt er ein geträumtes Glas Wein, streichelt den geträumten Pekinesen oder lauscht auf einer der Terrassen dem vorgestellten Geschnatter vorgestellter Papageien. Die Stuckvilla würde sich der Möglichkeit solcher Phantasmen wie einem Sakrileg verweigern. Die Lenbachvilla war niemals bloßer Dekor; alles atmet Nestwärme, von der toskanischen Sanftheit der ockerfarbenen Terrassen bis zur Klinke der Eingangstür in Gestalt einer Sirene, dem antiken Muttersymbol.

Italien ist nicht fern, kaum 200 Kilometer weit, und München kennt die gentilezza, die Urbanität. Freundlichkeit der Verkäuferinnen, der Straßenpassanten, der Bauarbeiter, die sich eifrig bemühen, beim Überqueren der Baugrube behilflich zu sein. Und die Saufbolde, die Wirtshaushocker, die man hier »Stockbrunzer« nennt? Findet man die auch freundlich, bajuwarisch heiter? fragt der Widerspruchsgeist. Findet man den Trunkenbold sympathisch, der mit bierseliger Stimme grölt und mit dem Bergstock gegen die Hauswände schlägt ...?

Wie auch immer, trotz der trinkfreudigen Raufbrüder und trotz der stämmigen Matronen auf dem Viktualienmarkt ist

München die Stadt der Engel. Überall streift ein plötzlicher Lichtstrahl ihr pausbäckiges oder lang-ovales Gesicht, das immer ekstatisch ist, ihre gezackten Flügelfedern, die sich öffnen oder falten, regelmäßig oder asymmetrisch, hochstilisiert oder so naturalistisch sind, daß sie ihr Übernatürliches verleugnen. Engel setzen Trompeten an die Lippen, schwenken Fahnen, weinen auf Gräbern, tragen die Jungfrau gen Himmel, entrollen Draperien oder stützen bischöfliche Wappen. Engel der neun Chöre, bäuerische oder ziere Engel, zuweilen sogar zweideutige Engel, aus leichtem Lindenholz geschnitzt und dem Genie eines Ignaz Günther oder eines Egid Quirin Asam entsprungen.

Eingefügt in die Fassaden wie in den Fels einer Steilküste ist die Kirche St. Johann Nepomuk ein erstaunliches Gotteshaus. Der italienische und sogar der spanische Barock sind weniger üppig wuchernd, man muß schon nach Mexiko gehen, um auf das Äquivalent eines solchen plastischen und architekturalen Ungestüms zu stoßen. Vor dem Exotischen und Jahrmarkthaften der Kapelle wie von Schauern ergriffen, kann sich der verwirrte Fremde zunächst nicht darüber klar werden, ob es sich um ein sublimes Meisterwerk oder um sublimen Kitsch handelt. Die Draperie aus Gips, die über die Balustrade hängt, der Schmerzensmann, der in einer vergitterten Nische weint, die Brutalität, mit der die Vergoldung erneuert worden ist, versetzen ihn in Verlegenheit. Seine durch den klassischen Unterricht geformte Geistesverfassung verlangt nach einer Definition, einem kritischen Urteil. Nach und nach aber verscheucht die Stimmung des Raumes ein solches Bedürfnis. Warum soll man sich nicht einfach vom Eindruck einer so stark emotionalen Kunst mitreißen lassen?

Vielleicht war es die Absicht der Brüder Asam, vielleicht haben sie gerade dieses aufrichtig und authentisch ausdrükken wollen? Doch ist es nur das? Je länger man die Votivkirche betrachtet, desto stärker wird der Eindruck eines Abbildes von einer anderen Welt als der einer koexistentiellen Erschütterung, einer sehr weitläufigen, sehr komplexen Welt, die sich auch in der Sprache der Linie und des Volumens manifestiert. Die von den römischen Architekten geschätzte Volute drückt im Konkreten den geschmeidigen und doch rigorosen Gang des jesuitischen Denkens aus. Die Rückkehr zu sich selbst, die doppelte exzentrische und konzentrische Möglichkeit der Kurve, je nach dem Standpunkt, von dem aus man sie sieht, das ist durchaus eine Geometrie, die der Idee der Kasuistik entspricht, das ist Stoff zum Nachdenken, ohne daß man obendrein noch vom Doppelsinn, der dem Wort gracia eignet, reden müßte.

Es gibt in München Straßen von einer Nüchternheit, die nicht immer die des Klassizismus ist, sondern häufig bastardiertes Produkt der verschiedenen Hochzeiten des Baugewerbes, die wie periodisch wiederkehrende Sturmfluten seit dem Ende des vorigen Jahrhunderts die Stadt heimsuchten. Unter dem Druck des Bevölkerungswachstums konnten die Gründerjahre auch ein herbes Gesicht zeigen, den bedrohlichen Utilitarismus, der auf jede schmückende Maskierung verzichtet. Schulen, Bauten mit riesigen platten Fassaden haben alle Umwälzungen überlebt, kaum weniger trostlos als die Architekturen des Dritten Reiches, kaum weniger häßlich als die zeitgenössischen Reihenbauten eines Urbanismus, der seinen Namen nicht zu nennen wagt. Man muß durch die Barerstrasse mit ihren elenden Höfen gegangen sein, wo Trödler den Schwabinger Malern alte Bilderrahmen verkaufen, man muß die neuen Viertel gesehen haben, die um die Jägerstraße herum liegen, man muß an einem Sonntagnachmittag durch die Wüste des Oskar-von-Miller-Rings gekommen sein, um zu ahnen, was Münchner Trostlosigkeit ist.

Ein anderes München: das des »Musäums«, wo Karl Valentin die Phantasie eines Man Ray oder eines Marcel Duchamp erreicht: mit seinem »Winterzahnstocher«, seiner »Geistertrommel«, die leider nicht gehört werden kann, wenn sie nachts um 12 Uhr einen schaurigen, aber dumpfen Trommelwirbel von sich gibt. Kein intellektueller Automatismus jedoch; dieser Surrealismus zum Gebrauch der Familien trifft sich hier mit der Logik des Kuckucks, der aus dem Uhrgehäuse springt. Ein Foto zeigt Karl Valentin von dem Plakat am Eingang des Panoptikums; das Musäum im Isartor leitet sich nämlich direkt vom Lach- und Gruselkeller her, den Valentin in den dreißiger Jahren gegründet hatte, wobei er sich von den Wachsfigurenkabinetten der Oktoberwiese inspirieren ließ.

»Wertvolle Wachsplastik!!! Herzog Heinrich XII. Leider zu nahe an der Dampfheizung.«

Trotz lila und tomatenroter Diskotheken hat die Gegend am Karlstor gleichzeitig den Charme eines Lebkuchengebildes und eines internationalen Treffpunkts. An diesem Abend dient ein gelber Himmel der Fußgängerzone zum Hintergrund, rechts das Genrebild eines Straßenhändlers mit Seppl-hut, der, profaner Wohnküchen-Siegfried, mit viel Schwung den Gesang verschiedener Vögel imitiert. Auf der anderen Seite steht, vom Licht des zu Ende gehenden Tages umflutet, der Brunnen, den Matthias Gasteiger 1895 entworfen hat, das Brunnenbuberl mit treuherzig provinziellem Namen. Dabei ist es weder treuherzig noch provinziell: ein noch unreifer Ephebe wehrt dem Wasserstrahl, den ein Satyr mit einem Gesicht wie einer Zeichnung von Beardsley entsprungen auf ihn spritzt, und das unwirkliche Neonlicht bestirnt ihn mit violetten Tropfen.

Silberne Spiegel, polierter Gagat und Zinn nisten in den vom nächtlichen Regen gewaschenen Steinplatten. Hinter der Peterskirche liegt Schweigen im Labyrinth der Gassen; die Arkaden geben den Hall der Schritte zurück, die Passagen, die Höfe mit nackten Fassaden, mit endlosem Pflaster unter den Laternen, deren Licht wechselnd mit Tinte und Blei Stufen malt. So hätte Hugo Steiner-Prag sie wiedergegeben, als er zu Anfang des Jahrhunderts nach dem Zeichenunterricht bei von Stuck selbst in München lehrte. Die Scheinwerfer tönen mit falschem Azur die phantastischen Grisaillen der alten Stadtschreiberei, heute ein Lokal, in das Gruppen später Gäste flüsternd eintreten, bizarr und suspekt wie Masken. Eine gespenstische Welt von Dämonen und Larven.

Schwer ist der Name der Stadt zu tragen; für viele assoziiert er sich noch immer mit dem »Abkommen von 1938«, dem hohnvollen. »C'est reculer pour mieux souter«: ein im Vorüberkommen gehörter Satz, damals in irgendeiner Pariser Straße. Denn so ist es gewesen, und beim Betrachten der schönen Stadt, des schönen Himmels und der blau aufleuchtenden Löwen fragt der Fremde sich: Wie nur? Wie? – Es gab Länder, wo Not und Hunger so groß wurden, daß manche Leute Margeriten aßen; Feldblumen, weil man sie ohne Geld und Lebensmittelkarten fand. Das Münchner Bier hat nicht nur den feinen Efeugeschmack, es hat auch einen bitteren Geschmack, den bitteren, alten Geschmack der Margeriten.

Theodor Geus

Die lieben Fremden

Auf einem Bauernhof im Chiemgau

Der Wegweiser stand so klein und kümmerlich an der Straße, daß wir erst einmal daran vorbeifuhren. Er zeigte den Hügel hinauf, der sich sanft aus den Wiesen wölbte. Dort oben lag unser Bauernhof. »Ihr kennt scho kemma«, hatte die Bäuerin am Telefon gesagt und unser ländliches Abenteuer besiegelt.

Breit und behäbig lagerten vier Höfe vor dem dunklen Grün des Fichtenwaldes: Das war der ganze Ort. Und von der Höhe öffnete sich uns der Blick auf die grau-gekräuselte Fläche des Chiemsees, hinter der sich aus dem Dunst die Berge mit ihren weißen Schneehauben hoben. Wir standen still vor diesem aufgeschlagenen Bilderbuch. Das war also die Idylle, die wir gesucht hatten.

»Her do«! Der Ruf riß uns aus dem Träumen. Flachshaarig und stämmig stand Alois unter der Tür und winkte. Er war ungeduldig, denn er hatte schon seit gestern auf uns gewartet. Alois war zwölf, schlug eine harte rechte Gerade, die immer dann traf, wenn man am wenigsten daran dachte, trug meist Pullover mit Löchern und war der Herr auf dem Hof. Dann waren noch da: Rosi, acht Jahre, flachshaarig und stämmig, anschmiegsam wie eine Katze und mit dem gleichen unberechenbaren Temperament, Geli, neun Jahre, flachshaarig und stämmig, still und auf Distanz bedacht, Rosa, die Bäuerin, die flink arbeitete und Tonleitern lachte, Bauer Alois, der jeden Sonntag in die Kirche gehen mußte, weil er die ganze Gemeinde um einen Kopf überragte und vom Pfarrer sofort vermißt wurde, wenn er fehlte, und die Oma, die nimmer recht laufen konnte und unerbittlich über die Küche wachte. Außerdem waren noch da: vierzig Kühe, zwölf Jungrinder, acht Kälber, drei Schweine, von denen wir eines Johann tauften, obwohl jeder sehen konnte, daß Johann eine Sau war, zwei rabenschwarze Ponys mit unaussprechlichen Namen, vier Katzen und Hunderte von Möwen, die vom See aufflogen und als weiße Wolken in die Wiesen fielen.

Das Haus, das wir betraten, war sauber und roch nach Kuh, die gute Stube hatte rundum eine Bank, einen blanken Tisch, und im Winkel hing der Gekreuzigte, die Betten, in die wir uns legten, waren weiß, weich und tief. Ehe wir einschliefen, horchten wir nach den gewohnten Stadtgeräuschen, nach Autos und Flugzeugen und nach dem Radio des Nachbarn. Aber wir hörten nur das leise Klirren von Ketten aus dem Stall und den Wind, der das Dach entlangritt. Die Stille war fremd und machte unruhig. Es wurde eine kurze Nacht.

Was uns weckte, war nicht der Hahn, sondern der Traktor. Längst hatten Alois und Rosa die Kühe versorgt – der Tag beginnt früh auf dem Bauernhof. Und so schlichen wir beschämt über unsere Faulheit die Treppe hinunter. Uns erwartete ein großer Krug Milch. »Ihr seid so weiß um di Back'n« hatten die Kinder schon am Abend gesagt, und nun saßen sie stumm dabei, sahen zu, wie wir die euterwarme Milch tranken, und warteten darauf, daß sich unsere Gesichter röteten: Aller Anfang ist schwer. Aber schließlich haben sie doch geholfen: die Milch und das Schmalz, das wir dick aufs Brot strichen, weil niemand außer uns Städtern es essen wollte.

Der junge Alois war ein guter Führer. Wir kletterten mit ihm auf den Heuboden, wo es nach Blumen und Sommer roch, und traten in den Stall, in dem die Kühe säuberlich in der Reihe standen und blitzende Rohre die Decke entlangliefen – Leitungen für die Milch, die die Melkmaschine aus den Eutern saugt. Und wir streichelten die Kälber, die uns mit ihren weichen Mäulern anstupsten und mit großen rauhen Zungen die Hand leckten. Wir fingen an zu lernen, daß Kühe nicht nur einen Namen, sondern auch eine Geschichte haben, daß sie verschiedene Temperamente und unverwechselbare Gesichter besitzen. Von jeder wußte Alois etwas zu erzählen, und wir beschlossen, »dumme Kuh« aus unserem Schimpfwortkatalog zu streichen.

Alois war zufrieden mit uns. Er hatte gewußt, daß wir staunen würden. Tatsächlich, das war nicht mehr der Bauernhof aus der Kinderzeit, auf dem es vor Getier wimmelte wie auf der Arche Noah, der Bauernhof mit Hühnern, Gänsen, Enten, einem alten Gaul und einem Truthahn, der Jagd auf unsere roten Strümpfe machte, und mit einem Misthaufen, der beißenden Dampf ausspie.

Mehr erfuhren wir, wenn wir abends zusammensaßen bei einer Maß Bier und der Bauer Alois seine Philosophie über Preußen, Gott und die Welt mit breiten Händen auf den Tisch schlug. Es war von Rationalisierung die Rede, von Investition, Kälberpreisen, Fleisch- und Milchstraße. Und wir widersprachen nicht, als er sagte: »A Gast bringt mehra als a Kuh.« Rosa bekam rote Flecken im Gesicht und lachte die Tonleiter nicht zu Ende. Aber wir hatten schon richtig verstanden. Alois hatte viel in sein riesiges Haus gesteckt, hatte Zimmer ausgebaut und adrett eingerichtet, Duschen installiert – ganz nach städtischem Geschmack. Jetzt soll sich auszahlen, daß er mit der Zeit, in der er mit seinen Eltern und vier Geschwistern recht und schlecht lebte, aufgeräumt hat. Als Erinnerung daran sind ein geschnitzter Schrank, zwei bestickte Hauben der Großmutter und ein Hochzeitsbild der Eltern übriggeblieben. Für dieses Jahr ist er ausgebucht. Ein paar von seinen Gästen kommen immer wieder. Es sind alles »Preißn«. »Die koa i scho zulossa«, meint Alois anerkennend von einer Familie aus Nordhorn, die ihm die Heuernte einbringen hilft und die Kühe von der Weide heimtreibt – jedes Jahr vier Wochen lang. Pensionsbetrieb mit Zoo-Kühen für die Stadtleute? Nein, das Geschäft mit den Fremden nimmt er halt mit. Er möchte der Bauer bleiben, der er immer war, obwohl es ihn hart ankommt. Denn was geordnet und nach kleinem Wohlstand aussieht, ist erkämpft durch einen langen Arbeitstag und durch das Ringen mit der Natur, die alle Pläne über den Haufen wirft. Zuviel Trockenheit, zuviel Schnee, zuviel Regen machen ihm Gedanken, mit denen er sich schlafen legt. Deswegen hat er in der Stiege unter dem ausgestopften Fasan eine Tafel mit dem Spruch aufgehängt: »Gute Nacht ihr lieben

Sorgen, leckt mich am A... bis morgen.« Das steht nicht nur zum Spaß da, er meint es wirklich so.

Das Landleben ist nüchtern geworden. Wir waren dabei, als nach langen Stunden des Wartens mitten in der Nacht ein Kalb geboren wurde. Und wir waren traurig, als nach einem schmerzvollen Stöhnen der Kuh ein braunweiß-geflecktes Kälbchen vor uns lag und Alois sich fast verächtlich umdrehte und davonstapfte. »Wieder a Madl«, hatte er gesagt. Männliche Kälber bringen auf der Viehauktion in Traunstein das Doppelte. Das Trockenreiben des Neugeborenen mit Stroh überließ er seiner Frau und uns. Auch den ersten quäkenden Schrei hatte er schon nicht mehr gehört. Das Romantische haben wir uns wohl eingebildet.

Noch lebte der Hof nach dem langsamen Rhythmus des Winters. Konnten wir mit anpacken? Unsere Muskeln hielten Alois' prüfendem Blick nicht stand. So streiften wir über Wiesen, auf denen der Frühling lag, und durch einen knospengrünen Wald. Am See probte ein einsamer Camper den Sommer. Wenn wir heimkamen – heimkommen zu sagen hatten wir uns bald angewöhnt bei der Rückkehr unter das breitgezogene Dach und in die gemütliche Stube –, tranken wir Bier und spielten Karten: Leben nach bayerischem Klischee machte Spaß.

Längst waren wir träge geworden, aßen lieber in der Gastwirtschaft Schweinebraten, als daß wir romantische Blicke auf die Landschaft warfen, und unser kulturelles Bedürfnis befriedigten wir mit dem Erlernen von Schafkopf. Für Uneingeweihte: Schafkopf ist ein Kartenspiel, bei dem das As Sau und die Dame Ober heißen und Trümpfe möglichst laut auf den Tisch gehauen werden.

Fast wäre unser Urlaub ohne Ereignisse verlaufen, hätte es nicht die Katze und den Milchmeister gegeben. Mit der Katze hatten wir bald auszukommen gelernt, und nach dem Erfinden einer neuen Umkreisungstaktik, bei der die ganze Familie zum Einsatz kam, gelang es jeden Abend, das mit spitzen Zähnen fauchende schwarze Knäuel aus den Kissen zu vertreiben. Beim Milchmeister allerdings versagte diese Taktik, als er sich im Bett unserer Tochter zur Ruhe gelegt hatte. Wir umstanden ihn staunend, bis er die Augen aufschlug. Er nahm seinen Irrtum gelassen hin. »Dös is dumm ganga« – sprach's, drehte sich um und schlief wieder ein. Für diese eine Nacht rückten wir zusammen. Erst der Morgen brachte Licht in das Dunkel. Die Bäuerin hatte dem Alten ein Zimmer zugewiesen, und er war eine Treppe zu hoch gestiegen. Den Spott der Kinder ertrug er mit der Überlegenheit des Weitgereisten, der sämtliche Kuhställe im Umkreis von dreißig Kilometern kennt. »Dös is dumm ganga« – für ihn war der Fall erledigt, und nach einem langen Gespräch über die Schlechtigkeit der Welt und den Verfall der Sitten schieden wir als Freunde. Rosa hatte Sorgenfalten im Gesicht und lud uns zu Kaffee und Kuchen ein. Und dann saßen wir alle am Tisch wie eine große Familie.

Am Sonntag gingen wir zusammen in die Kirche des nahen Dorfes, wo die Messe auf bayrisch gesungen wurde und der Pfarrer »die lieben Fremden, die hier zur Erholung weilten«, in sein Gebet einschloß. Alois grinste, und die Kinder steckten ihre Gesichter in die gefalteten Hände. Wir durften sogar zuschauen, als Alois, Susi und Geli für das Preisplattln übten. »Dös werd modern«, sagte der Bauer und wunderte sich, warum wir lachten. An diesem Abend fühlten wir uns wie auf einer Insel ganz weit weg, obwohl die nächtliche Stadt nur ein paar Kilometer entfernt war und am See die Autos Kolonne fuhren.

»Ihr könnt wiederkommen«, sagten die Kinder, als wir abfahren mußten. In Rosas Gästebuch standen unbeholfene Verse über ländliche Freuden und Urlaubstage. Wir fügten diesen einen neuen hinzu und schrieben: »Es lebt sich recht und schlecht daheim, doch schöner ist's bei Kuh und Schwein.« Je weiter wir wegfuhren, desto besser gefiel uns unser Werk.

Dieter Vogt

Beim verrückten König

Neuschwanstein

Man schließe die Augen, stelle sich ein Märchenschloß vor, nun, wie sieht es aus? Wie Neuschwanstein. Steiler Berg, hohe Zinnen, spitze Türme. Eine nähere Beschreibung können wir uns sparen. Sogar die Japaner wissen Bescheid. Neuschwanstein ist in der weiten Welt nicht weniger bekannt als die Pyramiden, allerdings noch nicht so lange. Im Sommer wird das Schloß abends von Scheinwerfern aus der Dunkelheit hervorgezaubert: dann schwebt es hoch in der Luft, fahlweiß und gespenstisch, ohne Beziehung zur Erde. Beim Betrachten des unwirklichen Bildes wartet man insgeheim darauf, daß endlich das nächste Dia nachgeschoben wird, aber siehe da, Neuschwanstein bleibt stehen und wackelt nicht. Ein Märchenschloß zum Anfassen. Der Tegelberg hält sich schwarz im Hintergrund. Manchmal fahren bayerische Damen im großen Abenddirndl hinauf zum Schloßkonzert.

Der Gipfel der Realität ist aber, daß man am Torbau auf einen elektrischen Klingelknopf drücken kann, worauf Herr Desing, der Schloßverwalter, mit seinem Schäferhund Tristan erscheint und sich freundlich zu allerlei Auskünften bereit erklärt. Tristan, bleib du nur ruhig!

Der Schloßverwalter Desing, der nun schon sehr viel länger auf Neuschwanstein wohnt, als es dem seligen Erbauer, dem drittletzten König von Bayern, je eingefallen wäre, ist zu einem Touristenbändiger geworden. An schönen Tagen strömen ihm zehntausend Menschen ins Haus. Der Rundgang dauert eine gute halbe Stunde, früher war er wohl länger, aber nun können dreizehn Gruppen gleichzeitig geführt werden: wenn der letzte Schloßführer startet, bekommt der erste schon Trinkgeld. Massentourismus ist eine Frage der Organisation. Verwirrung gibt es, wenn eine schnellere Gruppe auf eine langsamere Gruppe aufläuft, zumal im engen Schlafgemach. An Spitzentagen sind siebzehn Schloßführer im Einsatz, davon dreizehn unterwegs, vier verschnaufend. Wäre Neuschwanstein ein Bahnhof oder ein Rathaus, man käme um einen Erweiterungsbau nicht länger herum. Die Filme, die im Kino liefen, haben den Ansturm noch vergrößert.

Die Leute stellen wenig Fragen, sagt der Schloßverwalter, aber wenn sie fragen, fragen sie: Was hat es gekostet? Wie ist er wirklich gestorben? Und das wissen auch die ältesten Schloßführer nicht.

Ludwig II. ist das erste prominente Opfer der Psychiatrie. Noch unberührt von Skrupeln und Zweifeln, stößt die junge Wissenschaft den bayerischen König vom Thron. Vier namhafte Ärzte unterschrieben das im Regierungsauftrag angefertigte Gutachten. »Seine Majestät«, steht darin, »sind in sehr weit vorgeschrittenem Grade seelengestört, und zwar leiden Allerhöchstdieselben an jener Form von Geistesgestörtheit, die den Irrenärzten aus Erfahrung wohl bekannt mit dem Namen Paranoia (Verrücktheit) bezeichnet wird.« So endet im Juni 1886 die Regentschaft eines exzentrischen Monarchen, dessen größte Verrücktheit darin besteht, daß er sich immer neue Schlösser bauen läßt, die er weder gebrauchen noch bezahlen kann.

An der Pöllatschlucht hat er mit einer großen deutschen Ritterburg das Mittelalter herbeizitiert, Neuschwanstein. Auf der Herreninsel im Chiemsee will er den einstigen Mittelpunkt der Welt noch einmal neu markieren, Schloß Versailles. Im Graswangtal steht Linderhof, sein Flirt mit dem Rokoko. Drei Schlösser, zwei noch unvollendet. Die Zeitungen sagen dem König 13 Millionen Mark Schulden nach. Er schert sich nicht mehr um die Staatsgeschäfte, er hat sich von seinem geliebten Volk in seine geliebten Berge zurückgezogen, wo er sich einer rasenden Bauwut hingibt. Das nächste Projekt ist eine gotische Riesenburg auf dem Falkenstein. Auch geht die

Rede von einem chinesischen Wasserpalast am Plansee, von einer byzantinischen Festung bei Oberammergau. Da wird er für verrückt erklärt.

Witz des Schicksals: der rätselhafte König, der sich um Kopf und Kragen baute, wird heute wie ein Schutzheiliger des bayerischen Fremdenverkehrs verehrt. Alles hat er sich träumen lassen, nur das nicht. Seine Schlösser sind touristische Pflichtübungen. Wer sie nicht besucht, wird nicht behaupten können, er sei in Bayern gewesen. Die Postkarten fliegen bis Neuseeland und Hawaii. Des Königs starres Gesicht, das ein Leben lang ohne Lächeln auskam, ist allgegenwärtig, auf Bildern und Broschüren, auf T-Shirts, Maßkrügen, Plastikaufklebern. Eine Renaissance in Pop-art.

Steil ist der Weg nach Neuschwanstein, eng gewunden. Der Pilgerstrom wälzt sich bergauf, vorbei am »Hotel Müller«, vorbei am »Hotel Lisl«, da geht es lang, da laufen alle, vorbei auch am Schloßcafé, an den Ständen und Buden, die Andenken und Gemälde verkaufen, Bratwürste, Kuhglocken und die Kurzbiographie »Sein Leben – sein Ende«. Man wird von Pferdekutschen überholt. Man begegnet jenen, die ihre Führung schon gemacht haben und nun omnibusweise wieder zu Tal marschieren. Es ist was los im Wald, und rechts gibt es sogar Toiletten.

Die Geschichte hat dem späten Wittelsbacher, der ein großer König werden wollte, einen bösen Streich gespielt. Er wird als Märchenkönig geführt, bedeutungslos für den Lauf der Welt. Neuschwanstein hat nur eine wirklich historische Stunde erlebt, und es läßt sich nicht leugnen, daß es eine tragikomische Stunde war.

In der Morgendämmerung des 10. Juni 1886 rollen dunkle Equipagen über den Schloßweg. Sie bringen eine Kommission der Münchener Regierung Lutz, darunter den Minister Crailsheim, hohe Hofbeamte, Irrenärzte, Krankenpfleger. Aber der König, den sie nach Verlesung des psychiatrischen Gutachtens mit sanfter Gewalt entführen wollen, macht ihnen einfach nicht auf. Neuschwanstein im Belagerungszustand. Gendarmen und Feuerwehrleute aus Schwangau und Füssen beziehen Posten, um ihren Souverän zu verteidigen. Die Kommission ist machtlos. Sie zieht sich zur Beratung auf das benachbarte Schloß Hohenschwangau zurück. Wie stürzt man einen König? Es ist eine Groteske, »die auf ihre Teilnehmer unauslöschliches Gelächter herabruft«, wird der Publizist Paul Sethe später schreiben. Es geht noch weiter: Ludwig II. schickt seine Gendarmen nach Hohenschwangau und läßt die Kommission festnehmen. Zurück nach Neuschwanstein. Der König droht den Gefangenen fürchterliche Strafen an. Verschwörer, Hochverräter! Am Fuß der Burg, im Hof, unter dem Palas sammelt sich empörtes Volk. Es lebe der König.

Der König tobt, er ist beleidigt. Aber schon am Nachmittag dürfen die Gefangenen wie geprügelte Hunde davonschleichen. Was soll er tun? Bismarck rät ihm telegrafisch, sofort nach München zu reisen, öffentlich aufzutreten und den Spuk seiner Absetzung beiseite zu fegen. München ist weit. Ludwig II. rührt sich nicht von der Stelle. Er läßt sich den letzten Zipfel Macht aus der Hand gleiten, entschlußlos und verwirrt – im Alter von vierzig Jahren.

Pfingsten, das liebliche Fest... Zwei Tage später holen sie ihn ab. »Bewahren Sie diese Räume als Heiligtum, lassen Sie es nicht profanieren von Neugierigen!« soll er dem Schloßdiener Stichel zum Abschied gesagt haben. Die Fahrt zum Starnberger See dauert acht Stunden. Schloß Berg ist als Verwahranstalt für einen hochwohlgeborenen Irren hergerichtet, Gucklöcher in den Türen, Wächter überall. Ein Ende mit Schrekken. »Wenn ich nicht mehr bauen kann, kann ich nicht mehr leben.« Am darauffolgenden Tag, dem 13. Juni, spätabends, findet man am Seeufer die Leichen des Königs und des Arztes Dr. Gudden, der ihn auf dem letzten Spaziergang begleitet hat.

Der unaufgeklärte Tod des Königs wird nicht zu einem Fall der Kriminalgeschichte, er wird zum krönenden Abschluß einer tragischen Legende. Nimmt man den wahrscheinlichsten Fall an, nämlich Selbstmord, so erhebt sich auch sogleich drohend die Frage, ob der König nicht in seiner letzten Lebensminute zum Mörder geworden ist.

Kaum ist der König begraben, bricht auf seinen Schlössern der Fremdenverkehr aus. Siebzehn Jahre nach der Grundsteinlegung stehen auf Neuschwanstein noch Baugerüste. In Herrenchiemsee werken noch die Stukkateure. Gegen 2 Mark Gebühr darf jedermann die Stein gewordene Traumwelt Ludwigs II. betreten; in Linderhof werden 3 Mark erhoben. Kopfschüttelnd, ehrfürchtig oder belustigt schieben sich die Leute durch die Kulissen seines seltsamen Lebens. »Ein ewiges Rätsel will ich bleiben mir und anderen«, hat er gesagt, der große Illusionist.

»Er ist leider so schön und geistvoll, seelenvoll und herrlich, daß ich fürchte, sein Leben müsse wie ein flüchtiger Göttertraum in dieser gemeinen Welt zerrinnen«, schrieb Richard Wagner 1864 nach seiner ersten Begegnung mit Ludwig II. Mit achtzehn Jahren hat er den Thron bestiegen. Die Bayern jubeln. So einen wunderschönen König macht ihnen keiner nach.

Der junge König ist hingerissen von Wagners Musik, die ihm die tote Bilderwelt seines Vaterschlosses zum Leben erweckt. Am 13. Mai 1868 schreibt er dem Freund: »Ich habe die Absicht, die alte Burgruine Hohenschwangau bei der Pöllatschlucht neu aufbauen zu lassen im echten Styl der alten deutschen Ritterburgen ... Der Punkt ist einer der schönsten, die zu finden sind, heilig und unnahbar – in jeder Beziehung schöner und wohnlicher wird diese Burg werden als das untere Hohenschwangau, das jährlich durch die Prosa meiner Mutter entweiht wird; sie werden sich rächen, die entweihten Götter, und oben weilen bei uns auf steiler Höh', umweht von Himmelsluft.«

Ludwig II. wird Wagners Mäzen, er verhilft ihm zum Durchbruch, und vielleicht ist dies seine größte Kulturleistung. Wagner hat die Ritterburg, die ihm gewidmet war, nie betreten.

Doch kamen Millionen Touristen. Neuschwanstein ist ein Hauptwerk des Historismus im neunzehnten Jahrhundert, weniger freundlich ausgedrückt: Talmi, Flitter, Kitsch. Ein großes Bühnenbild, aus dem Theater geholt und in die Allgäuer Wirklichkeit gestellt. Die Ausblicke sind herrlich, der Alpsee leuchtet, doch stellen sich nun statt der Götter bunte Drachenflieger ein. Innen zieht sich über alle Wände farbigstes Getümmel. Königshof und Ritterschlacht, Tristan und Lohengrin und immer wieder Schwäne, auf Fresken, Gemälden, Gobelins. Die Wandbilder heißen »Parzivals Abschied von Herzeloide«, oder auch »Der Zauberer Klingsor in der

Verkleidung eines orientalischen Kaufmanns läßt den Hof Rätsel raten«. An einem gotischen Himmelbett haben siebzehn Holzschnitzer viereinhalb Jahre lang geschnitzt. Ludwig II. ist unfreiwillig der größte Förderer von Handwerk und Kunstgewerbe.

Ein schlechter Herrscher. Den beiden Kriegen, die sein Land führt, widmet er nichts als gespannte Aufmerksamkeit. Er scheut Staatsgeschäfte, öffentliche Auftritte, Menschen, er liebt Pfauen, haßt Hunde. Über die lange Zeit von 22 Jahren, die er regierte wie ein tatenloser Gott, wissen die Biographen weniger zu sagen, als über die dramatischen letzten Tage. Er reißt aus vor der Welt, an der er sich die Seele wundstößt, und mauert sich in selbstgebauten Welten ein. Das Königreich Bayern verliert die Souveränität. Bismarck baut das Reich, Ludwig baut Schlösser. Je mehr sein Leben auf die Katastrophe zuläuft, desto hektischer wird der Szenenwechsel. Er fährt von Schloß zu Schloß, von Bauplatz zu Bauplatz, von Jagdhütte zu Jagdhütte, er hockt in Grotten, wandelt im Licht von 2500 Wachskerzen allein durch seinen Spiegelsaal, sitzt in Räumen, die von Ornamenten nur so überkrustet sind, schläft in einem Bett, dessen Goldstickerei zwei Dutzend Arbeiterinnen sieben Jahre beschäftigt haben soll, abwechselnd flieht er ins Ancien Regime und ins deutsche Mittelalter, probiert Kostüme und immer neue Rollen aus, geht morgens schlafen, frühstückt abends, diniert nach Mitternacht. Aus dem Kreis des Königs kommen keine Lebenszeichen mehr, nur Gerüchte. Er ist nur noch von Domestiken umgeben. Die Aussagen, die sie später machen, vernichten ihn.

Herrenchiemsee, schreibt der Biograph Werner Richter, sei »ein psychologisches, kein ästhetisches Phänomen – diese ungeheure Kraftanspannung in einem zwecklosen Bauwerk«. Und Linderhof, Rokoko aus zweiter Hand, die königliche Villa, die von außen recht hübsch anzusehen ist, »wirkt mehr als Überschwemmung denn als Überwältigung: Gold, Marmor, spiegelndes Fußbodengetäfel allenthalben. Massen von Leuchtern an Decken und Wänden. Millionen von funkensprühenden Prismen und Facetten, unzählige Büsten und Statuetten aus Bronze, Majolika, Porzellan – posaunenblasende Amoretten schwingen sich über den Baldachin des Prunkbettes, Straußenfedersträuße überragen den des Schreibtischs, dessen Geräte und Leuchter aus grünem Malachit sind.« Mit den Worten einer respektlosen Touristin: »Da muß einer ja verrückt werden!«

Ovationen, sagte der König, seien unangenehmer als Attentate. Menschenmassen waren ihm ein Greuel. Hätte er vorausgeahnt, was sich heute im Graswangtal, auf der Herreninsel und an der Pöllatschlucht begibt, er hätte nie ein Schloß gebaut. Dies aber wäre ihm, dem alles verziehen ist, nicht verziehen worden, schon gar nicht von der heutigen bayerischen Staatsregierung.

Theodor Geus

Jerusalem in den Bergen

Oberammergau zur Passion

Der Tag, an dem ich Judas gesehen habe, war ein Tag wie jeder andere. Auf den Wiesen blühten Tausende gelber Himmelsschlüssel, und über dem Gipfel des Kofels hingen kleine weiße Wolken. Gestern hatte Judas mit einem falschen Kuß Jesus verraten, und dann hatte ihn die Reue gepackt. Er hatte die dreißig Silberlinge den Hohepriestern vor die Füße geworfen und sich vor Gram erhängt. Judas trug einen blauen Arbeitsanzug und schwamm mit im Strom der Menschen, die ihrem Alltag nachgingen, als wäre nichts geschehen. Eigentlich wollte ich Grüß Gott sagen, wie man es hier tut, wenn man einen Bekannten trifft. Aber kann man zu Judas Grüß Gott sagen? Ich habe weggeschaut. Schein und Wirklichkeit beginnen sich manchmal zu verwischen in Oberammergau.

Der Schweinebraten und die Semmelknödel schmeckten so bayerisch, wie sich das Fremde vorstellen, und das Bier war würzig und dunkel. Im Gasthaus läßt sich in dieser Gegend über alles am besten reden, auch über die Passion. Ja, der Wirt ist schon dabeigewesen als einer der römischen Soldaten, und wenn man ihn so anschaut, glaubt man, daß er gut ausgesehen hat im Harnisch und mit Speer und Schild. Nein, jetzt spielt er nicht mehr mit. Er hat keine Zeit und außerdem: die langen Proben und die Aufführungen. Er müßte eine Aushilfe einstellen für die Engländer, die bei ihm wohnen. Und das kleine Honorar. Zum ersten Mal ist zu hören, daß eine Rechnung aufgemacht wird zwischen dem Schein und der Wirklichkeit.

Von der Mitte Deutschlands dauert die Fahrt nach Oberammergau kaum fünf Stunden. Es ist die Fahrt in eine andere Welt, in der sich für einen Sommer lang Merkwürdiges begibt. Gemeint ist nicht der komfortable Ferienort im Werdenfelser Land, der sich, geschäftig und geschäftstüchtig, um die Hebung des Fremdenverkehrs müht und der seine behäbige Gemütlichkeit und die ganze Schönheit ringsum mit den Bergen, dem fröhlichen Barock des Klosters Ettal und dem schwermütigen Prunk des traurigen Königs Ludwig in Schloß Linderhof gut verkauft. Gemeint ist der Ort der Passion, der Oberammergauer Passion, die alle zehn Jahre gespielt wird von den Menschen, die hier leben: Fast jeder vierte im Dorf ist beteiligt am Einlösen eines Pestgelübdes von 1633 – Mütter und Kinder, Greise und junge Männer.

Neun Jahre lang stellen sich, von außen betrachtet, kaum Fragen. Oberammergau ist fast ein Ferienort wie jeder andere, familienfreundlich und mit einer amtlich bestätigten guten Luft, ordentlich und aufgeräumt. Gewiß, der Ruhm wirkt nach. Hier halten mehr Busse als anderswo mit einer vielsprachigen Fracht für ein Sightseeing-Programm: Besuch des Passionsspielhauses, ein Film über das Passionsspiel und der Herrgottschnitzer – in dieser Reihenfolge, die gut ist für den Umsatz von Kruzifixen, Madonnen und Andenkenramsch – sind obligatorisch. Aber das ist der normale Betrieb, der nicht viel einbringt, denn der Weg zwischen Souvenirladen und Wirtshaus ist kurz – die meisten bleiben nicht lange. Oberammergau wird abgehakt als ein Stück wonderful Bavaria. Das Erinnerungsfoto mit einem der bärtigen Männer in Lederhosen, die hier wie zufällig herumstehen, ist kostenlos.

Neun Jahre lang macht Oberammergau kaum Schlagzeilen. Der alte Streit zwischen den studierten Schnitzern, die von der Kunsthochschule in München Abstraktes nach Hause bringen, und den Traditionellen wird untereinander am Stammtisch ausgemacht, und auch der Kampf der Dynastien um tragende Rollen bei der Passion ist nicht öffentlich. Die geschlossene Dorfgesellschaft läßt sich nicht in die Karten schauen, auch wenn man weltoffen ist. Daß die Auseinandersetzung, welcher Text für die Passion der richtige sei – der des Ettaler Paters Rosner von 1750 oder der seit 1850 verwendete des Geistlichen Rats Josef Alois Daisenberger –, schließlich so laut wurde, daß sie auch draußen – und draußen ist alles, was jenseits der Gemeindegrenzen liegt – bemerkt wurde, gilt heute noch als peinlicher Zwischenfall.

Fragen stellt Oberammergau im zehnten Jahr, wenn die Passion gespielt wird. Es sind müßige Fragen aus der Sicht der Einheimischen, die gelernt haben zusammenzurücken gegen die Kritischen und Zweifelnden. In über dreieinhalb Jahrhunderten hätte es mehr als genug Gelegenheiten gegeben, die fromme »Tragedie« vom Leiden und Sterben Jesu zu vergessen. Fast überall im theaterfreundlichen Bayern und in Tirol sind ähnliche Spektakel längst verschwunden. Nur in diesem Dorf haben die Menschen zäh und dickköpfig am Überkommenen festgehalten, trotz Verboten, Pleiten und Krisen. Dies ist für die meisten Mysterium genug, ist ihnen der Beweis für das Besondere. Trotzdem: Im Jahr nach »Holocaust« muß der alte Streit wieder ausbrechen, wie »einfältig bigott und antisemitisch« – so eine Panorama-Fernsehsendung 1963 – dieses Spiel eigentlich ist, und man wird – immer wieder – darüber reden, ob das Motiv noch wahrhaftig ist und ob Jesus nicht sterben muß zum Wohl der Gastwirte und Hoteliers oder für das Haus des Kurgastes, das schon mit den Einnahmen der Passion von 1970 gebaut werden sollte und nun nach dieser Leidenssaison entstehen wird.

Tatsächlich, die Oberammergauer Passion hat viel von ihrer Unschuld verloren. Der naive Glaube und der Zweck sind eine unheilige Allianz eingegangen. Und auch sonst hat sich einiges geändert: der unter dem Druck der Öffentlichkeit immer wieder modifizierte Text, die Spielstätte, die erst vom Hochaltar auf den Friedhof und seit 1930 in das einem Bahnhof ähnliche feste Haus verlegt wurde, und das Publikum – am Anfang Pilger aus den Tälern ringsum, dann seit der Mitte des 19. Jahrhunderts die Adeligen und Kirchenfürsten, die Intellektuellen und die Reichen und, seit das Reisen bequem geworden ist, die Engländer und Amerikaner, die Australier und Südafrikaner, Menschen aus aller Welt im Sog einer als weltberühmt erklärten Attraktion.

Es ist wohl einmal so gewesen: Für die Bauern war Oberammergau Jerusalem und Golgatha – nicht in einem unvorstellbar fernen Land, sondern mitten in den vertrauten Bergen, eine greifbare Wirklichkeit für schwer begreifbare Kunde aus dem Evangelium, Licht in einer dunklen Zeit. Und heute? Auch wenn in dem an die fünftausend Menschen fassenden Festspielhaus der Grad der Betroffenheit nicht leicht meßbar ist – es scheint, als überwiege die Schaulust an einem biblischen Bilderbogen, betrachtet mit aufgeklärter Neugier und skeptischer Distanz. Und so redet man lang und klug über schauspielerische Leistungen von Laien, die sich um professionellen Ton bemühen, obwohl ihr Dialekt nicht ganz auszutilgen ist, analysiert den Text und verschwendet kaum Gedanken an den Sinn des Spiels. Die vielbeschworene Mission Oberammergaus, die der Pfarrer des Orts im Vorwort zum Textbuch formuliert – »Möge das Spiel vom Leiden und Sterben Jesu allen Besuchern zu einem eindrucksstarken religiösen Erlebnis werden!« –, ist schwer, wenn nicht ohnmächtig geworden. Der Fremde, der nicht bei einem der Geißler übernachten wollte, gehört zu denen, über die man lächelt.

Wer in den Passionstagen nach Oberammergau kommt, wird von einer routinierten Organisation umsorgt. Die sieben Polizisten des Ortes – mehr werden für den friedlichen Normalfall auch nicht gebraucht – haben Verstärkung aus München bekommen, und schon vorweg haben die »Kriminaler« die Kellner überprüft, damit der Prominenz nichts geschieht. Mittag- und Abendessen sind vorbestellt, der Gastwirt hält vorsorglich Wolldecken bereit, damit niemand die Leidensgeschichte mit einer Erkältung büßt. Einhundertfünfmal wiederholt sich dann im Sommer der reibungslose Austausch der Gäste, der mit Arrangement für Übernachtung und Frühstück – das sind die besseren – und der, die in der Frühe mit dem Bus kommen und abends wieder heimfahren. An manchen Tagen ergibt das das Dreifache der Einwohnerzahl, und am Ende werden es weit über fünfhunderttausend sein, denn das Festspiel ist längst ausverkauft.

Auch wenn Oberammergau mit der Passion und vor allem von der Passion lebt und manchmal auch an ihr leidet, denn es dauert immer eine Weile, bis die von der Kritik und den jüdischen Beobachtern geschlagenen Wunden wieder verheilt sind – der Ort und seine Tradition haben sich voneinander entfernt, obwohl an den Fronten der Häuser in den Lüftlmalereien mit biblischen Szenen ein Reflex der eigenartigen Berufung wiederkehrt, obwohl die Läden voll sind mit geschnitzten Christusfiguren und schmerzlichen Madonnen und überall Passionplay record und Passionplay tape feilgeboten werden. Die Kräfte sind ungleichmäßig verteilt: der städtisch aufgeputzte Kurort ist stärker als das Dorf der frommen Bauern, die einen Eid geschworen haben.

Nur wenn einige von denen, die seit langem bei diesem Spiel dabei sind, darüber reden mit einem merkwürdigen Eifer, dann wird doch deutlich, daß es in diesem Oberammergau mit seinen tausenden Fremdenbetten, mit Wellenbad und Trimmpfaden etwas Verborgenes gibt, das dem flüchtigen Besucher unentdeckt bleibt. In ihren Köpfen und vielleicht sogar in der Seele ist noch etwas von dem alten Jerusalem in den Bergen, das nicht jenes Jerusalem ist mit dem Tempel, aus dem die Krämer vertrieben werden mußten.

Zu der Eröffnungsvorstellung kommen alle zehn Jahre der Kardinal aus München, Diplomaten, der bayerische Ministerpräsident, die Mitarbeiter der bayerischen Staatskanzlei mit Sonderbussen und das bayerische Parlament in einer beschlußfähigen Mehrheit. Dies ist eines in Oberammergau. Und dies ist das andere: Während der Vorstellung sang eine Amsel ihre süßen Lieder, und beim Halleluja brach ein Sonnenstrahl durch den traurigen Himmel.

Jörg Kauffmann

Rokoko und Dreigangschaltung

Bayern per Rad

Schwester Walburga und Schwester Renate, mit flatternder Kopfbedeckung vorneweg radelnd – ein Anblick für den lieben Gott. Hinterdrein: drei fröhliche Damen aus dem Rheinland, eine Norddeutsche, eine Berlinerin, ein von soviel Weiblichkeit leicht verschreckter Mann aus Hessen und der Münchner Reiseleiter. Neun Radamateure aus allen Teilen der autofahrenden Bundesrepublik schicken sich an, sieben Tage lang in eine Marktlücke des Tourismus zu fahren. Treffpunkt ist die S-Bahn-Haltestelle Mühltal, südlich der bayerischen Hauptstadt. Wohlauf, die Luft geht frisch und rein, der Tag scheint trocken bleiben zu wollen.

Der Herr Huber, Student und Mädchen für alles, hat die Koffer verstaut und die Fahrräder vom Spezialanhänger heruntergehoben. Da stehen sie nun, einladend, mit bunten Satteldeckchen verziert und auf dem Gepäckträger mit einer Packtasche behängt, worin – sehr wichtig – sich eine Regenausrüstung für den Fahrer befindet: Hose und Anorak, beides leicht überzuziehen.

Erste testende Versuche. Wir tasten nach den Pedalen und stellen fest, daß der Sattel zu hoch ist. Herr Huber setzt den Schraubenschlüssel an, bringt die Lenkstange in eine handliche Lage, pumpt Luft in schlaffe Schläuche und erklärt den Gebrauch der Dreigangschaltung. Die fröhlichen Rheinländerinnen lassen die Taschenflasche kreisen. Mut!

Die Landschaft bei Mühltal ist flach wie ein Brett, was

vorsichtiges Strampeln nach langen Jahren der Entwöhnung sehr erleichtert. Gut gelaunt taucht die Gruppe ein in das Halbdunkel des Waldes. Vor ihr liegen 350 Kilometer einer Rundfahrt zu Stätten des bayerischen Rokoko. Der vor Reiseantritt ungewöhnlich aufmerksam (gar mißtrauisch?) studierte Prospekt verheißt: »In Schlechtwettersituationen, die eine ordnungsgemäße Abwicklung des Programmes gefährden, Beförderung mit Pkw bzw. Omnibussen über die jeweilige Tagesstrecke.« Auf den ersten paar Kilometern vermag sich noch nicht ein sehr inniges Verhältnis zwischen Roß und Reiter herzustellen. Der rechte Daumen hat kaum Gelegenheit, sich mit dem Gangheben vertraut zu machen; für den Test, ob die Bremsen einer Schußfahrt gewachsen sind, ist auch keine Gelegenheit. Vorherrschender Eindruck: Ein Fahrradsattel bietet dem verlängerten Rückgrat doch wesentlich weniger Halt als ein Autositz. (Es ist in diesem Zusammenhang nicht abwegig, von einem wunden Punkt zu sprechen.) Die oberen Körperregionen aber fühlen sich tadellos. Das Herz schlägt freudig, die Lunge weitet sich, das Auge blickt kühn.

Rechts Bäume, links Bäume, in der Mitte Zwischenräume in Gestalt passabler Waldwege; nur selten steinige oder sandige Abschnitte. Dann die erste Ortsdurchfahrt. Leider kann nicht die Rede davon sein, daß Menschenscharen aus den Türen stürzen, um dieses außergewöhnliche Reiseunternehmen mit erstaunten Blicken oder lautem Hallo zu begleiten; so leicht ist den Bayern wohl nicht zu imponieren. Nun hat uns auf der Landstraße auch der Herr Huber mit Auto, Anhänger und den – für den Notfall mitgeführten – Ersatzfahrrädern eingeholt. Beim ersten Etappenziel, ruft er, werde er auf uns warten. Mit jeder Umdrehung der Pedale vermindert sich die Distanz.

Nach zwei Stunden voller Vogelsang und Blätterrauschen ist Andechs erreicht. Die Besichtigung der Klosterkirche hoch über dem Ammersee bringen wir schnell hinter uns, um mehr Zeit für die Brotzeit im Bräustübl zu haben; man muß den Tag ökonomisch aufteilen, die Kräfte dem Gegenstand entsprechend einsetzen. Bei Klosterbier und Klosterkäse, beide gleichermaßen kraftvoll und würzig, nebst Wurst und Radi lokkern wir Glieder und Zungen. Dies ist der Augenblick, wo sich die neun Gefährten auch menschlich etwas näher miteinander beschäftigen müssen, denn schließlich wollen sie ja gemeinsam eine ganze lange Woche verbringen. Man macht sich bekannt, sagt Prost und hebt den Maßkrug; der erste Witz wird erzählt und belacht. (Wird schon werden; ein »Ekel« scheint nicht in der Gruppe zu sein.) Mit sicherem Gespür trägt der Reiseleiter das Seine zur aufgelockerten Stimmung bei und zahlt für die Getränke, was aber vermutlich in der Kalkulation des Pauschalpreises bereits berücksichtigt wurde.

Von nun an geht's bergab. Bei der steilen Fahrt nach Herrsching haben die neun Radler, weil Sonntag und viel Volk unterwegs ist, jetzt doch ihr Erfolgserlebnis: anfeuernde Zurufe werden laut, Eltern scheuchen mit gebieterischer Stimme ihre Kinder an den Wegesrand, mehrfach wird von den Zuschauern im Beiseitespringen bewundernd die Hymne »Ja mir san mitm Radl da« intoniert. Der Jubel eines Publikums, das echtes Abenteuertum noch zu schätzen weiß, begleitet uns bis zur Anlegestelle des Dampfers, der die aus den Sätteln gestiegene kühne Truppe nach Diessen übersetzen soll. Die Räder schnürt der an solchen »Kontrollpunkten« immer gegenwärtige Herr Huber sorgsam auf dem Anhänger fest.

Auf der anderen Seeseite muß, weil die Straße zur schönen Stiftskirche den ersten, den Berggang des Tretomobils eindeutig überfordert, das Rad an der Leine geführt werden. Dies dämpft die Stimmung ein wenig. Derlei Steigungen, die den Radwanderer unliebsam an die Grenzen seiner Fähigkeiten erinnern, wiederholen sich, während der Tag sich neigt und die Kräfte zur Neige gehen, auch auf dem Weg nach Raisting, wo im Gasthof kühle Bettlaken auf mittlerweile doch spürbar strapazierte Hinterteile und schmerzende Rücken warten.

Zuvor aber gibt es noch zwei Dinge, die dafür sorgen, daß Lethargie nicht aufkommen kann: ein dramatischer Zwischenfall und ein Regenguß. Opfer des Zwischenfalls ist die sanfte Schwester Renate, an deren Rad sich das Steckschloß aus freien Stücken bei rascher Fahrt zwischen die Speichen schiebt, wobei der Ruck die Dame fast vom Sattel reißt. Große Aufregung.

Der Reiseleiter sucht in allen Satteltaschen nach dem passenden Schlüssel, mit dem er dem renitenten Schloß beikommen könnte. Schließlich hilft nur Gewalt. Die Verzögerung bewirkt immerhin, daß die letzten Kilometer – erst Waldweg, dann Straße – im einsetzenden Nieselregen zurückgelegt werden müssen. Die Regenkombination bewährt sich, aber nasse Füße kann auch sie nicht verhüten.

So endet denn dieser Tag, wie es sich für solche Art des Reisens gehört, mit kleiner Unbill. Ein Obstschnaps dient als Medizin. Und die Kräfte regenerieren sich erstaunlich schnell: Nach dem reichhaltigen Abendbrot wird bis Mitternacht gekegelt.

Hätten wir das besser bleibenlassen sollen? Der Reiseleiter munkelt, der zweite Tag werde härter sein. Davon steht freilich nichts in der Prospektschilderung; harmlos heißt es da: »Am frühen Morgen auf verschwiegenen Wegen durch Bach- und Waldtäler nach Wessobrunn, Fundort des Wessobrunner Gebets, des ältesten Zeugnisses deutscher Sprache.« Oder: »Über Rottenbuch und seine einen weiteren Glanzpunkt bayerischer Rokokobaukunst bildende Kirche wird am Nachmittag die berühmte Wieskirche erreicht. Die Begegnung mit diesem schönsten Werk des bayerischen Rokoko in der Stimmung eines schönen Spätnachmittags ist ein Höhepunkt der Reise.« Doch wir greifen den Ereignissen voraus, und dieser Tag läuft ohnehin nicht im Sinne des Veranstalters ab.

Einstweilen sitzen seine Gäste beim Frühstück. Die Blutwurst schmeckt ungeachtet der Tatsache, daß aus den Stallungen das Quieken von Schweinen herübertönt, die dort vom Leben zum Schnitzel befördert werden. Der Blick aus dem Fenster zeigt aber auch, daß die Pfützen größer werden. Ein Landregen ist offensichtlich dabei, die sechzig Kilometer lange zweite Tagesetappe zu ertränken. Aus dem Radfahren dürfte wohl nichts werden. Ein Taxi wird herbeitelefoniert. Die Gruppe teilt sich. Die einen steigen in das firmeneigene Kombifahrzeug, die anderen in das Mietauto. Es beginnt eine Reise, die den Improvisations- und Organisationstalenten des Reiseleiters und des Herrn Huber fast Übermenschliches abverlangt.

Der Herr Huber hat gerade erklärt, warum manche Kühe in

Bayern so klein sind (»Damit sie besser auf die Kondensmilch-Dosen draufpassen«), da geschieht es. Aus dem rechten Hinterrad des Kombis, der auch den Anhänger mit den Fahrrädern zu ziehen hat, entweicht die Luft. Ein Ersatzrad ist vorhanden, nicht aber der passende Radmutterschlüssel. Doch wo eine Landstraße ist, ist auch ein Traktor nicht weit. Dessen Lenker kann aushelfen. Besten Dank, guter Mann! Das Glücksgefühl hält freilich nicht lange vor. Auch der neue Reifen platzt. Ein großes Hin und Her setzt ein. Das Taxi kommt zurück, mit feixenden Insassen. Einer von den Schiffbrüchigen hebt die Hand und hält einen Wagen an. Anschließend Frühschoppen zum Aufwärmen und Zeittotschlagen beim »Bräuwastl« in der nahen Kreisstadt. Dann geht das Drama weiter.

Um es kurz zu machen: Fünf- oder sechsmal ist im Verlauf dieses vermaledeiten Tages dem Firmenfahrzeug ein Reifen geplatzt – weil die Felgen nicht in Ordnung sind, wie ein Tankwart dann schließlich erkundet zu haben glaubt. Ach, wie dem Herrn Huber der verschmitzte Humor immer mehr abhanden kommt! Dies mitansehen zu müssen ist besonders hart, schlimmer noch als der Ärger über das entgangene Radfahrerlebnis oder den komplizierten Automobilersatz. Am späten Nachmittag erst ist die Welt zwar immer noch feucht, aber wieder in Ordnung. Auf dem Parkplatz vor der Wieskirche steht ein intakter Begleitwagen, und die Fahrräder strahlen, im Regen frisch gebadet, wie kleine Kinder nach der Wäsche am Samstagabend. Zum Gernhaben.

Ein verlorener Tag? Wer (zu einem keineswegs niedrigen Preis) diese Form der Gesellschaftsreise wählt, will natürlich möglichst nicht im Auto befördert werden, denn dies ist weder originell noch für Herz, Lunge und Kreislauf besonders förderlich. Andererseits: Das Klima hierzulande macht eine solche Freiluftveranstaltung zu einer unsicheren Angelegenheit. Das muß man einkalkulieren. Reisen per Rad ist eine Urlaubsmöglichkeit für Leute, die sich die Laune nicht verregnen lassen. Es gibt Unentwegte, die auch das schmuddeligste Frühlings-, Sommer- oder Herbstwetter nicht aus dem Sattel vertrieben hat.

Mit solchen tröstlichen Einsichten streben wir auf den letzten Kilometern nun doch noch mit Muskelkraft dem

Etappenziel entgegen. In der schlichten Unterkunft auf der Alm, beim Hauserwirt in Wildsteig, stehen die Koffer wiederum bereits auf dem Zimmer, als die Reisenden eintreffen. Es klappt mit dem versprochenen Komfort. Der Abend wird lang. Einige ungenutzte Reserven müssen aufgezehrt werden. Zwischendurch telefonieren wir mit den Lieben daheim. Ja, 'n Abend, ich lebe noch. Da staunst du. Schlechtes Wetter heute, aber die Laune ist gut. Das Essen auch, mach dir keine Sorgen. Nein, ich bin nicht am Verdursten. Die drei lustigen Rheinländerinnen sitzen schon vor der siebten Flasche Wein. Tanzen wollen sie auch. Die schrecken vor nichts zurück. Und die beiden Schwestern solltest du mal hören, die erzählen ständig Witze von Tünnes und Schäl. Wenn mal bloß das Ordenshaus nichts davon erfährt. Alles sehr fröhlich. Übrigens haben wir auch Musik hier: drei Bayern wie aus dem Bilderbuch. Es ist ja schließlich eine Kulturfahrt. Mach's gut, bis bald. Der Reiseleiter meint, beim nächsten Mal solltest du mitkommen. Ob das Radfahren eine feine Sache ist? Kann man wohl sagen. Nur fliegen ist schöner. Gute Nacht.

Dem nächsten Tag dämmert ein Morgen ebenfalls wie aus dem Bilderbuch. Blauer Himmel wölbt sich freundlich über den Radwanderern, die auf sorgfältig ausgewählten Schleichwegen und stillen Landsträßchen hineinfahren ins Werdenfelser Land. Zurück zur Natur auf der Radl-Spur, dichtet der Prospekt. Dem kann nicht widersprochen werden. Die Kühe auf der Weide halten sich gleichfalls daran und tun, was von ihnen erwartet wird; sie grasen friedlich und bimmeln mit ihren Glocken vor sich hin. Die Wolken am Horizont sind mit zarten Flaumfedern gestopft. Das Flüßchen Ammer, an dessen Ufer die Reisegesellschaft entlangradelt, murmelt wie eine silberhaarige Großmutter, die verschämt aus der Jugendzeit erzählt. Wir strampeln nicht, wir schweben. Dies erst recht nach der kräftigen Kostprobe vom Klosterlikör in Ettal. Der Tag ist wie ein Gedicht, das man in der Schule nie auswendig lernen und aufsagen mußte. Drunten im Loisachtal, kurz vor Garmisch-Partenkirchen, gibt es ein wenig Konfrontation mit den Problemen einer anderen, bösen Welt, als Protestschilder ins Blickfeld kommen, mit denen sich die Einheimischen gegen das Anzapfen der Grundwasserreserven zum Zweck der

Versorgung Münchens verwahren. Ach, Sorgen haben die Leut'! Wir jedenfalls radeln nicht, wir schieben.

Am Bahnhof in Garmisch ist ausgeschwebt. Die Strecke bis Mittenwald wird im Eisenbahnzug zurückgelegt. Nach dem Anstieg zu den Buckelwiesen, der schiebend zu bewältigen ist, geht es in flotter Fahrt hinein ins obere Inntal. Die Kondition ist prächtig. An diesem dritten, siebzig Kilometer langen Tag weiß man nun endlich die Vorzüge der Dreigangschaltung dem Gelände entsprechend einzusetzen: Der erste Gang ist für kleine bis mittlere Steigungen, der zweite für den Normalfall, mit dem dritten lassen sich auf ebener oder leicht abschüssiger Fahrbahn vergleichsweise beachtliche Geschwindigkeiten herausholen. Kleine Eddy Merckxe rollen von Wallgau zum Sylvenstein-Stausee: Die Vorhut schafft einen Vorsprung von zehn Minuten gegenüber dem allgemeinen Feld.

Einiges wäre noch zu berichten: Über die Weiterfahrt an den Tegernsee, ins Aiblinger Voralpenland, zur oberbayerischen Seenplatte; über die Rückkehr schließlich nach München. Doch es soll genug sein. Wir haben Mitteilung gemacht über einen (noch) ungewöhnlichen Weg, den Urlaub oder ein paar Tage davon auf zwei Rädern zu verbringen. Die Rede war, andeutungsweise, vom kritischen ersten Tag, von schlechtem Wetter, Distanz zu Alltag, Schreibtisch und bequemem Leben. Soll also jeder entscheiden, ob ihm das schmeckt. Nicht oder nur unzureichend die Rede war von Landschaft und Rokoko. Aber das ist wieder ein anderes Thema.

Humbert Fink

Der heilige Berg der Biertrinker

Kloster Andechs

Das Erstaunen, während ich mich Andechs von Osten, von der Salzburger Autobahn und dann über Wolfratshausen und Starnberg kommend, vorsichtig näherte, war erstens selbstverschuldet und zweitens ziemlich töricht, denn ich hätte ja wissen müssen, daß man nicht ohne Vorbereitung, nicht ohne ein behutsames Näherrücken in die glatte Sauberkeit einer bayerischen Landschaft eindringen kann, deren vermeintliche Harmlosigkeit manche Überraschung verbirgt. Man ist dem doppelbödigen Charakter dieser Landschaft und ihrer Menschen um so hilfloser ausgesetzt, je rascher, unvorbereiteter man sich ihrer heimtückischen Freundlichkeit, ihren naiven und in ihren Wirkungen doch so raffinierten Verbrüderungszeremonien unterwirft. Ich kam schließlich nicht zum erstenmal nach Andechs, dem heiligen Berg der bayerischen Katholiken und Biertrinker, der wie eine umgestülpte mittelalterliche Sturmhaube zwischen Ammer- und Starnberger See hockt, nur ein paar Autominuten südlich von München und daher nahe genug, daß sich praktisch jederzeit erschöpfte, weniger nach Frömmigkeit als nach Klosterbier dürstende Großstädter auf den Weg machen können, um hier in einem der weitläufigen Gastgärten, in einer der qualmerfüllten Trinkstuben ihre Seele von neuem zu entdecken.

Vor zwei Jahren war ich über den Pfaffenwinkel, also von Süden kommend, an Andechs geraten und hatte dabei das Glück gehabt, zuerst die berühmte Wallfahrtskirche mit ihren zahlreichen Kostbarkeiten besichtigen zu können, bevor ich mich dann mit preußisch redenden Bayern bei dunklem Klosterbräu und riesigen, fast bis zur Geschmacklosigkeit zugrunde gebratenen Kalbsstelzen verbrüderte. In diesem Jahr hatte ich den Fehler begangen, direkt aus der armen südlichen Toskana heraufzukommen in die adretten süddeutschen Landkreise mit ihren saftigen Wiesen voll gelbem Löwenzahn, herausgeputzten Kühen und eifrig strampelnden Radfahrern, denen katholische Pfarrtürme und die Markenzeichen berühmter Biere als Hinweisschilder dienen. Ich schleppte gewissermaßen noch die bittere Melancholie toskanischer Landarbeiter und Weintrinker mit mir, während ich, als wäre ich ein Gulliver, der unter die Riesen fällt, in bayerischen Gastgärten die Seelenruhe der Biertrinker beobachtete, die sich wie große träge Katzen in der Sonne den Schaum von den Lippen leckten. Das einzige, was mich ein wenig tröstete, war die leichte Unsicherheit dieser Genießer, wenn ihnen die verschiedenen deutschen Dialekte, mit denen sie sich von Tisch zu Tisch verständigten, gewisse emotionelle Schwierigkeiten bereiteten.

Andechs, dessen Klosterkirche auf einem markanten Hügel steht, der mit seinem exhibitionistischen Buckel das darunterliegende Dorf beherrscht, ist nicht nur die älteste unter allen größeren bayerischen Pilgerstätten, nachweisbar seit etwa zwölfhundertfünfzig Jahren als katholisch-klösterliches Zentrum, sondern es stellt zweifellos auch diejenige Form eines selbsterwählten Fegefeuers dar, wo man das schlechte Gewissen, das man vielleicht empfindet, weil man auch nach Jahren noch nicht die Kirche mit ihren interessanten Reliquien und dem sehenswerten Wachsgewölbe oder den originellen Votivbildern gesehen hat, am bedenkenlosesten mit Bier hinwegschwemmen kann. Mir vermittelt das seit langem schon den Anschein, als ob die Mönche beiden Rechnung trügen: den Gläubigen, die im Kirchenschiff irgendeine Art der Erlösung suchen, und den dürstenden Seelen, die auf eine Linderung ihres Durstes hoffen. Immer wieder, wenn ich nach Andechs kam, ja wenn ich nur in die Nähe dieser heiligen Hügel geriet, versicherten mir Polizisten, Handwerker, Bauern, aber auch derb zupackende Hausfrauen, die in beiden Händen prallgefüllte Netze schleppten, daß das süffigste Bier noch allemal das schwarze Klosterbräu aus Andechs sei, weil es Charakter habe, was wohl soviel wie Geschmack bedeutet, weil man es mit einer an Wollust grenzenden Andacht zwischen Zunge und Gaumen zerdrücken könne, weil seine Konsistenz, sein Aroma, seine Wirkung unvergleichlich seien. Daneben sei auch das Weißbier zu empfehlen, wenn man zum Beispiel einen schwächlichen Magen habe oder ein Ausländer sei.

Solche erschöpfenden Auskünfte, solche Gespräche endeten freilich abrupt, wenn ich die harmlose Frage stellte, ob man wohl in der Kirche diesen Hauch von Verzauberung und Wunderbarem spüre, der jede berühmte Wallfahrtskirche, in der es das eine oder andere Unerklärliche gegeben hatte, fraglos auszeichnet. Es genügte manchmal schon, wenn ich mich bloß danach erkundigte, ob man die Reliquien besichtigen dürfe, die ein Teil des ehemaligen Andechser Schatzes sind, also etwa die sogenannten Heiligen Drei Hostien, die ihren Urheber im bedeutendsten aller frühmittelalterlichen Päpste haben, in Gregor dem Großen, der angeblich zwei der Hostien geweiht hat. Die dritte stiftete Papst Leo IX., und das alles wurde dann dem Kaiser Heinrich II. geschenkt, in Bamberg, soviel ich weiß, von wo es nach einigen Umwegen im Jahre 1182 ins Eigentum der Andechser Grafen überging. Auch ein winziger Teil des Spottrohres, mit dem Christus vor seinem Tod verhöhnt worden war, ein Bruchstück aus der Dornenkrone, ferner Brustkreuz und Brautkleid der heiligen Elisabeth, aber auch ein legendäres Siegeskreuz Karls des Großen und andere Erinnerungsstücke mit imaginärer und zugleich zeitloser Bedeutung gehören neben einer umfangreichen Sammlung origineller und prachtvoller Kirchenkerzen in allen Größen und Farben – ich schätze ihre Zahl auf mehr als zweihundert – zu den Dingen, derentwegen sogar ein Protestant, ein Ungläubiger also, diese Kirche aufsuchen wird. Man blickt hier tief in die rätselhafte Seele des bayerischen Volkes. Zumindest wird das von gewissen Volkskundlern und religiösen Autoren hartnäckig behauptet.

Aber besteht die Bedeutung dieses katholischen Heiligtums mit angeschlossener Klosterbrauerei auch heute noch aus ideologischen Fakten? Sollte man hier nicht doch auf jenes altvertraute bayerische Sprichwort zurückgreifen, demnach man Kirchen von außen, Wirtshäuser aber von innen kennenlernen muß? Ursprünglich war dieser Hügel, auf dem früher einmal die Burg der Andechser Grafen stand, eine Art Depot für Reliquien, die unter anderem wohl auch von Kreuzrittern aus Palästina nach Bayern gebracht worden waren. Auch daß bei einem Überfall alle diese kostbaren Dinge vor Plünderung und Zerstörung gerettet werden konnten, schuf allmählich jene Aura des Geheimnisvollen und Feierlichen, die jeder heilige Platz benötigt, wenn er über den lokalen Anlaß hinaus bedeutend sein will.

Als man zum Beispiel um die Mitte des 13. Jahrhunderts die Andechser Burg schleifte – bis dahin hatte die Burgkapelle die Funktion einer Ausstellungs- und Pilgerstätte innegehabt –, vergrub man voll Argwohn das kostbarste Stück der Sammlung, die Heiligen Drei Hostien, was sogleich einen dramatischen Rückgang der Pilgerbewegung zum Andechser Hügel zur Folge hatte. Hundertvierzig Jahre später wurden diese Hostien wiedergefunden, zufällig oder absichtsvoll, jedenfalls vollkommen unversehrt. In den Jahrzehnten danach begann man mit der Errichtung der Kirche, wie wir sie heute kennen, begründete man ein Kollegiatsstift und im Jahre 1455 schließlich eine Benediktinerabtei, die in der napoleonischen Ära zwar säkularisiert wurde, deren religiöse und kulturpolitische Ausstrahlung aber niemals gänzlich aufgehoben werden konnte. Nicht zuletzt auch eine spätgotische Marienstatue, die seit dem 17. Jahrhundert das bevorzugte Ziel der Pilger geworden war, schenkte dieser Kirche, diesem Kloster – das heute längst wieder seine alte Funktion ausübt – jenen reizvollen Zauber, der auf tiefgläubige Menschen vergangener Generationen kraftvoll und dabei auf eine süße, somnambule Weise verführerisch eingewirkt haben muß. Es pilgerten immerhin nicht nur kleine Gruppen, Familien oder fromme Einzelgänger nach Andechs, sondern ganze Gemeinden, die Bevölkerung großer Dörfer und stattlicher Talschaften, die sich unter ihren Kirchenfahnen versammelten, ebenso riesige wie kostbare Kerzen mit sich trugen, die man der Andechser Kirche zum Geschenk machte. Schwitzend und staubaufwirbelnd zogen sie durch diese hügelige Ebene, und der rauhe, wohl auch inbrünstige Gesang der Wallfahrer muß weithin hörbar gewesen sein. Im Kloster selbst, wo man das Vergnügen rasch wachsenden Reichtums kennenlernte, hatte man längst schon Bier zu brauen begonnen, weil selbst dem strengsten Abt bald bewußt geworden war, daß man sich dieser schönen und, gemessen an den landesüblichen Verhältnissen auch durchaus moralischen Einnahmequellen nicht verschließen durfte. Die Pilger dankten es mit besonderer Anteilnahme. Aufsehenerregende Ereignisse und Zustände, die ein gläubiger Charakter als Wunder bezeichnen kann, vermehrten noch den Ruhm und die Anziehungskraft von Andechs.

Ich erinnere mich an meine Besuche in der Wallfahrtskirche, deren vierkantiger Turm mit einer wilden Kraftanstrengung in die Höhe strebt, deren Inneres aber eher anheimelnd, vielleicht ein wenig überladen, im übrigen sehr farbig und sozusagen gemütvoll oder gemütlich ist. Stets war ich im Kirchenschiff so gut wie allein beim Betrachten der kolorierten Votivbilder und beim Bestaunen der Kerzensammlung, die Auskunft gibt über Geschmack und Vermögen bayerischer Wallfahrer. Immer war ich der einzige Kirchenbesucher, abgesehen von diesen dürftigen Schatten ältlicher Frauen, die gelegentlich mehr zu vermuten als zu sehen waren, immer hörte ich nur den Widerhall meiner eigenen Schritte, obgleich draußen und unterhalb der Kirche in den Gastgärten und Bierschwemmen Hunderte Genießer saßen und tranken, sich über die Qualität des Andechser Klosterkäses unterhielten, den Radi – den Rettich – mit blumigen Bemerkungen lobten und sich unermüdlich über Geschmack und Wirkung der verschiedenen bayerischen Klosterbiere ausließen. Jetzt, bei meinem letzten Besuch, saß ich an einem Tisch, der von Liebespaaren aus Starnberg, aus Herrsching, Gauting und Tutzing besetzt wurde, aus den umliegenden Ortschaften also, und es faszinierte mich, wenn ich sah, wie die Mädchen, die das Aussehen bunter Kolibris hatten, alle sorgfältig und reichlich geschminkt, alle sehr gut bis modisch gekleidet, selbstbewußt, modern, fast emanzipiert, die schweren Biergläser an den Mund hoben und das schwarze Gebräu tranken, in langen vollen Zügen und so genießerisch, daß man selbst

Appetit bekam auf eine solche Maß, um sie mit einem Zug zu leeren.

Wahrscheinlich begehe ich einen schlimmen Fehler, wenn ich nur diese scheinbar lukullische Situation von Andechs schildere, mich äußerstenfalls noch an die farbenprächtige Ausstattung des Kirchenschiffes erinnere, an dieses spektakuläre Bauernbarock mit seinen gar nicht protzigen oder gar ausladenden Formen. Vielleicht sollte ich die Landschaft miteinbeziehen, das Behagliche, Anmutige, ja Anschmiegsame einer breitgefächerten Schaubühne, auf der die feierlich bemalten Bauern- und Bürgerhäuser stehen, Zwiebeltürme hinter Waldschneisen sichtbar werden, Dorfplätze sich bauchig runden und langgestreckte, blaublitzende Seen hinter dicken Hügelkämmen liegen. Das im Grunde nichtssagende Schlagwort von einer reichen, satten Landschaft geht einem hier ziemlich leicht über die Lippen. Aber stimmt es auch? Eine behäbige Architektur läßt auf eine gemütliche, charaktervolle Mentalität der Menschen schließen, die darin wohnen, wahrscheinlich unter blauweißen Federdecken und mit einem selbstverständlichen Blick, der Frommes verrät, den sogenannten Herrgottswinkel im Auge, der in keiner guten bayerischen Wohnstube fehlen darf. Im übrigen setzt sich die Natur auf den Hauswänden, an den Gesimsen, ja sogar an den Fensterläden fort, wo ungemein ausdrucksstarke Fresken – zu denen man hier »Lüftlmalerei« sagen muß – den Häusern eine überraschend lebendige Physiognomie schenken. Da tanzen dann farbige Figuren, die ein wenig an Karikaturen von Riesen erinnern, graziös über die Hauswände, bedeckt ein Blumenreigen, ein Stück nachempfundenen Paradieses, die Fassaden, bewachen strengblickende Heilige das Glück des Hauses oder haben Fensterläden plötzlich rosafarbene bis violette Augenbrauen, die sie mit gespielter Überraschung hochziehen, während draußen am Vorplatz einem hölzernen Christophorus, einer naiven Elisabeth, beide verwittert und vorzeitig gealtert trotz des Schutzdaches, etwas Wasser aus dem offenen Mund plätschert.

Alles ist von der penibelsten Ordnung, die man sich vorstellen kann. Die Straßen sehen aus, als führe ununterbrochen eine Straßenreinigungsmaschine darüber hinweg. Nicht einmal die Pferdeäpfel und die weichen Kuhfladen, die man arglos vermutet, wenn man auf den Weiden die grasenden Tiere sieht, sind zu entdecken. Die Wiesen, die Äcker, die Waldsäume wirken, als hätte man sie mit den Händen aufbereitet. Sogar der Parkplatz, auf den man unterhalb des Andechser Hügels eingewiesen wird, um gegen eine Gebühr von einer Mark und dreißig Pfennig den Wagen abzustellen – ich weigerte mich anfangs kategorisch und wollte im Dorf parken, wo mich aber Bauernkinder verjagten, indem sie grinsend auf irgendwelche Verbotsschilder wiesen –, sogar dieser kostspielige Parkplatz inmitten der vermeintlich freien bayerischen Natur besaß etwas so ungemein Gepflegtes und Adrettes, daß ich später heftiges Mitleid hatte mit dem Autofahrer, dessen Wagen eine dunkle Flüssigkeit verlor, Öl wahrscheinlich, das zu Boden floß und die Sauberkeit schrecklich anschwärzte.

Warum trinken die Menschen, die in einer solchen Idylle leben, solche Unmengen Bier? Und noch dazu aus so schweren, vollkommen unhandlichen Literkrügen? Und mit dieser zornigen Entschlossenheit, die einem unangenehm ist, wenn man sie bemerkt, weil sie so verräterisch ist? Haben die Trinker das Gefühl, daß die Idylle rundum sie bedroht? Ängstigen sie sich davor, nüchtern ihre kostspieligen, hübsch herausgeputzten Fahrzeuge zu chauffieren? Benötigen sie das sättigende, schwere Gefühl der Flüssigkeit in ihren Bäuchen, damit sie die sanftmütige Sonne, den warmen Föhn, das lichte Grün der Wälder, das Blau der Seen besser ertragen können? Ich gebe gern zu, daß mich der Kontrast schon seit langem irritiert, der hier zwischen anmutiger Landschaft und fetten schweren Mahlzeiten, zwischen sorgsam gepflegter Naturidylle und riesigen Biermengen, zwischen katholischen Kirchen mit hübschen Zwiebeltürmen und der grimmigen Verweigerung, sie zu besuchen, besteht. Immer, wenn ich in Andechs war, das Gespräch suchend, weil man meinen österreichischen Akzent als harmlos empfand, forschte ich nach den Ursachen dafür, daß die Biertrinker, die Radi- und Klosterkäseesser die Wallfahrtskirche selbst zu meiden scheinen, daß sie, während sie eine beträchtliche Zeche machen, die natürlich dem Kloster zugute kommt, die Finanzpolitik dieses

Klosters mit zornigen Verwünschungen bedenken. Ist das Gewalttätige, Spröde, das da so unverhüllt zum Ausdruck kommt, ganz einfach eine natürliche Reaktion auf zuviel Lieblichkeit, auf ein Übermaß landschaftlicher Anmut? Sind diese frommen Bayern, die ohne Heiligenfigur und katholischen Bildinhalt an ihren Hauswänden – »Lüftlmalerei«! – nicht glücklich zu sein scheinen, die nach Möglichkeit auch heute noch einen geistlichen Herrn in der Verwandtschaft und einen stämmigen Christen in der Regierung benötigen, in Wahrheit ketzerische Bilderstürmer, verzweifelte Atheisten mit einer sonderbaren Neigung zum Atavismus?

Ich weiß es nicht... nein, natürlich nicht! Es hat nur den Anschein! Es ist nur mein eigener Fehler, wenn ich im Vorfeld eines der ältesten, berühmtesten und schönsten bayerischen Pilgerplätze die Angetrunkenen zähle – darunter Halbwüchsige, auch Kinder –, die obszönen Flüche nicht überhöre, die jungen grellgeschminkten Mädchen beobachte, die mit rührender Unbeholfenheit einen Liter Bier in sich hineinwürgen. Es ist der Widerspruch in mir, der die Hemdsärmeligkeit dieser Biertrinker im Schatten des Andechser Kirchturmes wahrnimmt, ihre seltsame Entblößtheit nicht nur bei sommerlicher Hitze, ihr ausdauerndes Mampfen, ihre einsilbigen Gespräche, ihre schwerfällige Art des Zusammenlebens, während nur ein paar Schritte davon entfernt in der kühlen Dämmerung der Kirche eine bodenständige Kultur für zartes Ebenmaß und ästhetische Anmut sorgt. Es liegt zweifellos an mir, daß ich diesen eklatanten Widerspruch bis auf den heutigen Tag noch immer nicht begriffen habe.

Hans Eckart Rübesamen

. . . immer nur Bahnhof

Der Versuch, die Zugspitze zu besteigen

Eines Tages beschloß der Bergsteiger R., Deutschlands höchsten Berg zu besteigen. Er begab sich in die Marktgemeinde Garmisch-Partenkirchen, welche ihm als Talort der Zugspitze bekannt war, und erkundigte sich nach dem Weg. Als er niemand fand, der ihm Auskunft geben konnte, betrat er ein Reisebüro und fragte die Dame am Counter nach dem Weg.

»Ganz einfach«, sagte die Dame. »Sie steigen hier am Bahnhof in den Zug . . .«

»Entschuldigen Sie – in welchen Zug?«

»In einen Zug der Zugspitzbahn natürlich!« antwortete die Dame.

»Aber ich wollte eigentlich zu Fuß . . .«

»Wieso denn? Mit der Bahn geht es viel schneller und bequemer. Sie kaufen sich eine Zeitung und sind in 80 Minuten am Schneefernerhaus. Mit dem Schnelltriebwagen sogar schon in 60 Minuten.«

»Und was mache ich am Bahnhof Schneefernerhaus?«

»Da brauchen Sie nur umzusteigen. Sie gehen ein paar Treppen hinauf und ein paarmal um die Ecke, dann sehen Sie schon die Seilbahn zum Zugspitzgipfel!«

Der Bergsteiger dachte nach. Die Dame nahm an, das dauere ihm zu lange, und sagte eifrig: »Es gibt auch eine schnellere Verbindung. Sie fahren ab Eibsee mit der Großkabinenbahn. Es sind nur zehn Minuten, und Sie müssen nicht einmal umsteigen.«

Der Bergsteiger staunte.

»Sie können die Bergfahrt aber auch mit einer kleinen Auslandsreise verbinden. Das ist noch interessanter für Sie. Sie fahren also von Garmisch über die Grenze nach Ehrwald und von dort mit der Tiroler Zugspitzbahn zur Bergstation Zugspitzkamm. Hier muß man jetzt nicht mehr den Verbindungsstollen zum Bahnhof Schneefernerhaus benutzen, sondern kann gleich in die neue Seilbahn umsteigen und kommt dann auf dem österreichischen Zugspitzgipfelbahnhof an.«

»Ich wollte aber auf den deutschen Gipfel!« sagte der Bergsteiger.

»Nichts einfacher als das! Sie brauchen nur Ihren Paß mitzunehmen und an der offiziellen Grenzübergangsstelle anmeldepflichtige Waren anzugeben. Das ist klasse organisiert da oben. An manchen Tagen gehen mehr als tausend Personen über die Grenze. Sie können nichts falsch machen.«

Der Bürochef, der im Vorbeigehen das Gespräch mitbekommen hatte, schaltete sich ein: »Warten Sie noch zwei oder drei Jahre, dann können Sie auch die neue Seilbahn vom Zugspitzplatt zum Gipfel benutzen. Die Planungen dafür sind schon abgeschlossen.« Er zeigte dem Bergsteiger eine Vorausankündigung der Zugspitzbahn AG. »Die neue Bahn ist zwar in erster Linie für die Skifahrer auf dem Platt gedacht, die nachmittags auf dem Zugspitzgipfelbahnhof in die Seilbahn zum Eibsee umsteigen wollen. Aber Sie können ja, wenn Sie auf dem Bahnhof Schneefernerhaus ankommen, die kleine Gletscherbahn zum Platt hinunter nehmen und von dort in Richtung Westgipfel umsteigen. Sie haben dann sofort Anschluß zum Eibsee.«

»Das wäre dann also die fünfte Bahn... oder schon die sechste?« fragte der Bergsteiger.

»Ja ja, so etwa«, antwortete der Bürochef zerstreut und verabschiedete sich in Eile. »Genau haben wir sie natürlich auch noch nicht gezählt. Aber jetzt entschuldigen Sie mich bitte. Ich muß die neuen Zugspitzrundreisepackages ausarbeiten. Es gibt noch viel zu tun!«

Trotz der verlockenden Fülle der Fahrtmöglichkeiten blieb der Bergsteiger R. beim einmal gefaßten Entschluß, die Zugspitze zu Fuß zu besteigen. Er fand schließlich sogar noch jemand, der ihm den Weg beschreiben konnte. Dann kaufte er reichlich Tourenproviant ein, stellte die Thermosflasche mit Tee dazu, vergaß auch Taschenlampe, Hüttenschuhe und Regenschutz nicht, packte alles sorgfältig, wie er es gelernt hatte, in den Rucksack, fuhr nach Hammersbach und machte sich am Nachmittag glücklich auf den Weg ins Höllental. Er begegnete nur noch wenigen Menschen und nahm sich Zeit, vor allem in der romantischen Höllentalklamm, so daß er erst nach zwei Stunden auf der Höllentalangerhütte (1381 m, 12 Betten, 96 Lager) eintraf. Die Hütte war nicht voll, denn sie gehört noch zu denen, die man nicht mit dem Auto anfahren kann. Nur ein paar andere Bergsteiger wie er saßen an den Tischen und aßen Gulasch mit Salzkartoffeln oder Schinkennudeln. Später, bei Wein und Bier, sangen sie die alten Lieder, die »Bergvagabunden« und »Tiroler Land, du bist so schön, sooo schön«, und suchten frühzeitig ihr Lager auf. Denn der flimmernde Sternenhimmel versprach einen schönen Morgen.

Und so war es. Ab fünf Uhr wurde es in der Hütte lebendig, Holzböden und -wände hatten eine gute Resonanz. Die einen stiegen links hinauf, ins Matheisenkar und zum Hupfleitenjoch, die anderen wanderten rechts hinüber, zu den Riffelspitzen und Waxensteinen. Bald ging auch unser Bergsteiger los, die strahlende Morgensonne im Rücken, Deutschlands höchstem Gipfel entgegen. In den Gräsern hingen blitzende Tautropfen. Die nächsten Stunden gehörten zu den schönsten, die er in diesem Bergsommer erlebt hatte.

Die Luft war frisch, nicht zu warm, gerade recht zum Laufen. Die Route war abwechslungsreich und machte ihm keine Schwierigkeiten. Alpinisten von der strengen Observanz wäre sie zu zivilisiert gewesen. Ein paar Eisenleitern waren in den Fels geschlagen, auch Drahtseilsicherungen, wo es exponiert wurde; die Markierungen waren nicht zu übersehen. Ihm kam das ganz gelegen. Denn seinen alpinen Sturm und Drang hatte er hinter sich, und das nicht erst seit gestern. Er mochte es mittlerweile, wenn er nicht mehr abwägen mußte, ob er dieses Wandl, jene Passage noch riskieren könne oder nicht.

Einmal aber durchfuhr ihn ein heißer Schreck. Als er, nach

Bergsteigerart, kühn dorthin aufblickte, wo er den Gipfel vermutete, erschien ihm ein klobiger Betonkubus mit drohenden schwarzen Löchern. Ein Albtraum, eine Vision von Chirico? Eine Zyklopenfestung, von Geisterhand zuhöchst auf der Bergspitze errichtet? In seiner bedrängten Phantasie malte er sich aus, wie sie da oben die Kanonen von Navarone in Stellung gebracht hatten, um ihn, den Gipfelstürmer aus dem Höllental, zu vernichten, wenn er nur nahe genug herangekommen wäre. Gleich darauf erhoben sich wieder Grate und Zacken vor den Gipfel, und das bedrückende Traumbild verschwand.

Der Bergsteiger wanderte nun über den Höllentalferner, der auf den Karten stolz als Gletscher verzeichnet wird, stieg in die gesicherten Wände zur rechten Hand ein, fand schließlich ein hübsches Platzerl, auf dem er Rast machte mit Brot, Wurst und Tee und einer saftigen Birne zum Abschluß. Er dehnte die Pause länger aus, als notwendig gewesen wäre. Denn ihm war nicht mehr ganz wohl beim Gedanken an seine Ankunft auf dem Gipfel. Die Sonne, höher gestiegen am immer noch wolkenlosen Himmel, erwärmte die festen, griffigen Kalkfelsen, an denen er sich festhielt auf dem letzten Abschnitt des Anstiegs. Gegen 11 Uhr erreichte er den Jubiläumsgarten. Von da aus waren es nur noch wenige Schritte hinüber zum goldenen Strahlenkreuz auf dem Ostgipfel...

Angenommen, eine dicke Wolkendecke hätte die Zugspitze so eingehüllt, daß gerade noch der Gipfel mit seinen Aufbauten herausragte: Von oben sähe der aus wie ein geisterhafter, abgewrackter Flugzeugträger auf zielloser Fahrt durchs Nebelmeer. In der Mitte die große, zugige Plattform, eingefaßt von Seilbahnstationen, meteorologischer Station, Grenzstation, Münchner Haus, Antennen, Richtstrahlern, Sonnenkollektoren, Brüstungen, Stützwänden, Fundamenten, Drahttrossen. Unser Bergsteiger meinte, noch nie etwas so Häßliches gesehen zu haben. Und wozu das Ganze?

Fast eine halbe Million Passagiere befördert die Bayerische Zugspitzbahn AG im Jahr; die von der Tiroler Seite kommen noch hinzu. Der Bergsteiger versuchte zu schätzen: Waren es tausend heute oder zweitausend? Er gab es bald auf. Er konnte die Menschen vor lauter Masse kaum noch erkennen, sah nur noch Freizeitgekleidete, rosa Schenkel, Einkaufstaschen, Kameras, Schirmmützen mit lustigen Aufdrucken und Kinder, die ihre Gesichter mit Ketchup beschmierten.

Er freute sich, als er zufällig einen Bekannten traf. Aber der hatte leider keine Zeit. Denn er hatte das beliebte Rundreisebillet für nur 32 Mark gelöst, das ihn berechtigte, mit der Zahnradbahn hinauf- und der Großkabinenbahn wieder hinunterzufahren. Außerdem wollte der Bekannte schnell noch einen Abstecher nach Österreich machen und in Ehrwald Kaffee trinken. Da mußte er sich ranhalten, wenn er seine Anschlüsse nicht verpassen wollte.

So war der Bergsteiger R. wieder allein. Er hätte gern mit einem gesprochen, der – wie er – zu Fuß heraufgekommen war; aber er konnte keinen finden. Er fühlte sich wie ein Mensch vom anderen Stern. Die Leute starrten ihn erstaunt an; so etwas Exotisches bekam man hier oben selten zu sehen, sonst nur Inder, Japaner und so. Er versuchte, sich anzupassen, fuhr Rolltreppe, aß Würstchen mit Senf, studierte die Fahrpläne, führte ein Ferngespräch mit Freunden in Frankfurt, kaufte sich einen Maßkrug mit Musik, passierte die Grenzstation vorschriftsmäßig in beiden Richtungen, suchte die Toiletten auf, legte sich auf der Terrasse in einen Liegestuhl, wechselte Schillinge gegen Mark, blickte durchs Automatenfernrohr, trank einen Piccolo, lauschte den Aussagen der Lautsprecher in den Warteräumen und verstand immer nur Bahnhof!

Erst als er schon wieder auf dem Rückzug war, jetzt über Schneeferner und Knorrhütte durch das Reintal, fiel ihm ein, daß er von der berühmten Aussicht, »der schönsten in den Nördlichen Kalkalpen«, nichts gesehen hatte.